Y.50.
B.-1.

LA VERITÉ DES FABLES,

OV L'HISTOIRE DES DIEVX DE L'ANTIQVITÉ.

TOME PREMIER.

A PARIS,
Chez HENRY LE GRAS, au troisiesme Pilier de
la grand' Salle du Palais, à L. Couronnée.

M. DC. XLVIII.
AVEC PRIVILEGE DV ROY.

A LA REYNE REGENTE.

MADAME,

Ce n'estoit pas assez pour la Vertu de vostre Majesté, qu'elle triomphast des hommes, il falloit

ã ij

EPISTRE.

qu'elle triõphast encore des Dieux; & c'estoit trop peu pour elle, que les plus hautes puissances de son siecle fleschissent sous sa grandeur; il falloit y soumettre encore ce qui a esté le plus redoutable & le plus auguste à toute l'Antiquité. I'ameine à vos pieds, MADAME, toutes les Diuinitez à qui les Payens ont donné des Temples; qui viennent desauoüer deuant vostre Majesté les adorations qu'elles ont receües, & reconnoistre que si quelque chose d'icy bas a peu meriter iamais des autels, c'est elle seule, qui fait voir tant de qualitez diuines, & qui se trace vn si beau chemin à l'immortalité. Oserois-

EPISTRE.

ie dire que tous ces Dieux & toutes ces Deeſſes, dont on auoit caché la mort auec tant de ſoin, renaiſſent par vn miracle, pour nous aduertir, que voyant en voſtre Majeſté tant de merueilles éclattantes, nous nous gardions de la meſme erreur que leurs actes heroïques ont cauſée innocemment. Il ſemble que pour empeſcher le Monde de retomber dans l'Idolatrie, ils viennent découurir de quelle ſorte eſtant mortels, ils ont deſtruit ſans y penſer le culte du Dieu immortel, pour auoir fait pareſtre des vertus bien moindres, que celles dont Voſtre Majeſté brille ſur la terre. Il eſt vray, MADAME,

EPISTRE.

que nostre reconnoissance & nostre zele qui n'ont point de bornes, sont reduits à se borner, & à ne vous honorer que par toutes les venerations que les hommes peuuent donner sans crime. Pour euiter vn excés, il faut que nous tombions dans vn deffaut ; puisque nous n'auons point de loüanges ny d'honneurs, qui puissent égaler tant de merites. Toutefois bien que la modestie de vostre Majesté nous soulage, en s'accommodant à nostre impuissance ; nous auons trouué vn moyen admirable, pour n'estre coupables ny enuers Dieu, ny enuers elle. Tous vos sujets, MADAME, vous

EPISTRE.

donnent leurs cœurs, dont le sacrifice n'offense point le Ciel, & ne laisse pas d'estre plus noble & plus grand, que tous ceux que les Gentils ont presentez à leurs Dieux. Vne violente passion & vn extreme respect ne sçauroient plus dignement reconnoistre vne si haute Vertu; & dans le nombre infiny de ceux qui font cette pure offrande à Vostre Majesté, i'ose dire que nul ne surpasse en deuotion,

MADAME,

Vostre tres-humble, tres-obeïssant,
& tres-fidele seruiteur & sujet,
DESMARESTS.

ADVIS AV LECTEVR.

LA Table qui est à la fin peut donner beaucoup d'esclaircissement pour la Fable, pour l'Histoire, & pour l'explication de quelques noms Grecs & autres choses.

PREFACE.

Es deux plus grandes puiſſances de la Terre, ont cauſé la naiſſance de cet ouurage ; la Reyne & la Fortune : la Reyne, en me faiſant l'honneur de me teſmoigner il y a quelque temps, qu'elle deſiroit que les heures de mon loiſir ne fuſſent pas inutiles; & en y ioignant encore des paroles fauorables, & plus fortes par leur douceur que les commandemens meſmes ; & la Fortune, en fauoriſant comme elle a de couſtume tous les deſirs de ſa Majeſté; & m'ayant faict naiſtre miraculeuſement vne occaſion, pour

PREFACE.

satisfaire à ses ordres, & pour remettre au iour vne riche & admirable histoire qui auoit esté perduë, & qui a esté retrouuée par vn hazard estrange. Il y a deux ans qu'estant en l'vn des plus beaux havres de France, celuy qui en est Gouuerneur me fit voir vn vieux manuscrit Grec, qui luy auoit esté presenté le iour mesme, par le Maistre d'vn nauire qui venoit d'arriuer des Indes Orientales; lequel ayant esté ancré quelque temps à vne rade du Golphe Persique, l'ancre qui fut retirée lors qu'il en partit, auoit apporté auec elle vn petit coffre de fer qui s'y estoit pris par vne anse ; dans lequel au lieu de quelque chose de fort precieux que ce Maistre du vaisseau auoit esperé, il n'auoit

PREFACE.

trouué que ce vieux Liure, auec vn parchemin à part, où nous leusmes vne Epistre Grecque, que i'ay depuis traduite en ces termes.

EVHEMERE MESSENIEN,
à Cassander Roy de Macedoine & de Grece, Salut.

PVisque c'est par vos ordres & par vos liberalitez, que i'ay entrepris mes longs voyages, afin de ramasser partout des memoires, pour faire voir que les Dieux que l'on adore, ont esté des hommes comme nous ; c'est à vous seul que ie dois auoir recours, ayant sçeu que plusieurs sacrificateurs qui craignent de perdre l'exercice dont

PREFACE.

ils viuent en abusant les Peuples, m'ont accusé deuant Seleucus, comme vn Athée; & me veulent faire mourir comme si i'estois vn perturbateur du repos public, parce que i'essaye à ruiner l'erreur qui est respanduë par toute la terre. Il me sera difficile de retourner de l'Orient en la Macedoine, sans tomber entre leur mains, s'il ne vous plaist d'escrire en ma faueur à Seleucus qui regne dans toutes ces Prouinces; & de proteger celuy qui n'est coupable que d'auoir cherché la verité, & d'auoir executé vos commandemens. Ie vous demande cette grace; & en mesme temps ie vous enuoye mon histoire accomplie,

PREFACE.

que ie nomme sacrée, mais à contresens; dont il ne s'estoit veu encore qu'une partie, laquelle mesme i'ay corrigée en quelques endroits, sur des relations plus veritables. Bien qu'elle ne soit qu'en termes succints, i'espere qu'elle sera assez agreable & assez utile; puis qu'elle fera voir la naissance, la vie & la mort de ceux que l'on estime des Dieux, la pluspart de leurs grandes actions, l'origine des plus beaux arts qu'ils ont inuentez, & tout ce que les fables auoient obscurcy & caché auec tant de voiles. Ie croy qu'en lisant tant de vertus & d'exploits memorables, qui ont porté les peuples iusques à les ado-

PREFACE.

rer; vous vous eſtonnerez que les hommes pour rendre immortels des Princes que l'on auoit enſeuelis, ayent voulu enſeuelir leurs grandes actions qui deuoient eſtre immortelles. Elles ſont bien plus belles & bien plus loüables, d'auoir eſté produites par des hommes, auec beaucoup de peines, de ſoins & de dangers; que par des puiſſances celeſtes, inuulnerables, & à qui rien n'eut eſté impoſſible. Il y a apparence que les Rois ſucceſſeurs de ces grands Princes, voulans pour ſatisfaire leur orgueil, imprimer vn plus grand reſpect à leurs ſujets, en leur faiſant croire qu'ils eſtoient de ſang diuin; & d'autre

PREFACE.

cofté ne pouuans égaler leurs vertus, auoient voulu estoufer tout ensemble & leur mort & leurs belles actions. Il leur sembloit que c'estoit assez pour eux, de persuader aux Peuples que leurs Ancestres estoient dans le Ciel; & ils auoient estimé qu'ils deuoient cacher leurs trauaux, qui eussent fait voir qu'ils estoient passibles & mortels; & cependant ils leur ont attribué des passions & des vices mesmes que quelques vns n'auoient pas; afin de fauoriser les leurs, & de les rendre non seulement excusables, mais encore loüables par des exemples si grands, & que l'on ne pouuoit condamner sans crime. Mais

PREFACE.

puisque les Rois de ce siecle sont plus modestes, & n'ont pas la vanité que le grand Alexandre auoit depuis peu renouuellée, de vouloir passer pour enfans des Dieux; nous deuons sans crainte quitter l'erreur, aussi-tost que nous la découurons ; & nous deuons seulement adorer ce que ces Dieux mesmes ont adoré. Car j'ay trouué que Iupiter a fait des sacrifices à la souueraine puissance qui est dans le Ciel: mais pource qu'il auoit nommé le Ciel du nom de son Ayeul, afin de rendre ce nom immortel; les Peuples ont creu qu'il auoit adoré son Ayeul; & les Rois suiuans abusans de leur simplicité,

leur

PREFACE.

leur ont imposé telle Religion qu'il leur a esté agreable. Il n'est pas iuste qu'apres auoir trauaillé si long-temps & auec tant de peine, pour retirer le Monde de son aueuglement ; ie sois poursuiuy comme l'ennemy de son repos. I'attendray dans l'Isle Dioscoride les asseurances de vostre protection, qui seront celles de mon salut.

Apres auoir leu cette lettre, nous iugeasmes que le Liure estoit vn tresor bien plus grand, que n'eussent esté les richesses que le Maistre du vaisseau auoit esperées; & nous vismes par son titre que c'estoit cette Histoire sacrée de la naissance, de la vie & la mort des faux Dieux, dont il ne reste que quelques frag-

PREFACE.

mens de la traduction qu'Ennius en auoit faite ; & qui auoit esté ramassée par Euhemere Messenien, a qui Cassander, successeur d'Alexandre en la Macedoine, auoit fait faire de grands voyages pour ce sujet, ainsi que quelques Autheurs en rendent tesmoignage. Lactance, Minutius Felix, Clement Alexandrin, Eusebe, Saint Augustin & plusieurs autres, alleguent souuent cet Euhemere aux Gentils ; & mesmes diuers Autheurs Payens en parlent, comme Varron, Ciceron, Plutarque, Athenée, & encore Diodore Sicilen dans vn de ses Liures qui ont esté perdus, dont les passages sont rapportez par Eusebe : entre tous lesquels Autheurs, les premiers qui sont Chrestiens, donnent à Euhemere la qualité de veritable, & la pluspart des

PREFACE.

autres luy donnent celle d'Imposteur & d'Athée. Les Idolatres supprimerent sans doute auec grand soin, ce Liure qui destruisoit leur Religion : mais de quelque façon que ce coffre de fer eust esté ietté en cette rade, soit volontairement, soit par vn naufrage; nous estimasmes que c'estoit vn bon-heur extreme qu'il eust esté si bien enduit de bitume, que ce liure s'y fust conserué si entier depuis tant de siecles. Nous leusmes depuis à loisir toute cette histoire auec quelque peine, à cause que plusieurs mots estoient vn peu effacez; mais aussi auec beaucoup de ioye, entremeslée toutesfois du regret qu'elle ne fut plutost venuë à la connoissance du monde, qui en eust plus promptement quitté les Idoles ; & qu'elle

é ij

PREFACE.

semblast inutile en vn temps où elles estoient abolies presque par toute la terre. Nous ne laissasmes pas de croire que les Sçauans & ceux mesmes qui ne l'estoient pas, auroient beaucoup de plaisir d'apprendre de si grandes particularitez de la vie de ces faux Dieux ; les conquestes de Iupiter, l'estenduë de son Empire, & les diuerses auantures de ses amours ; les ialousies & les fureurs de Iunon ; les merueilleuses actions d'Apollon, & ses rares inuentions qui ont produit tát de biens & de plaisirs pour tout le monde ; les chastes & agreables exercices de Diane & de ses Nymphes, & les passions infortunées de leurs amás ; les sciences, les vertus & les actes heroïques de Minerue, les doctes & delicieux diuertissemens

PREFACE.

des Muses; les cōbats de Mars dans la Thrace & dans la Sarmatie, & les exploicts de Bacchus dans les Indes; toutes les galanteries de Venus & des grands Princes qui la seruirent; toutes les souplesses ingenieuses de Mercure; la naissance des plus beaux arts, & de quelle sorte ils ont esté inuentez; & tant d'autres choses dont l'Antiquité nous auoit caché la plus grande partie, & nous auoit desguisé le reste sous des Fables ridicules & des Metamorphoses incroyables. Enfin tout ce qui auoit esté voilé par vne infinité de feintes & d'artifices, nous a esté découuert par cette histoire naïue, que nous auons trouuée conforme en mille lieux aux escrits de plusieurs Autheurs anciens. Nous y auons mesmes appris des

PREFACE.

secrets, de choses qui sembloient estranges; comme par quels moyés des hommes ont esté transportez dans l'Amerique apres le Deluge; pourquoy les Roys du Perou se sont dits enfans du Soleil & de la Lune, & pourquoy leurs plus grandes Dames s'appelloient Pallas; comment on y a trouué des Amazones, & l'vsage de l'arc & des flesches; & plusieurs autres merueilles dont les causes nous estoient inconnuës. Puis en conferant les Fables auec cette histoire, nous auons remarqué que l'on a souuent attribué à vn seul, ce qui appartenoit à plusieurs d'vn mesme nom: qu'il y a eu plusieurs Roys du nom de Iupiter, plusieurs Saturnes, plusieurs Bacchus, & plusieurs Hercules; mais que les Grecs non contens de

PREFACE.

leurs propres biens, ont par vanité attribué à leurs seuls Heros, les actions & les inuentions qui appartenoient à d'autres; & que pour couurir leurs vsurpations, ils ont souuent desguisé les noms, comme en changeant Thebes de la haute Egypte, en Thebes de la Beocie en Grece; & les Tospiades du lac Tospis en Armenie, en Thespiades de Thespies en la mesme Beocie; & plusieurs autres choses semblables qu'ils ont authorisées par la richesse & l'esclat de leurs escrits, qui ont preualu sur la simplicité & l'obscurité des autres. Nous auons consideré aussi que les peuples ont pris grossierement les figures poëtiques pour des veritez, & en ont faict toutes leurs erreurs: pource que si quelques-vns surpassoient les

PREFACE.

autres, ou en bonté, ou en industrie, ou en puissance, les Poëtes, comme tous ceux qui ont parlé elegamment, les ont appellez des Dieux : si quelqu'vn auoit esté banny de la Cour, ils disoient pour flatter les Princes, qu'il auoit esté banny du Ciel : ils appelloient labyrinthe, vne prison dont le seul mal estoit que l'on n'en pouuoit sortir; & si elle estoit obscure, ou si l'on y souffroit quelque peine, ils la nommoient les enfers. Si quelqu'vn s'estoit eschappé de vistesse de la violence d'vn plus puissant, c'estoit selon leurs termes, estre deuenu oyseau : si vn autre s'estoit caché dans les bois ou dans les cauernes, ils disoient qu'il auoit esté transformé en beste : si quelqu'vn par son eloquence instruisoit les hommes bru-

PREFACE.

çaux & les rendoit sociables, ils disoient qu'il attiroit par son chant les animaux & les pierres: si l'on ignoroit les peres des enfans exposez au bord des eaux, ils les appelloient par vne agreable façon de parler, enfans des fleuues; & ainsi en mille autres choses nous auons découuert les innocentes causes de l'erreur, par ces memoires synceres, qui nous ont faict connoistre la pure verité de ce qui paressoit incroyable. Tout ce qui nous y a semblé d'estrange, sont les auantures & les voyages de l'Isle de Delos, que les Poëtes & quelques Historiens mesmes, ont dit auoir esté errante & flotante sur les eaux; mais nous estimions que ce fust vne chose fabuleuse. Toutesfois nous auions leu vn chapitre entier dans

PREFACE.

Pline, de quelques Isles qui de son temps estoient encore flottantes sur l'eau, & qui tournoient & voguoient auec des forests entieres: nous sçauions qu'il y en a encore plusieurs de cette sorte, dans la mer & sur les grands lacs; & nous iugeasmes que par les rauages du Deluge, & par les tremblemens de terre, plusieurs lieux auoient esté bouleuersez & emportez par les eaux, estant soustenus par quelque cause naturelle, dont quelques-vns sont demeurez mobiles, d'autres se sont affermis par le temps; & delà vient, peut-estre, qu'encore maintenant les Isles ne sont point appellées terre ferme. Il est vray aussi que l'auanture de l'Isle de Delos, de la sorte qu'elle fut destachée du reste de la Thessalie, & soustenuë

PREFACE.

des eaux, eſt repreſentée dans cette hiſtoire auec tant de vray-ſemblance, qu'il ne reſte aucun ſujet de mettre en doute, ce que les Poëtes & les Hiſtoriens ont dit de ſa naiſſance ſoudaine, de ſa mobilité & de ſon affermiſſement. Si quelques-vns ne laiſſent pas d'auoir de la peine à croire qu'vne Iſle ayt peu voguer de la ſorte, n'eſtant conduite que par vn long brigantin; ainſi que l'on void ſur les riuieres vne ſeule nacelle conduire vne longue ſuite de grands batteaux; ie ne dois pas eſtre accuſé, ny pour leur delicateſſe, ny pour auoir fidelement rapporté vne choſe ſi remarquable, que i'ay trouuée dans mon Autheur & dans quelques autres. L'on ne me doit pas rendre garend de ce qui n'eſt pas de mon inuention; & il

PREFACE.

m'est aussi bien permis d'escrire ce que ie trouue en des liures celebres, qu'il est permis à ceux de difficile creance, de n'y point adjouster de foy. Dedale fit bien vne chose aussi merueilleuse, lors qu'estant reduit à s'enfuir de Crete, & ne trouuant sur le riuage que deux barques sans rames, il inuenta les voiles, qui emporterent sa barque dans la mer, auec celle que conduisoit Icare son fils: ce qui fit dire qu'il auoit volé sur les ondes, auec des ailes qu'il auoit faictes. On peut douter laquelle est la plus digne d'estre admirée, ou sa hardiesse ou son inuention; & il est certain que rien ne surpasse en merueille les ouurages du desespoir. Mais s'il fut pery dans cette audacieuse entreprise, comme Icare qui ne conduisit pas si

PREFACE.

bien sa barque; & si cette inuention n'eut point esté suiuie depuis, par d'autres aussi hasardeux que luy; elle parestroit maintenant aussi incroyable que les voyages de l'isle de Delos; & mesmes cela sembla d'abbord si estrange, qu'il fut plus aisé de faire croire aux peuples qu'il auoit volé, que de leur persuader qu'il eut faict voler vne barque. Il est indubitable que si Delos ne se fut point affermie par vn accident, ou si depuis on eut trouué des isles aussi mobiles; on ne s'estonneroit non plus maintenant de les voir aller sur les eaux, que de voir aller vn nauire: mais il ne se trouue pas si facilement de ces isles, que du bois pour faire des vaisseaux; ce qui est vn grand dommage, à cause des admirables comoditez de ces ter-

PREFACE.

res flottantes. Ie laisse donc aux esprits trop difficiles, la liberté de ne croire pas plusieurs choses que i'ay leües dans ces memoires; quoy que l'experiéce nous force tous les iours d'en croire de bien moins croyables. La crainte de ne plaire pas à ceux qui sur la moindre objection condamnent facilement tout vn grand ouurage, n'a pas deu m'empescher qu'auec la permission du possesseur de cette piece si rare, ie n'en fisse part à tous les autres qui seront plus equitables; & i'ay entrepris pour le contentement de la Reyne, & en suite pour celuy de tous ses Peuples, d'en former vn corps d'Histoire, auec quelques ornemens de discours, de descriptions, de raisonnemens, & de harangues; par la mesme liberté

PREFACE.

que prennent les plus fidelles Historiens; afin d'y donner de la grace, au lieu que ie n'ay leu que des memoires. Aussi i'ay retranché tout ce qui estoit deshonneste; & mesme les actions & les paroles trop enioüées & trop libres, comme en Mercure, en Venus, & en quelques autres; lesquelles n'eussent peu estre supportées par vne Cour si chaste & si delicate que la nostre. I'ay consideré que nostre siecle veut mesmes le renuier de pureté, par dessus les premiers siecles du Christianisme, dont les graues Autheurs ne feignoient point, en combattant l'Idolatrie, d'en rapporter les Fables honteuses & les histoires abominables, ny d'en découurir les mysteres infames, sans en desguiser ny le faict ny

PREFACE.

l'expreſſion, & auec des termes dont les plus doux ſeroient maintenant de grands crimes. Noſtre langue auſſi eſt ſi modeſte, qu'elle n'oſe rien prononcer qui porte tant ſoit peu l'eſprit à vne mauuaiſe penſée; au lieu que la Grecque & la Latine ſemblent auoir droit de parler de toutes choſes, auec les mots les plus naturels, ſans que les Eſcriuains en perdent rien de leur grauité. Il eſt certain que noſtre ſiecle & noſtre langue en ſont bien loüables: mais il eſt à ſouhaitter qu'en ſuiuant l'exemple d'vne ſi ſage Reyne, nos mœurs ſoient auſſi ſeueres que nos oreilles. Ie n'ay rien laiſſé de gay, qui ne fuſt innocent; & encore ie ne l'ay laiſſé, que pource que ie ne pouuois l'oſter, ſans deſtruire non ſeu-

PREFACE.

seulement la verité, mais encore la vray-semblance; estant impossible de representer Mercure triste, & Venus fort serieuse. I'ay aussi supprimé plusieurs choses basses, que les Poëtes auoient fort releuées par leurs fictions, pour donner du lustre aux moindres actions des Princes, desquelles la veritable narration, estant despoüillée des ornemens de la feinte, eut esté indigne d'auoir place dans vne si noble Histoire; & ie n'ay gardé que peu d'accidens comiques, qui pouuoient donner vn honneste diuertissement. Euhemere & ces premiers Autheurs Chrestiens auoient raison de ramasser les particularitez les plus ridicules & les plus infames, puis qu'ils auoient dessein de rendre cette religion ridicule & infame: mais

PREFACE.

puis qu'elle est abolie, ie n'ay pas deu faire reuiure de mauuais exemples, ny parler de choses qui estoient trop viles; puisque mesme i'ay esté contraint de ne traitter qu'en passant plusieurs sujets considerables, pour n'estre pas obligé de faire vne infinité de volumes, de ce qui estoit ramassé en vn seul: ayant trouué presque par tout des matieres si riches, & si propres à estre bien deduites; que chaque feüille de ce manuscrit, pouuoit estre le sujet d'vn gros Liure. I'ay donné aux Villes & aux Prouinces, les mesmes noms que mon Autheur leur a donnez; quoy que ie sceusse que plusieurs ne fussent pas encore appellées ainsi, du temps que ces Heros estoient sur la terre: comme le nom de Bithynie qu'il

PREFACE.

donne à vne prouince de l'Asie mineure pres du Pont-Euxin, qui se nommoit auparauant Bebrycie & Mygdonie; & comme il appelle Chalcis la principale ville d'Eubée, qui estoit auparauant Oechalie, laquelle fut destruite par Hercule: mais ie croy qu'il s'est plustost seruy des noms connus, que de ceux qui estoient abolis, pour se faire mieux entendre; & ie l'ay faict de mesme apres luy. Enfin ayant desja fort auancé cette belle Histoire, i'ay pensé que ie ne deuois point differer d'auoir l'honneur d'en presenter à la Reyne deux volumes, qui ne sont qu'vne partie de ce grand ouurage, qui doit contenir de si rares auantures; & i'espere en donner la suite dans peu de temps, si sa Majesté me faict la grace de re-

PREFACE.

garder fauorablement mon trauail. Ie feray trop heureux fi elle eftime que i'ay taillé auec quelque induſtrie ce precieux diamant, que la mer d'Orient luy a fans doute enuoyé pour hommage, comme à fa Souueraine; puifque dans le partage qu'elle faict de tout le Monde auec le Roy fon fils, elle a pris le commandement de toutes les mers, & luy donnera bien-toft celuy de toutes les terres.

LA

LA VERITÉ DES FABLES,

OV L'HISTOIRE DES DIEVX DE L'ANTIQVITÉ.

LIVRE PREMIER.

APRES que l'Innocence eut regné quelque temps sur la terre, sans imposer d'autres loix que celles de la Nature; & que l'esprit des hommes eut commencé à se seruir de sa raison & de ses inuentions, pour chercher des commoditez & des auantages au delà de ceux qui leur eſtoient communs auec les beſtes; l'Art qui auoit entrepris de polir les productions de la Nature, à force de ſubtilité engendra ſans y penſer l'Artifice, & l'Artifice fit naiſtre la Malice; laquelle enuieuſe de ce merueilleux accord de la Nature & de l'Art, taſcha de les deſtruire l'vn par l'autre, & ſema par eux-meſmes le deſordre par tout le monde. Voyant que l'Art auoit produit la ſocieté, la commodité des logemens, l'vſage d'vne meilleure nourriture que celle de gland, & le partage des terres pour maintenir la concorde; elle ſe ſeruit des mouuemens ſecrets de la Nature, qui nous porte facilement à l'Enuie; & voulut deſtruire la ſocieté par la diuerſité des eſprits, qui forma la diuision. Elle fit que les vns regarderent d'vn œil jaloux, les commoditez & les partages des autres: la jalousie enfanta le despit; le despit, la colere; & la colere produisit enfin la violence. La Malice ayant ruiné par le moyen de la Nature, l'ordre que l'Art auoit mis dans le monde, voulut destruire la Nature par le moyen de l'Art. Elle inuenta les armes & les embusches, pour meurtrir & exterminer les hommes; afin de bannir de la terre l'Innocence, & d'y regner en sa place, parmy le desordre & la desolation. Ce fut alors que le Ciel fit naistre pour le secours de la Nature, des vertus plus grandes & plus fortes que l'Innocence mesme; la Iustice, pour s'opposer aux meschans & les punir; & la Force de cœur, pour appuyer la Iustice contre les rebelles à ses loix, & pour les vaincre & les dompter. Mais ces grandes Vertus, en protegeant l'Innocence qui auoit laissé agir la Nature, voulurent faire voir qu'elles estoient plus nobles qu'elle, en s'esleuant au dessus des regles de la Nature, par le mespris de la mort qui la destruisoit, & des plaisirs mesmes qui seruoient à sa conseruation. La Iustice fit connoistre à quelques hommes rares, qu'il estoit raisonnable & honorable de s'exposer aux dangers, aux tourmens & à la mort mesme, pour les interests publics ; & la Force de cœur les fit endurcir à la peine, & s'adonner aux exercices capables de destruire les meschans ; & non seulement leur fit mespriser le repos & la vie ; mais encore les contentemens naturels; & croire qu'ils feroient trop bien recompenfez, par le plaifir de caufer vn bien general, & par leur gloire particuliere ; & enfin ces deux courageufes Vertus, firent produire à ces Heros des inuentions & des actions fi admirables, que les peuples eftonnez les eftimerent enfans du Ciel ; & pour les fecours & les biens qu'ils en auoient receus, leur donnerent des adorations, & creurent qu'ils ne les pouuoient dignement reconnoiftre, que par des autels & des temples.

En ce temps-là, où la Vertu & le Vice fembloient s'efleuer à l'enuy l'vn de l'autre, & difputer l'Empire du monde; Vn iour aux bords de la Sicile, du cofté où fume cette fameufe montagne, qui vomit des flmes, & lance inceſſamment de longues eſtincelles & des pierres embrazées; on vid arriuer vne galere, qui auoit vne colombe peinte à ſon eſtendart, d'où ſortit vn Satrape Aſſyrien, ſouſtenát vne ieune Princeſſe, veſtuë de la ſorte que l'on peint les Nymphes de Diane, auec vn iauelot en la main, d'vne taille legere & maieſtueuſe, & d'vne beauté qui n'auoit point d'eſgale ſur la terre; mais dont la paſleur teſmoignoit ou vne affliction vehemente, ou vne indiſpoſition qui luy eſtoit inſupportable. Lors qu'elle fut arriuée ſous des myrtes, dont le bel ombrage nourriſſoit l'herbe d'allentour, elle ſe coucha; & apres vn long ſoûpir, dit au Satrape. Mon pere, ie n'ay beſoin que d'vn peu de repos: faites moy la grace, ie vous prie, de me laisser icy quelque temps; afin que i'essaye à reprendre la force qui m'est necessaire pour acheuer nostre voyage. Aussi-tost qu'il se fut esloigné, toute leur suite s'esloigna aussi d'elle par respect; & l'on vid les choses mesmes inanimées, respecter à l'enuy ce merueilleux ouurage de la Nature. Les vents semblerent retenir leurs haleines, pour n'interrompre pas le repos qu'elle desiroit: les myrtes parurent auoir espaissy leur ombrage, pour la mieux garentir du Soleil; toute la terre se fit voir autour d'elle reuestuë d'vne herbe plus touffuë & plus fraische; & mille fleurs qui n'auoient point esté apperceuës, se monstrerent, & semblerent naistre, pour auoir l'honneur d'estre cueillies par ses belles mains, pendant son silence & ses resueries. Elle coucha doucement sa teste sur des gazons vn peu plus releuez, & leuant auec vn soûpir les plus beaux yeux du monde vers le Ciel, elle l'accusa bien mieux d'iniustice & d'vne trop longue persecution, que si elle eut employé mille paroles. Ses regards doublement enflamez, & par leur vertu naturelle, & par le feu d'vne iuste indignation, consommoient l'air à l'enuy de l'Astre qui le rendoit clair & serein ; & eussent esté en cet estat capables de brûler toutes choses : mais enfin son ennuy abbatit peu à peu ses paupieres, comme s'il eut voulu secourir le monde, & le garentir d'vn entier embrazement. Vn sommeil inquiet, & qui s'interrompoit luy-mesme par de frequens soûpirs, l'occupa quelque temps: son bras de neige, jaloux que l'herbe eut l'honneur de toucher sa belle iouë, s'estoit mis entre-deux pour la soustenir; & en luy rendant ce seruice, la baisoit & en prenoit sa recompense; pendant que sa diuine gorge, en se repoussant elle mesme par des interualles égaux, sembloit mesurer ce petit relasche qui estoit donné à ses peines, & en compter tous les momens: mais son imagination qui ne dormoit iamais, & qui luy representoit sans cesse des objets de soucis & de craintes; ne luy permit pas de ioüir long-temps de ce doux remede à ses trauaux. Elle la resueilla soudain, & resueilla en mesme temps toutes ses fascheuses pensées, auec lesquelles apres auoir vn peu releué sa teste en s'appuyant de sa main, elle commença à s'entretenir ainsi. Fuiray-ie donc tousiours ce que ie deurois aymer plus que ma vie? tesmoigneray-je sans cesse vne cruauté inuincible, à celuy dont les graces, les vertus & les admirables actions sont adorées de tout le monde? Faut-il qu'vn seul vœu que ie pretens faire, resiste à tant de vœux que son amour me presente, & à tout ce qui me parle à son auantage? Toute la terre qui luy est redeuable pour tant de biens qu'elle en a receus, & pour tant de maux dont il l'a deliurée; cherche à le reconnoistre par toutes sortes de presens & d'honneurs, & luy offre par tout des couronnes & des empires: ie luy seray seule ingrate, & d'autant plus ingrate que ie luy suis la plus obligée. Ah! Daphné trop malheureuse, de ne pouuoir te seruir des dons que la Nature t'a faits, ny de ceux que t'offre la fortune; & de faire ton desplaisir de ce qu'vne autre estimeroit sa suprême felicité! Mais aussi que pourrois-je faire? ie suis trop engagée dans le dessein de ne m'engager iamais; & rien ne doit estre capable de me destourner d'vne si vertueuse resolution. Fuyons incessamment tout ce qui la peut ruiner, puis que c'est par la fuite seule qu'il faut combattre ce qui s'y oppose. Fuyons vn amant admirable, plutost que ie ne fuyrois vn ennemy; & celuy qui ne m'attaque qu'auec des soins, des soumissions & des seruices, plutost que celuy qui me poursuiuroit auec l'espée, ou qui me feroit preparer des fuplices. Fuyons la beauté, la noblesse, la grace, l'eloquence, & tout ce qui peut me causer de l'admiration, comme les seuls escueils où ma vertu peut faire naufrage. O l'estrange vertu que celle dont ie fay ma gloire, qui fuit & combat la vertu mesme, & tout ce qu'il y a de plus aymable parmy les hommes! mais aussi vertu d'autant plus noble, que si les autres triomphent des vices, celle-cy triomphe non seulement des vices, mais encore des vertus? Pourfuy donc, ô amant aussi merueilleux en l'opiniastreté de ta recherche, comme en toutes tes diuines qualitez : poursuy moy par toutes les extremitez du monde. Si tu veux mesurer la longueur de ta constance par la longueur de toute la terre, toute la terre seruira aussi de mesure à la gloire de ma resistance.

Daphné fut resueillée enfin de ces pensées par la voix du Satrape, qui cryoit à ceux de son vaisseau qu'ils vinssent à son secours. Elle se releua pour apprendre le sujet de ce cry ; & tournant les yeux vers luy, elle vid qu'il mettoit l'espée à la main, pour se deffendre contre vne troupe d'hommes Sauuages, d'vne grandeur enorme & de couleur enfumée, qui venoient l'attaquer auec des armes rustiques. Vne partie de ces voleurs vint à elle aussi-tost qu'ils l'eurent apperceuë, & l'estimant la plus belle part du butin qu'ils auoient esperé, ils voulurent auant toutes choses se saisir d'elle. Mais elle renuersa de son jauelot le premier qui entreprit de la toucher.

Celuy qui le fuiuoit craignant vne pareille fortune, & ne voulant pas aussi la tuer de peur de perdre la richesse de sa proye, s'arresta, & la menaçant d'vn baston ferré, la vouloit obliger à se rendre. Les autres l'enuironnerent de tous costez en luy presentant leurs armes; & elle dont le courage estoit aussi grand que la beauté, fremissoit d'vne genereuse colere, & ne sçauoit ny lequel elle deuoit attaquer, ny duquel elle deuoit se deffendre. Lors qu'elle estoit dans vn si estrange peril, vne merueille qui a autrefois estonné la nature, bien qu'elle fut produite par la nature mesme; donna aussi vn tel estonnement aux sauuages qui arriuoient de toutes parts, qu'ils ietterent des cris espouuantables, & obligerent ceux qui vouloient prendre Daphné, & ceux qui combattoient contre le Satrape & sa suite, à cesser leur attaque, & à tourner leurs regards vers leurs compagnons, qui auoient les yeux attachez vers la mer, & les mains haussées comme remplis d'admiration. C'estoit vn long brigantin qui venoit vers eux, & qui traisnoit à force de rames vne grande terre, de la largeur de plus d'vne lieuë, & de la longueur de pres de trois, ayant vn mont au milieu, & presque toute couuerte d'arbres d'vne hauteur extraordinaire ; qui flottoit sur la mer, & suiuant ce vaisseau s'approchoit peu à peu de l'Isle. Vn ieune Prince & vne Princesse de mesme aage, tous deux d'vne beauté, d'vne mine, & d'vne grace miraculeuse, paroissoient l'arc en la main sur la pointe la plus auancée de cette longue terre. Leurs cheueux blonds & à grosses boucles, voloient au gré du vent; & leurs habits, dont l'vn estoit en broderie d'or & l'autre d'argent, qui ne les couuroient que iusqu'aux genoux, & les brodequins de mesme parure, rendoient autant de rayons qu'ils en receuoient du Soleil. Daphné à qui les Sauuages auoient donné quelque relasche, tourna aussi les yeux vers la mer; & voyant cette Isle flottante, & ces personnes qui ne luy estoient pas inconnuës; O Ciel, dit-elle, ie te suis bien redeuable de l'assistance que tu me donnes; mais ne peux-tu iamais enuoyer à mon secours, que ceux-là mesmes que ie fuis ? En mesme temps le brigantin s'escarta de peur d'estre d'eſtre heurté, & cette terre qui s'approchoit, ſe ioignit d'elle-meſme au bord de la Sicile, & de deux Iſles n'en fit qu'vne. Alors le Prince apperceuant Daphné qui eſtoit enuironnée de ces Barbares, ſe ſentit eſmeu d'vne eſtrange ſorte, & dit à la Princeſſe ; Ma ſœur, nous auons beſoin d'eſtre ſouſtenus icy des noſtres, Va, ie te prie, ramaſſer ceux qui ſont eſpars dans le bois, afin qu'ils m'aident à chaſtier ces inſolens. A l'inſtant il banda ſon arc, & en trois pas qu'il fit en tua trois de ſes fleſches. Cette ſorte d'armes eſtoit encore inconnuë à ces hommes, qui voyant trois des leur par terre, ſans ſçauoir preſque qui leur auoit donné la mort ; à leur premier eſtonnement en ioignirent vn bien plus grand : & voyant voler ie ne sçay quoy de leger, qui partoit des mains de celuy qui s'auançoit vers eux, & les faisoit mourir; ils coururent vers luy pour l'abbattre auec leurs armes: toutefois ils ne peurent si tost le ioindre, qu'il n'en mit encore quatre par terre. Alors n'ayant que son arc, qui ne luy pouuoit seruir que pour attaquer, & non pas pour se deffendre, il eut bien du regret de n'auoir point d'espée; & craignant d'estre tout à coup enuironné & assailly de toutes parts, il gagna la pointe d'vne roche, & de là il en tua encore plus de vingt. Ces miserables, autát ceux qui restoient que les mourans, iettoient des cris effroyables, ne sçachant d'où leur venoit vne mort si peu preueuë; & leurs compagnons qui attaquoient le Satrape, & d'autres qui s'estoient

iettez dans le brigantin pour le pil-
ler, & qui en auoient defia tué les
rameurs, & coupé le cable qui traif-
noit cette terre ; furent contraints
par ces clameurs de tout abandonner, pour courir à cet horrible fpe-
ctacle. Le Prince auoit plus de cent
flefches à fon carquois, & tant qu'elles luy durerent, il ne ceffa de tirer,
afin de fe déliurer de ces hommes
monftrueux, & d'en deliurer en fuite celle qu'il aymoit plus que fon
ame. Cependant la belle Daphné,
voyant que le Prince eftant en lieu
de feureté, alloit bien-toft fe rendre
victorieux du refte de ce peuple ; &
qu'il feroit encore fecouru dans peu
de temps par ceux de fon Ifle, ne
fongea plus qu'à fe fauuer de celuy
mefme qui l'auoit garentie ; & allant trouuer le Satrape, qui eftoit

B ij

tout en sueur pour le combat qu'il auoit soustenu ; le pria de se r'embarquer promptement auec elle, & de poursuiure leur voyage. Quoy? dit-il, quitter si souuent nostre liberateur, sans luy rendre graces de nostre salut ; c'est trop d'ingratitude. Mon pere, respondit-elle, i'ayme mieux luy estre ingrate de cette sorte, qu'en luy refusant ce qu'il me demanderoit sans doute, & que ie suis resoluë de ne luy point accorder. Ses belles actions sont elles mesmes sa recompense ; & il est trop genereux pour attendre qu'on l'en remercie. Soudain elle le prit par la main pour l'obliger à partir, & ils monterent auec leur suite dans le vaisseau qui les attendoit. Elle commanda que l'on leuast l'ancre, que l'on mit la voile au vent, & que les rameurs l'esloignassent de ce lieu là de toute leur force, Tout cela fut fait auec vne diligence extrême, chacun se hastant pour luy obeïr: mais les rameurs commencerent à sentir qu'ils auoient plus de peine que de coustume à faire auancer la galere; & lors qu'auec beaucoup de trauail ils eurét doublé le cap le plus proche, le Pilote s'apperceut qu'ils entraisnoient la petite Isle; l'ancre que l'on retiroit de la mer s'estant arrestée à des racines de ces grands arbres, lesquelles s'estendoient dans les eaux d'vne longueur immense. La Princesse qui alloit au secours de son frere, se voyant par ce moyen separée de luy, cryoit & se desespe-roit, ne sçachant pas ce qui la faisoit esloigner ainsi du bord où il estoit. Tout ce qu'elle pouuoit faire du commencement, estoit de tirer de loin ses flesches, & d'en tuer quelques-vns de ces Barbares; mais lors qu'elle se vid reculée hors de la portée des traits, elle fut inconsolable. Enfin Daphné ayant sceu ce qui retardoit sa fuite, fit couper le cable où l'ancre estoit attachée, & alors la galere allant librement à rames & à voiles, en peu de temps se perdit de veuë. Cependant le Prince abandonné de tout secours, & de ses plus cheres esperances, se trouua auec fort peu de flesches de reste, & beaucoup d'ennemis; & se resolut de mourir plutost que de se rendre à vne troupe si infame. Il tira encore quatre traits, dont il en tua quatre des plus aspres à monter sur sa roche; & les autres effrayez de voir tant de morts, & croyant que ce fut quelque demon inuincible enuoyé pour les deſtruire, tout à coup prirent la fuite & le laiſſerent reſpirer à ſon aiſe. Toutefois bien qu'il vid le champ libre, il creut qu'il ne demeureroit pas long temps en repos; & deſcendant du lieu qui luy auoit ſeruy d'aſyle, il retira toutes ſes fleſches des corps qui eſtoient eſtendus ſur le riuage, & en remplit ſa trouſſe: mais à peine eut-il acheué de ſe pouruoir de ces nouuelles armes, qu'vne troupe nouuelle parut; & il y a de l'apparence que ceux de l'Iſle n'ayant pas voulu croire ce que les fuyards leur auoient conté de cet homme ſi meurtrier, & de cette terre mobile ſur laquelle il eſtoit arriué, & s'eſtimant plus courageux que ceux qui auoient laſchement quitté le combat contre vn seul, auoient entrepris de reparer leur honte, & de vanger les morts. Il regagna soudain la pointe de son rocher, & aussi-tost leur enuoya de ses flesches pour les espouuanter: mais bien qu'autant de traits cau-sassent autant de morts, leur ardeur ne se rallentit point: Ils coururent vers luy auec de grands cris; & voyant que le lieu où il estoit monté estoit inaccessible; & que ceux qui pensoient l'y aller attaquer, estoient aussi-tost renuersez par la pointe de ses dards; ils quitterent leurs armes, & eurent recours aux cailloux pour l'attaquer de loin tous ensemble. De cette sorte ils l'eussent bien-tost assommé de coups, s'il ne se fut retiré derriere la pointe de son rocher, d'où il ne laissoit pas de les percer de ses flesches, & euitoit en mesme temps les grosses pierres qui luy estoient lancées. Sa longue experience & sa iustesse à tirer de l'arc, l'assisterent merueillement en ce danger : car il ne tiroit pas vn coup en vain, & leur perçoit à tous ou la gorge ou l'estomac. Il fut attaint de quelques pierres qu'il ne pût euiter : mais il en mit par terre plus de soixante de cette seconde bande ; & le reste plein de desespoir, fut contraint comme les premiers, de chercher leur salut en la fuite ; & mesmes dans vne extrême espouuante, à cause que les blessez arrachoient auec horreur les traits de leurs playes, croyans que c'estoient des serpens aislez qui les mordissent ; & en fuyant ils pensoient à tous momens entendre sifler encore ces serpens à leurs oreilles. Le Prince se voyant en repos pour la seconde fois, descendit pour aller encore reprendre toutes ses flesches; & deffit de la mesme sorte vne troisiesme troupe de ces hommes noirs qui le vindrent attaquer. Enfin ayant veu quelque temps que nul n'osoit plus pareſtre; & pressé de soif, il visita les lieux d'allentour; & trouuant quelques troupeaux de chevres abandonnées de leurs pasteurs, il beut de leur lait qu'il tira dans sa main; & de peur que ce secours ne luy manquaſt, il en lia quelques vnes à des branches à l'entour de sa roche. Apres quelques heures de relasche, il recommença le combat vers le soir contre d'autres,& les deux iours suiuans il fut attaqué encore à diuerses reprises,&demeura tousiours vainqueur de tant d'hommes. Il se nourrissoit seulement par interualles du lait de ses chevres, qui luy seruoit de boire & de manger ; & sa plus grande fatigue estoit de n'oser prendre vn moment de sommeil, de peur d'estre surpris par ses ennemis.

Ce Prince si beau & si vaillant, qui n'auoit encore atteint que sa vingtiesme année, & qui auoit desja semé sa gloire par tout le monde; se voyant reduit à la necessité de perir, ne pouuoit assez s'estonner, comment le Ciel auoit resolu que les auantages de sa haute naissance, & de tant d'heureux succez de sa vie, fussent deshonorez par vne fin si miserable ; & qu'apres luy auoir donné vn vent si fauorable, que de l'auoir poussé au lieu où estoit celle qu'il cherissoit auec tant d'ardeur

& d'inquietude ; & luy auoir faict acquerir le bon-heur de la voir, & l'honneur de la secourir; il l'eut tout à coup precipité dans vn abysme de peines, en faisant euanoüir à ses yeux ce doux objet de ses desirs, & encore sa chere sœur, que ses merueilleuses qualitez & son affection incomparable luy rendoient si pretieuse, & dont le secours & la consolation l'auoient tousiours si puissamment assisté dans ses trauaux. Il ne pouuoit comprendre comment cette fois elle l'auoit abandonné, & qu'au lieu de luy amener des gens pour le soustenir, elle se fut resoluë de le laisser à la mercy de tant d'ennemis, & de prédre vne autre route, en luy emmenant mesme son Isle, qui estoit son seul heritage, & que pour ses admirables commoditez il auoit preferée aux plus grands Royaumes du monde. De quelque costé qu'il tournast ses pensées, il ne trouuoit ny consolation ny remede à ses maux : toutefois ayant vn cœur inuincible, & estant tourmenté du sommeil plus que de toutes choses ; il se resolut de contenter ce fascheux & doux ennemy, & de chercher quelque haute roche escarpée, & qui fut creuse par le haut, où il peust estre caché & prendre du repos. Dans ce dessein il délia ses chevres, ne voulant pas oster la liberté de chercher leur vie, à celles qui auoient soustenu la sienne ; puis qu'aussi bien elles eussent esté trouuées là par les Sauuages, & eussent peut estre seruy à le faire chercher aux lieux d'alentour. Apres auoir monté sur plusieurs roches auec beaucoup de peine; car les plus difficiles à monter estoient les plus propres à son desir; En fin il en trouua vne, telle qu'il la pouuoit souhaitter, ayant des précipices tout au tour, & vn creux au milieu, où il ne pouuoit estre veu, & où mesme il y auoit de la terre & de l'herbe assez haute. Aussi-tost qu'il se fut abandonné au sommeil, il en fut saisi si doucement, qu'il fut vn iour entier sans se resueiller; son corps affoibly par tant de trauaux & de veilles, ne pouuant si tost chasser ce qui estoit si necessaire pour reparer ses forces. Le lendemain il fut extrémement surpris en ouurant les yeux, de trouuer auprès de luy deux chevres couchées, de celles qui l'auoient nourry les iours precedens, & dont il s'estoit pleu à tirer le lait pluftoft que des autres ; lefquelles, comme ces animaux attachent auffi-toft leur affection aux perfonnes qu'ils nourriffent, auoient grimpé fur tous ces rochers pour le chercher ; & apres l'auoir trouué, s'eftoient arreftées aupres de luy, en paiffant doucement l'herbe fans luy faire de bruit. O beftes gentilles & fecourables, dit-il, en les admirant, qui feules me faites voir que ie ne fuis pas encore delaiffé de toutes chofes ; ah ! que ie fuis obligé à la tendreffe de voftre foin, & que ie dois auffi auoir foin de vous toute ma vie. Vous faites renaiftre mes efperances mortes ; & ie veux croire que le Dieu que i'adore, vous a enuoyées pour m'affeurer qu'il me iette encore fes regards fauorables. Apres les auoir careffées de la main toutes deux, & tiré de leur lait; il regarda du haut de sa roche les lieux aux enuirons, & ne vid pareſtre vne ſeule perſonne. Il tourna auſſi ſes yeux vers la mer, pour voir s'il ne deſcouuriroit point ſon Iſle; mais plus il regardoit, plus il perdoit de ſes eſperances. Il deſcendit de ſa roche pour aller voir par tout le riuage s'il ne trouueroit point ſa ſœur, ou quelques vns des ſiens qui le pourroient chercher, mais tous ſes pas furent inutiles. Les Sauuages qu'il rencontroit prenoient auſſi-toſt l'eſpouuante, & le fuyoient d'vne viſteſſe nompareille, comme quelque Magicien qui euſt entrepris leur totale deſtruction. Il paſſa ainſi encore quelques iours, remontant par fois ſur la roche, & beuuant le lait de ſes chevres;

vres; & la nuit arriuant il s'endormoit auprés d'elles. Vn iour, lors qu'il estoit sur le riuage, regardant de tous costez si la Princesse sa Sœur ne parestroit point; il vid vne troupe d'hommes, meslez de Sauuages du païs & d'Assyriens, ayans tous de petits boucliers, & qui sembloient le chercher. Les Sauuages s'enfuyrent aussi-tost qu'ils l'apperceurent, & les autres continuans à s'auancer vers luy, il creut que c'estoit la troupe du Satrape, pere de sa chere Daphné; & plein d'esperance de la reuoir, il ne craignit point d'aller au deuant d'eux: mais en estant plus pres, il n'en reconnut vn seul, & il s'arresta pour voir à leur contenance, s'ils venoient comme amis, ou comme ennemis. L'vn d'eux, qui se nommoit Cilix, connoiffant fa deffiance, luy dit, Seigneur, ne nous redoutez point, mais obeyffez au commandement du grand Roy des Affyriens, Belus Iupiter, Empereur de tout le monde; qui defire vous voir, & nous a enuoyez pour vous conduire vers luy en Aufonie, où il eft paffé ayant fceu la mort du vieux Roy Saturne fon pere. Si vous ne vous rangez volontairement à fon defir, il nous a commandé de nous faifir de vous, & de vous amener malgré voftre refiftance. Le Prince leur refpondit auec vne affeurance maieftueufe: Vos dernieres paroles ne font pas celles qui me font obeyr: nul n'eft affez puiffant au monde, pour m'obliger par force à le fatisfaire; & il m'eft bien plus aifé de mettre par terre vne vingtaine d'hommes, que de me defendre, comme i'ay faict, de tout vn peuple, dont vous en pouuez voir plus de mille eftendus fur ce riuage. Le feul defir que i'ay de voir vn fi grand Prince, & d'en eftre connu, faict que ie me range parmy vous, pour eftre conduit où il defire que i'aye l'honneur de le voir.

Cilix eftoit fort & courageux, & il luy fembloit honteux de ne pas attaquer vn homme feul, qui fe vantoit de pouuoir deffaire toute fa troupe; toutefois voyant fa beauté merueilleufe, fa ieuneffe, bien qu'il fuft defia de la hauteur des plus grands hommes, & la majefté de fon vifage & de fes paroles; il fut contraint de luy dire: Ie ne croy pas qu'il vous fut fi facile de nous vaincre que ces Sauuages : mais pour

C ij

n'en venir point à cette espreuue, où ie craindrois encore plus vostre peril que le mien ; & puis que i'ay ordre de vous amener, & non pas de faire courir fortune à vostre vie; i'ayme mieux pour cette fois admirer les effects de vostre courage, que de voir faire voir ceux du nostre. Alors il luy presenta la main en signe de paix, & le Prince se ioignit à eux, qui le receurent auec honneur & admiration, & le conduisirent dans vne cabane de Pasteurs, où ils luy donnerent vn repas dont il auoit grand besoin, n'ayant vescu que de lait depuis plusieurs iours. De là il fut mené à Messine, d'où ils passerent en Italie, & en fin ils arriuerent à Tarente, où deuoit bien-tost arriuer le puissant Monarque de l'Europe & de l'Asie.

Cilix ayant continuellement admiré par le chemin les merueilleuses graces du Prince, & ayant conceu pour luy vne affection qui ne souffroit pas qu'il luy peust celer le sujet de son voyage; le tira à part le iour que le Roy deuoit entrer dans Tarente, & luy parla ainsi. Bien que par le secret que ie vay vous dire, i'excede ce qui m'est permis par mes ordres, ie me sens obligé par tant de rares qualitez que i'ay reconnuës en vous, de vous aduertir que le Roy Polypheme, qui commando sur les Sauuages qui habitent vne partie de la Sicile; ayant appris le grand meurtre que vous auiez faict des siens, & croyant que vous auiez faict dessein d'exterminer tous ses sujets, par des charmes dont ils ne se pouuoient defendre; enuoya de ses gens en diligence vers le Roy Eole, qui regne dans les Isles voysines de la Sicile, & dont le iugement & la sagesse sont en grande estime dans l'Europe; pour auoir son conseil sur vne si estrange auanture. Eole qui auoit dessein de venir rendre ses respects & ses hommages au grand Roy Belus Iupiter, leur respondit qu'il falloit demander iustice d'vn tel homme au Souuerain des Roys, puis qu'heureusement il estoit si proche: il s'offrit de les presenter luy-mesme, & partit auec eux en mesme temps, esperant faire vne chose agreable à Belus, de luy deferer ce iugement. Ils arriuerent il y a quelques iours en Ausonie, où apres qu'Eole eut baisé les mains à nostre grand Monarque; il luy dit le sujet de son voyage, & luy présenta les Sauuages. L'vn d'eux prit la parole, & dit naïuement, qu'en Sicile estoit arriué sur vne grande terre qui nageoit, vn homme brillant comme le Soleil, qui estant monté sur vne roche, auoit tué plus de mille des leur, auec des Serpens aislez, longs & menus, qu'il leur iettoit, qui les venoient mordre en siflant, & qu'il estoit impossible d'euiter; que leur Roy Polypheme ayant en vain enuoyé plusieurs troupes pour le deffaire, & connoissant la perte ineuitable de tous ses sujets, les auoit fait partir pour demander conseil & secours aux Roys ses voysins, dans vne calamité si estrange.

Belus reconnut bien de la simplicité en ces hommes noirs, mais il ne pût comprendre de quelle sorte vn seul en auoit tant fait mourir. Toutefois de quelque façon que ce mal fust arriué, il iura qu'il ne laisseroit pas vne telle audace impunie; & me commanda aussi-tost d'aller en Sicile auec ce que vous auez veu de ses gardes, & de vous amener pieds & poings liez en cette ville où il se deuoit rendre ; voulant voir luy-mesme l'autheur d'vne telle meschanceté, & en faire vne iustice exemplaire. Estant arriué ie fus conduit par eux au lieu où vous auez faict ce grand carnage ; mais soudain que ie vous eus apperceu, ie ne peûs croire à voir les traicts de vostre visage, & la grace de vostre port, que vous fussiez vn Sorcier ou vn Magicien; & ie pris resolution de vous traitter plustost auec douceur & ciuilité, qu'auec la violence qui m'eſtoit commandée. Songez maintenant auant que le Roy arriue, à vous preparer contre ces accuſations, & à ce que vous aurez à luy reſpondre ; afin que vous ne ſoyez ny ſurpris par vos accuſateurs, ny troublé par la majeſté de ſa preſence. Lors que le Prince vouloit luy rendre graces de l'aduis qu'il luy auoit donné, & luy dire le ſujet qui l'auoit obligé à punir ces inſolens, & de quelle ſorte il les auoit deffaits ; Belus qui venoit de faire ſon entrée dans Tarente, & qui auoit impatience de le voir & de le faire punir ; l'enuoya querir, & alors Cilix le pria de ſouffrir qu'il fuſt lié, pour ſatisfaire à ſon ordre ; mais il reſpondit qu'il n'eſtoit ny eſclaue ny criminel ; qu'il eſtoit né libre & Prince, & qu'il ne ſe ſoumettroit iamais à des liens : que volontairement il s'estoit mis entre ses mains, & que rien ne pouuoit l'attacher si fortement pour l'obliger d'aller vers le Roy, que la passion qu'il auoit de le voir, sans laquelle il les auroit tous deffaits, ou seroit mort en Sicile : Que le Roy seroit sans doute content de Cilix, puis qu'il l'auoit amené : qu'il suffisoit aux puissans Monarques d'estre seruis, quelque douceur que l'on employast dans l'execution de leurs commandemens; & que la seuerité deuenoit cruauté, lors qu'elle estoit inutile.

Cilix ne pouuant entreprendre de luy faire vne violence, se resolut de le satisfaire, & le conduisit deuant le grand Roy des Assyriens, qu'ils trouuerent dans la cour du

palais de Tarente, enuironné de plusieurs Roys, & de tous ses Satra-
es, & ayant la main sur l'espaule
'vn ieune Prince son fils, de l'âge de dix-huict ans, dont les yeux estoient fort vifs & les gestes agreables, & qui auoit vne baguette en la main & vne capeline de plumes sur la teste. Quelques-vns de ces Sauuages de Sicile qui estoient là aupres auec le Roy Eole qui les a-uoit presentez ; aussi-tost qu'ils ap-erceurent le Prince que l'on con-duisoit, se ietterent aux pieds du Roy ; & auec des cris & des gemisse-mens luy demanderent iustice. Ce-la l'esmeut, & il leur iura encore qu'ils seroient vangez : mais quand ietta les yeux sur le Prince, & qu'il onsidera sa beauté esclatante, sa ille noble & sa mine releuée ; il se

trouua surpris, s'estant imaginé qu'on luy deuoit amener quelque vieux Magicien: toutefois pensant au grand crime dont il estoit accusé, & à la desolation qu'il auoit causée à tout vn peuple; il ne laissa pas de le receuoir auec vn visage seuere, & luy demanda d'où luy estoit venuë cette fureur, de faire tant de meurtres, & de despeupler des prouinces entieres. Le Prince luy respondit, Puissant Monarque, ie suis d'vn sang trop illustre pour souffrir les insolences; & ie m'en fusse rendu indigne, si i'eusse laissé perir deuant mes yeux, des personnes qui doiuent estre seruies de toute la terre, & que ces monstres alloient assassiner sans mon secours. Ce n'est pas moy seul qui les ay punis; mais le Ciel s'est seruy de mon bras pour chaſtier leur meſchanceté. Et de quels ſerpens vous eſtes vous ſeruy, repliqua le Roy, pour faire mourir tant d'hommes? voylà les ſerpens dont ie me ſers, dit-il, en luy preſentant deux de ſes fleſches; leſquelles il admira, n'ayant iamais veu cette ſorte d'armes; & il luy demanda qui en eſtoit l'inuenteur; & comment il pouuoit pouſſer ce petit bois auec tant de force qu'il donnaſt la mort. Il luy reſpondit; I'ay eſté nourry dans les foreſts, où la chaſſe eſtoit mon plus grand paſſetemps; i'attaignois beaucoup d'animaux à la courſe; mais voyant que les cerfs, les lievres & quelques autres beſtes eſtoient plus viſtes que moy, & m'eſchappoient inceſſamment; apres auoir long-temps medité pour trouuer quelque choſe qui les peuft atteindre, i'inuentay ces dards, & cet arc, dit-il en le monftrant, auec lequel ie les pouffe auec tant de force & de viftesse, que i'abbas tout ce qu'ils rencontrent; & i'y acquis vne telle addreffe, que rien ne peut euiter mes coups. Et pour preuue de cette verité : il fe teuft alors, puis il banda fon arc, & y mettant vne flefche, il en abbatit vn grand aigle qui voloit fort haut fur leurs teftes, & le fit tomber à leurs pieds. Cette action parut prodigieufe à tous ceux qui la virent; mais le Roy non feulemét fut émeu d'vne chofe fi merueilleufe, mais encore du mauuais prefage qu'il conceut pour luy-mefme, de ce que le Roy des oyfeaux auoit efté percé par ce ieune homme ; & fe fentit faifi de crainte, qu'il ne luy arriuaft encore pis qu'il n'auoit faict souffrir au Roy Saturne son pere, à qui il auoit faict ceder l'Empire; puis que par cet augure il se voyoit de plus menacé de la mort, & peut estre par ces mesmes flesches, puis que le plus puissant de la terre ne les pouuoit euiter. Il consideroit encore que les graces naturelles du Prince luy estoient dangereuses, estans capables de luy acquerir l'amour des peuples, & de leur faire naistre le desir de le voir succeder à sa grandeur. Il fut quelque temps à resuer, ne sçachant à quoy il se deuoit resoudre pour preuenir les accidens qui menaçoient sa vie. Il craignoit d'irriter celuy qui portoit des armes si redoutables, s'il luy tesmoignoit le dessein qu'il auoit de le faire mourir, ou seulement celuy de luy oster ses flesches. En fin il se tourna vers le ieune Prince, sur lequel il s'appuyoit, & luy dit à l'oreille. Mercure mon cher fils, iamais ton esprit ne t'a encore manqué; & tu le dois bien resueiller en vne occasion qui m'importe de la vie. Inuente, ie te prie, quelque souplesse, pour oster à celuy-cy ces dards qu'il porte sur son dos, sans qu'il s'en apperçoiue: autrement ie crains qu'il ne nous fasse tous mourir. Ce ieune Prince auec vne viuacité d'esprit merueilleuse, & plus prompte encore que ces traicts si redoutez, sans auoir respondu vn seul mot au Roy son pere; & comme s'il en auoit appris quelque grand secret, courut les bras ouuerts à celuy qui attendoit froidement la fin de leur conference; & luy dit. O mon frere,

frere, car vous estes mon frere sans
doute, & mon sang me le dit, & ne
ne trompe point: O mon frere, que
ie vous embrasse, & venez aussi embrasser le Roy vostre pere & le
mien. Pendant ces grands embrassemens que le Roy fut contraint de
luy donner, ne sçachant encore ce
que cela pourroit produire, le petit
Mercure luy destacha subtilement
la trousse du dos, & en fit present au
Roy, auant que l'autre Prince s'en
fut apperceu, ne songeant alors
qu'à receuoir leurs caresses. Aussi-
tost que le Roy l'eut entre ses
mains, il la donna en garde à l'vn
de ses plus vaillans Satrapes, & fut
remply de ioye, admirant la dexte-
ité d'esprit & de main de son fils, &
royant que sa vie estoit en seureté.
Alors pensant en mesme temps fai-
D

re vne action de Iustice,& pouruoir à sa conseruation; il dit à ces Barbares Siciliens qui estoient aupres de luy. Ie vous abandonne la vie de celuy qui en a tant exterminé des vostres, & vous permets de le faire mourir en ma presence. L'vn des plus forts & des plus grands de ces Sauuages, plein de transport de voir le Prince despoüillé de ses armes, & de receuoir vn commandement si agreable à ses ressentimens, baissa vn espieu qu'il tenoit, pensant le percer de part en part, & le renuerser à ses pieds: mais le Prince qui n'auoit rien dans les mains dont il se peust deffendre, & ne pouuant garentir sa vie que par son addresse & par la force de ses bras, euita le coup en se destournant, & soudain passa sur le Barbare; puis en l'estreignant luy fit perdre terre, & le renuersa d'vne cheute d'autant plus rude, que ce grand corps estoit pesant. Cette action parut encore plus prodigieuse que les autres, au Roy & à tous ceux qui la virent ; l'art de la lutte n'estant point connu de ce temps-là, où l'on ne mesuroit presque la force qu'à la grandeur des hommes. Toutefois vn autre de ces Siciliens, croyant que ce seroit vne grande honte à sa nation, qui se vantoit de surpasser en force de corps toutes les autres, qu'vn ieune homme leur fit perdre cet auantage, ietta à terre vn baston ferré qu'il tenoit à la main, & se lança sur luy pour le renuerser ; mais ils ne furent pas long-temps aux prises, qu'il se trouua comme le premier estendu sur le sable. Le Roy des Assyriens troublé d'admiration & de crainte, croyant qu'autāt d'actions que faisoit le Prince, estoient autant de menaces qui luy presageoient la perte de sa puissance & de sa vie; bien qu'il ne fut pas cruel, & que la beauté de celuy qu'il commençoit à craindre, fit vn grand effort pour l'empescher de résoudre sa perte, toutefois le peril qu'il redoutoit, eut plus de force dans son ame, & l'obligea de crier à ces Barbares, qu'ils ne s'amusassent point à le renuerser auec leurs bras ; mais qu'ils le fissent mourir auec leurs armes. Tous ceux qui estoient presens, esmeus d'affection pour le Prince, entendirent auec regret vn si rigoureux arrest, ne penetrant pas les pensées du Roy, & ne pouuant iuger d'où procedoit en luy vne seuerité si extraordinaire ; & regarderent auec saisissement dix de ces Sauuages, baissans tous ensemble leurs armes contre luy qui estoit sans armes, & qui attendoit la mort auec vne fermeté inuincible : mais celuy qui estoit le plus auancé & le plus prest à le fraper, se sentit attaint d'vne flesche sans que l'on vid d'où elle estoit partie, & tomba par terre ; comme si le Ciel protecteur de la vertu & de l'innocence, eut entrepris de secourir celuy qui ne pouuoit plus se deffendre. Le second qui pensoit auoir la gloire de l'abbatre, fut frappé d'vn autre trait, sans que l'on peust voir le bras qui le tiroit, & tomba comme le premier à la renuerse. Le troisiesme estonné de la mort de ces deux, suspendit son coup pour les regarder,

& en ce moment vne autre flesche luy fit perdre l'estonnement auec la vie. En mesme temps deux gardes du Roy furent tuez aupres de luy par deux de ces traits volans, & le Roy mesme eut son habillement percé par vn autre. Iupiter estrangement troublé par ces prodiges, & furieusement esmeu de la mort des siens, & de son propre peril, ne pouuoit s'imaginer d'où pouuoient partir ces traits; & demanda celuy à qui il auoit donné la trousse en garde, pour voir s'ils n'en sortoient point d'eux-mesmes : mais il les trouua fort immobiles, & cependant le reste de ces Sauuages qui auoient les armes baissées, fut encore tué des coups de ces flesches inconnuës. Le Roy apres auoir esté agité de diuerses pensées, considerant que sa seuerité tournoit à sa confusion, & que le Prince estoit deffendu par vne puissance encore plus grande que la sienne; se resolut de ne la point irriter dauantage contre luy-mesme, & de s'asseurer de luy par la douceur: il luy tendit la main en signe de paix, cachant le mieux qu'il pouuoit le trouble de son ame, & luy dit: Ie connois vostre innocence, & par vostre propre vertu que vous m'auez faict connoistre, & par la vertu secrette & inconnuë qui a combattu pour vous. Ie veux que vous m'aymiez comme ie veux vous aymer; & que vous alliez vous reposer apres tant de peines. Ie vous donne Mercure mon fils pour vous accompagner & auoir soin de vous, & puis vous asseurer que son entretien ne vous sera point desagreable. Le Prince luy fit alors vne profonde reuerence, & luy baisa les mains, croyant que sa colere estoit entierement appaisée ; & apres l'auoir accompagné dans son appartement, il se laissa conduire par le gentil Mercure dans le sien.

Le Roy ne pût auoir vn moment de repos toute la nuit, estant tourmenté de diuerses pensées, pour auoir veu tant d'actions qui luy sembloient prodigieuses, pour le meurtre des siens assassinez en sa presence, & pour s'estre veu attaqué luy-mesme, & percé par ces traits inconnus; & le lendemain apres auoir embrassé Admete le Roy de Thessalie, qui estoit venu iusqu'en Italie pour luy rendre ses deuoirs & luy faire la cour, comme plusieurs autres Roys qui eſtoient deſia à ſon leuer; il voulut ſe diuertir à la chaſſe, pour eſcarter autant qu'il luy eſtoit poſſible les ſoins qui le trauailloient : il commanda que l'on aſſemblaſt le plus d'hommes qu'il ſe pourroit, pour forcer quantité de beſtes ; croyant que plus la confuſion & le bruit ſeroient grands, moins ſes faſcheuſes inquietudes le pourroient troubler; & ſans faire aduertir Mercure qui eſtoit couché auec le Prince ; il ſortit du Palais dés le grand matin, & ſe rendit dans les foreſts du mont Apennin, où il trouua vn grand nombre d'hommes armez d'eſpieux ; & vne infinité de peuple, pour faire du bruit, & pouſſer les beſtes dans les toiles. C'eſtoit alors tout l'art de la chaſſe : mais lors que le Roy eut pris trois sangliers de cette sorte, dont il en tua deux de sa main ; & qu'il faisoit rassembler le peuple pour battre dans vn autre bois où l'on auoit desia tendu les toiles ; il vid assez loin hors de la forest, vn char d'argent traisné par quatre cerfs, sur lequel deux Princesses estoient assises, dont l'vne estoit ieune & merueilleusement belle, vestuë d'vne estoffe d'argent, la trousse sur le dos, & l'arc en la main, & ayant vn large diamant sur le haut du front en forme de croissant : celle qui l'accompagnoit estoit plus âgée, mais sa sagesse & sa grace estoient si grandes, qu'elle sembloit par sa seule modestie ceder à l'autre l'empire de la beauté. Le char estoit enuironné d'vne quantité de Nymphes à pied, richement vestuës, ayant chacune l'arc & le carquois, & la plus part tenoit encore vne lesse de chiens, qui de leurs voix faisoient retentir les antres & les forests. Le Roy fut extrémement surpris de voir vne si belle troupe, si peu ordinaire & si peu attenduë; & les Princes qui l'accompagnoient en furent esmerueillez, excepté Admete qui les connoissoit; mais Iupiter fut encore bien plus esmeu quand elles furent plus proches, de voir tant d'arcs & de flesches; & si vne seule trousse auoit causé tant de troubles en son esprit, combien toutes celles qu'il voyoit luy deuoient elles donner d'allarmes. Cet estonnement fut suiuy d'vn autre bien plus grand, lors que les Nymphes ayans decouplé les chiens, ils entrerent dans le bois, & en firent sortir vn peu apres vne infinité de beſtes, dont la plus part furent tuées par les fleſches de la ieune Princeſſe, & le reſte par celles des Nymphes. Toutes ces nouueautez remplirent l'eſprit du Roy de merueille & de confuſion; & il ne ſçauoit ce qu'il deuoit faire, lors qu'apres cette chaſſe admirable, il vid que le Char s'auançoit vers luy, auec toute ſa troupe qui s'eſtoit ramaſſée allentour. Toutefois ayant le courage grand, & tel qu'il n'auoit pas redouté d'attaquer ſans ceſſe les plus puiſſans de la terre, il ſe reſolut d'attendre de pied ferme leur abbord; & lors qu'elles n'eſtoient encore eſloignées que de vingt pas, deux Nymphes de chaque coſté preſenterent leurs mains aux Princeſſes pour les ayder à deſcendre, & les conduiſirent de la sorte vers le Roy. Ce Prince voyant venir des Dames si dignes d'admiration & de respect, n'estima pas qu'il y eust rien en elles qui fut à redouter; & plein de civilité marcha au deuant d'elles pour es receuoir auec honneur. La premiere apres s'estre courbée en sa presence & luy auoir baisé les mains, se releua; & l'ayant regardé quelque temps d'vn œil ferme & toutefois respectueux, Puissant Monarque, luy dit-elle, ne vous souuenez vous plus de la Reyne d'Eubée, que d'vn abysme de malheurs il vous a pleu releuer à la plus haute felicité du monde; que de captiue qu'elle estoit, & à la mercy de ses plus grands ennemis, vous auez daigné faire vostre espouse? Le Roy la reconnoissant & tendant les

mains, luy dit. Ah! ma chere Latone, eſt-ce donc vous que ie voy,
& dont la priuation m'a eſté ſi ſen-
ſible? Alors il l'embraſſa auec ioye;
Puis elle adiouſta:Pour tant de graces & d'honneurs que i'ay receus de
vous, ie cherche depuis long-temps
les lieux où voſtre courage vous
porte, afin de vous faire le preſent
le plus digne de vous, que vous re-
ceuſtes iamais. Ce ſont deux enfans,
i'oſeray dire, admirez de tout le
monde, dont vous me laiſſaſtes en-
ceinte, & que i'ay tendrement eſle-
uez pour voſtre ioye & pour voſtre
gloire. En voilà l'vn,dit-elle,en luy
preſentant la ieune Princeſſe, & ie
croyois trouuer icy l'autre, que la
fortune ialouſe que i'euſſe tant
d'honneur en meſme temps, a arraché de mes mains depuis quelques

DES FABLES, LIV. I. 63
ours, pour me preuenir, & pour
ous en faire le preſent. Le Roy en
'embraſſant encore vne fois, luy
it : Belle Princeſſe, que voſtre veuë
'eſt agreable, & que vos admira-
les preſens me donnent de ioye !
uſſi-toſt il la quitta pour receuoir
bras ouuerts cette fille merueil-
uſe, dont il ne ſe pouuoit laſſer
'admirer l'eſclat & la modeſtie :
uis il retournoit embraſſer la me-
-, ne pouuant aſſez luy teſmoi-
ner quel tranſport il ſentoit de la
uoir : mais, reprit-il, quel autre
reſent dites vous que m'a faict la
rtune ? Vn fils, reſpondit-elle,
ui ne pouuoit ſe preſenter digne-
ent à vn Pere ſi puiſſant & ſi va-
ureux, qu'apres auoir deffait luy
ul plus de mille hommes, & apres
oir abbatu vn aigle volant, &

estendu deux Geants sur le sable, pour faire voir qu'en vostre presence il estoit capable de dompter le Ciel & la terre. Quoy? repartit le Roy apres auoir resué quelque temps, celuy qui fit hier deuant moy tant de choses prodigieuses, seroit donc mon fils? Oüy, respondit la sage Latone; & quelle plus grande preuue en voulez-vous, que ses actions? & quel autre que vous pouuoit produire au monde vn tel fils? Le Roy ne pouuant desmesler les diuerses pensées de ioye & d'estonnement qui l'agiterent alors, tascha de couurir le desordre de son esprit, en tesmoignant vne impatience de la reuoir, & de s'en retourner au Palais. Les Princesses le conuierent de monter sur le char auec elles,
à quoy

à quoy il confentit admirant cet attelage de cerfs; & pendant le chemin les Nymphes & les chiens ne cefferent de chaffer & de renou- eller fes eftonnemens.

LA VERITE'
DES FABLES.

LIVRE SECOND.

PENDANT que ces choses se passoient, le Prince se resueillant dés le matin, trouua que le gentil Mercure qui estoit couché auec luy, auoit desia les yeux ouuerts; & apres l'auoir embrassé, il luy parla de la sorte: Mon frere, car ie puis vous appeller ainsi, puis qu'il vous a pleu me donner ce nom; ie ne veux pas diminuer la loüange qui vous est deuë, pour auoir imaginé sur le champ vn moyen si subtil de me despoüiller de mes flesches : mais ne croyez pas aussi que la seule force de vostre esprit ait produit en vous cette pensée; la force de la verité y a beaucoup contribué, car il n'est rien de plus veritable qu'vn mesme pere nous a donné la vie. Mercure qui sentoit desia vne grande inclination à l'aymer, receut cette nouuelle comme la plus agreable qu'il peust entendre; & luy respondit : Que vos paroles me donnent de ioye, si elles sont aussi vrayes que ie les desire; mais elles me sont si cheres, que ie n'en puis reietter la creance ; & l'humeur amoureuse du Roy mon Pere, qui court par tout l'vniuers aussi-tost pour faire des maistresses que pour faire des conquestes, & qui a, ie croy, entrepris de cueillir toutes les plus belles fleurs du monde, donne à cette mesme creance toute la facilité que vous sçauriez desirer. Ie m'estimerois le plus heureux Prince de la terre, s'il me donnoit souuent des freres comme vous; mais le plus malheureux aussi, de me voir si esloigné de pouuoir produire de semblables merueilles. Vous auez trop d'esprit, repliqua le Prince, pour estimer merueilleux ce qui le pourroit parestre à d'autres; & vne seule de vos actions agreables, peut faire connoistre que vous estes plus accoustumé de donner de l'admiration que d'en prendre. Mercure n'auoit autre dessein alors que de luy donner du diuertissement; & bien qu'il ne se deffiast pas de ceux que son esprit luy pourroit fournir, voyant qu'il auoit vne belle occasion de le diuertir long-temps par luy-mesme, il luy dit: Mon cher frere, laissons ces communs tesmoignages de la satisfaction que nous pouuons auoir l'vn de l'autre; & pour acheuer de rendre ma ioye parfaicte, contez-moy, ie vous prie, l'histoire des amours qui ont produit vne si rare naissance que la vostre; & ie vous promets de vous faire le recit de la mienne toutes les fois qu'il vous plaira me le commander. Le Prince ne voulut pas luy refuser ce contentement, & d'vn accent agreable commença de parler ainsi.

HISTOIRE DES AMOVRS DE IVPITER ET DE LATONE.

VOvs iugerez par le difcours que vous allez entendre, que la Malice & la Fortune, ialoufes des beautez & des grandeurs de la Vertu, confpirent fouuent contre elle, & ramaffent enfemble toute leur puiffance, pour luy faire perdre fes honneurs & fon luftre, & pour l'opprimer & la traitter en efclaue ; que quelquefois elles paroiffent reuffir dans cette entreprife ; & qu'apres vne longue & violente pourfuite, il femble qu'elles l'abbattent & l'eftouffent : Mais vous trouuerez auffi que la Vertu tire des plus grandes fouffrances vne plus haute matiere de gloire ; & qu'apres que la

Malice a espuisé toutes ses forces, la Fortune inconstante & infidelle l'abandonne, se tourne contre elle pour la punir, & se range du party de la Vertu ; laquelle paroist alors victorieuse, & plus belle que iamais ; & pour se parer dans son triomphe, ne desdaigne pas de ioindre à sa naturelle splendeur, tout l'esclat estranger que luy veut prester la Fortune.

Pour vous apprendre l'origine du bon-heur où la Reyne ma mere a esté esleuée, ie suis obligé de vous dire celle de ses mal-heurs? Ie croy, mon frere, que ceux qui vous auront faict le recit des illustres & valeureuses actions du grand Iupiter Belus, n'auront pas oublié de vous faire sçauoir que le Roy de Babylone Nembrot, surnommé Saturne, ayant manqué de satisfaire à quelques conuentions accordées entre luy & Titan Roy des Bactrians son frere ; Titan auec tous ses fils, qui estoient d'vne grandeur & d'vne force extraordinaire, se resolut de luy faire la guerre ; & ayant ramassé vne puissante armée de ses peuples, le vint attaquer à l'impourueu iusques dans Babylone. Saturne se voyant surpris, luy abandonna la ville, apres s'estre fortifié dans cette tour composée de plus de mille tours, dont l'ouurage d'vn circuit immense, & d'vne hauteur desia prodigieuse, estoit demeuré imparfaict. Vous aurez sceu sans doute auec quel courage les Titans escaladerent ces tours, quelles machines ils esleuerent à l'enuy pour combattre de pied ferme ceux qui les deffendoient ; & que Saturne defefperant de pouuoir refifter à leurs puiffans efforts, apres plufieurs longs & fanglans combats, en fin leur abandonna la place, & s'efchapant auec les fiens par vne voûte foufterraine, s'enfuit iufques en Egypte. Les Titans ayans reconnu fa retraitte, ne voulurent point s'amufer à s'emparer de la place, mais fe refolurent de pourfuiure leurs ennemis. Cependant Belus Iupiter qui eftoit nourri en Crete auec Neptune & Pluton fes freres, & qui eftoit defja grand & vaillant ; ayant appris que le Roy fon pere eftoit affiegé, auoit ramaffé des forces de tous coftez pour l'aller fecourir, & vint auec fon armée & fes freres pour faire leuer le fiege : mais n'y trouuant plus ny ennemis ny amis, il delibera long-temps ce qu'il deuoit faire: en fin il fut d'aduis auant que de suiure les Titans, de mettre vne forte garnison dans la place, qui estoit comme le centre & le siege de l'empire; & de la pouruoir de toutes sortes de munitions de bouche & de guerre. Entr'autres choses il fit grande prouision de feux d'artifice, qui estoit vne inuention nouuelle, que Zoroastre qui l'accompagnoit luy auoit enseignée: mais à peine eut-il acheué de bien munir sa place, qu'il apprit que les Titans n'ayans peu trouuer Saturne dans l'Egypte où il s'estoit caché, retournoient vers Babylone pour s'y establir comme les maires de tous les Royaumes qu'ils croyoient auoir conquis, en chasfant celuy qui en eſtoit le ſouuerain. Iupiter anima les ſiens à ſe mieux deffendre que n'auoit faict ſon pere ; & lors que les Titans le vindrent attaquer, il les effraya tellement par ſes feux d'artifice qu'il leur faiſoit lancer de toutes parts, qu'ils creurent que c'eſtoient des foudres du Ciel qui tomboient ſur leurs teſtes. Pluſieurs en furent conſommez, Titan meſme y perdit la vie, & le reſte ſe retira en deſordre. Iupiter ſortit auec ſes troupes, & les pourſuiuit en leur iettant continuellement de ſes feux, & les pouſſa iuſques aux bords de la Syrie, où ils trouuerent quelques vaiſſeaux dans leſquels ils ſe mirent ; & n'ayans pas eu le loiſir de conſulter quelle route ils prendroient, ny de s'embarquer tous en meſme temps, ils se retirerent en diuerses terres. Typhée se rendit aux embboucheures du Nil; Encelade, en Sicile; Cée, en l'Isle d'Eubée; Briarée, aux Symplegades; & le reste en d'autres prouinces. Ie croy que vous sçauez aussi bien que moy toutes ces choses; & que Saturne ayant appris la grande victoire de son fils, reuint en Babylone, où il pensoit se restablir; mais que Iupiter luy ayant reproché sa fuite; par laquelle il auoit deshonoré son empire, & s'en estoit rendu indigne, & vne conspiration encore qu'il auoit faite contre luy depuis son retour; le contraignit de luy ceder ce qu'il auoit sceu mieux garder que luy; & luy donna vne partie de cette Italie où nous sommes, pour sa retraite, & pour y regner auec le

Roy Ianus le reste de ses iours. Puis apres auoir espousé Iunon sa sœur, comme c'est la coustume des Roys d'Assyrie de faire leur sœur la principale de leurs femmes, ainsi que Nembrot Saturne auoit espousé Rhée; il partagea tout l'Empire auec ses freres; & ayant retenu l'Orient pour luy, & la plus grande partie de l'Europe; il donna à Neptune toutes les mers & les costes, auec les Isles où il n'y auoit point de Roys, à condition qu'il l'assisteroit tousiours d'vne puissante armée nauale; & à Pluton toute l'Afrique & tout ce qui regarde l'Occident. I'ay esté forcé de vous repeter ce que vous auez peu sçauoir, puis qu'il est sceu de toute la terre; afin de vous faire mieux entendre puis apres les choses qui me touchent. Cée, pour

DES FABLES, LIV. II. 79

uiuit-il, estant arriué auec son vais-
[s]eau en l'Isle d'Eubée, s'estoit resolu
[s]'y demander vne retraitte à celuy
[q]ui y commandoit : mais il se trou-
[v]a que le Roy de cette terre auoit
[e]ncore plus besoin de secours que
[l]uy. Tous les habitans qu'il rencon-
[t]ra sur le riuage, se desesperoient &
[j]ettoient des cris & des gemisse-
[m]ens ; & apres leur en auoir de-
[m]andé la cause, il apprit qu'Hype-
[r]ion leur Prince, estant passé en
[M]acedoine auec les Abantes, qui
[e]stoient les plus aguerris de ses su-
[j]ets, pour reprimer les courses & les
[v]iolences d'vn Tyran nommé Pan-
romas, qui habitoit les monta-
nes d'Epire, & rauageoit les pro-
[v]inces voisines ; auoit esté surpris
[a]uec ses fils, par vne embusche que
[P]andromas luy auoit dressée dans

les vallons du mont Pelion ; & que son armée s'estant dissipée, n'ayant plus de chef, Pandromas estoit passé dans l'Isle d'Eubée pour s'en emparer, où il auoit amené le Roy & ses deux fils ; & qu'apres s'estre rendu maistre de Chalcis sa principale ville, & de son Palais, il auoit voulu abbattre le cœur des habitans par des spectacles horribles. Qu'il auoit faict publier qu'en quatre iours il vouloit esteindre la race Royale, & le Roy mesme : que les deux premiers iours il feroit mourir publiquement les deux fils ; qu'au troisiesme il tueroit la fille nommée Phebé, & qu'au quatriesme il osteroit la vie au Roy. Les deux premiers iours estoient passez, & ce barbare auoit desia tué de sa main les deux fils ; Phebé, qui estoit
infini-

infiniment aymée de tous les habitans pour sa beauté & sa sagesse, deuoit estre ce iour là immolée à la rage de ce cruel, & la mort du Roy deuoit le lendemain acheuer cette tragedie. Cée fut bien plus touché des larmes de ces fidelles sujets d'Hyperion, & du mal-heur de ce Roy, qu'il ne l'estoit du sien propre; & n'ayant pas le cœur abbattu par sa deffaite, il voulut secourir cette Princesse, ou perir dans son entreprise. Il auoit enuiron cent hommes dans son vaisseau, mais tous d'vne grandeur & d'vne force qui n'auoient rien d'esgal dans l'Europe: il les fit descendre tous à terre; puis il dit aux Pasteurs de l'Isle qu'il encontroit, & à quelques Abanes qui s'estoient sauuez de la deffaite, qu'il estoit venu au secours de

F

leur Roy; & en les animant à se defsendre aussi bien que luy, en ramassa plus de deux mille, ausquels il fit prendre les armes, & se mettant à leur teste se fit conduire dans Chalcis. Desia la Princesse montoit sur l'eschaffaut, où Pandromas l'attendoit pour la faire mourir, deuant tout le peuple qui ne cessoit de verser des larmes, & deuant le miserable Hyperion mesme, qui auoit les yeux abbatus, & le cœur froissé de douleur; lors que Cée ayant forcé les portes, arriua dans la place, & haussant vne massuë en menaça de loin Pandromas. Le Tyran tout troublé de voir des ennemis impreueus, & des hommes de cette haute taille ; appella tous les siens, & apres les auoir animez à se deffendre, sauta de l'eschaffaut pour les aller combattre. Tout le [peuple] se ioignit à Cée, reprenant [ioye] auec l'esperance: le combat [fut] grand, mais Cée ayant renuer[sé] de sa massuë tout ce qui se presen[ta] deuant luy, abbatit enfin Panomas d'vn grand coup, & l'en[uo]ya aux enfers receuoir la puni[tio]n de tous ses crimes. Le Tyran [est]ant par terre, tous les siens qui [re]sisterent furent assommez; vne [au]tre partie se sauua passant en [T]hessalie, & les Abantes qui se [no]mmoient ainsi à cause d'Abas [pe]re d'Hyperion qui les auoit ame[ne]z alors qu'il conquit l'Eubée; ne [ce]sserent durant trois iours de tuer [le] reste pour vanger la mort de[s de]ux Princes. Cependant Hype[rio]n estant redeuable à Cée de son [sal]ut, & de celuy de sa chere fille, luy

F ij

offrit tout ce qu'il luy auoit conserué; c'est à dire, & sa vie, & sa fille, & son Royaume. Il commanda à la belle Phebé de baiser auec luy les mains de son liberateur : mais Cée la voyant approcher, & considerant sa beauté, sa grace, & son asseurance apres vn si grand peril; mit vn genoüil en terre; & se trouuant bien plus captif de ses charmes, que n'agueres elle ne l'estoit de Pandromas; au lieu de receuoir d'elle vn hommage, il luy rendit le sien; & apres auoir esté supplié par elle de se releuer, il luy parla ainsi.

Le Ciel, belle Princesse, ne me poursuit pas auec tant de rigueur que ie croyois, puis que tout le courroux qu'il m'a fait parestre, n'a esté que pour me faire arriuer en vn lieu, où i'acquiers en vn seul moment le plus grand honneur & la plus haute felicité du monde. La gloire d'auoir deliuré de la mort vn bon Roy & vne admirable Princeſſe, eſt plus grande que ne m'eut eſté celle de la conqueſte de l'Aſie; & quelle felicité pouuois-ie imaginer ſur la terre, pareille à l'eſperance que l'on me donne d'vne poſſeſſion ſi deſirable ? vous dire ce que ie ſuis, peut me faire paruenir à cet honneur ; & vous dire ma fortune, peut m'en faire perdre la glorieuſe pretention: mais ie ne vous celeray ny l'vn ny l'autre, pour vous laiſſer iuger librement, ſi vous deuez, ou me traitter auec faueur, ou vous deliurer auec iuſtice d'vn choix qui vous pourroit cauſer du regret & de la honte. Ie ſuis l'vn des fils du grand Titan, frere de Saturne; la noblesse de ce sang, ne cede à nulle autre du monde; & c'est elle qui ne me rend pas indigne de l'honneur qu'Hyperion me presente. Titan auec tous ses fils a attaqué pour de iustes raisons Saturne son frere, & l'a chassé de Babylone & de son Empire d'Assyrie; & c'est encore la gloire de ce grand exploict dans laquelle i'ay eu part, qui me donne le courage de pretendre quelque estime sur la terre: mais d'auoir esté chassez depuis de Babylone, non par la force des hommes, mais par les feux du Ciel; c'est non pas vne honte, puis que nul ne peut resister à la puissance de là haut; mais vn mal-heur qui pourra peut estre me faire considerer par vous comme vn homme hay du Ciel, & vous faire redouter ma dangereuse alliance. Toutefois puis-ie estre estimé haï du Ciel, puis que ie ne croy pas par vn seul crime auoir iamais merité sa hayne, puis qu'il m'a voulu donner l'honneur de vous garantir d'vne horrible tyrannie, & puis que c'est le Ciel mesme, qui m'offre par la bouche du Roy vostre pere, des auantages si grands & des felicitez si parfaictes. Hyperion prit alors la parole, & luy dit. Et vostre sang qui est le plus noble du monde, & vostre courage dont nous auons ressenty les secourables effects, sont si dignes d'estre honorez, qu'ils meritent bien plus que tout ce que ie vous presente; & tout ce que vous m'auez appris est bien plustost capable de me faire craindre que vous ne nous estimiez pas dignes de vous, que de me faire croire que vous soyez indigne de nous. Aussi ie vous demande que vous acceptiez l'alliance que ie vous offre, non pas comme vne recompense de nous auoir secourus, mais comme vne nouuelle grace que nous receurons de vous. Cée rauy de ioye demanda à la Princesse si elle ratifioit ces obligeantes paroles; à quoy elle ne luy respondit que par vne profonde soumission aux volontez du Roy son pere. Le lendemain le vaillant Cée & la belle Phebé furent espousez publiquement, sur le mesme eschaffaut qui auoit esté preparé pour la faire mourir; toute la place retentissant des cris de ioye du peuple, qui ne pouuoit assez tesmoigner son contentement. Quelques iours apres quatre ou cinq des habitans amenerent à Hyperion & à Cée, le fils de Pandromas nommé Python, qui s'estoit caché lors qu'on tuoit les Epirotes ; & prierent qu'il fust immolé sur le mesme eschaffaut où son pere auoit fait mourir les Princes : mais la sage Phebé ayant pitié de sa ieunesse, & de ce qu'il n'estoit pas coupable des cruautez de son pere, demanda sa vie ; & mesmes sçachant qu'il n'auoit point de lieu où il se peust retirer; son pere n'ayāt eu aucune retraitte asseurée, & ne s'estant maintenu que par le brigandage ; elle voulut auoir soin de luy, & le fit nourrir parmy ceux de sa suite.

Le Ciel recompensa vne action si genereuse, en faisant naistre de son mariage deux fils valeureux, vne fille que ie puis dire admirable, puis que ses graces meriterent l'amour du plus grand Roy du monde, & vne autre encore, que ie ne puis dire maintenant si elle a esté heureuse ou mal-heureuse. Les Princes furent esleuez par les soins de Phebé, & instruits en toutes sortes d'exercices; & Pythō qui les surpassoit de plus de douze ans fut mis aupres d'eux : mais en mesme temps que ceux-là croissoient en addresse, en vertu & en valeur, celuy-cy croissoit en malice, en orgueil, & en cruauté. Hesper qui estoit le plus ieune, iugeant que l'Isle ne pouuoit pas contenir le courage & la fortune de son frere & de luy, & se voyant desia fort grand dés l'aage de treize ans, se resolut de chercher ses auantures dans les païs esloignez, auec quelques Abantes qu'il mena auec luy ; & fans demander congé au Roy fon pere, car Hyperion eftoit mort alors, il partit de l'Ifle. Trois ans apres Python ayant monftré vne infinité de marques d'vn naturel mefchant & ingrat, s'efchapa, & fe rendit dans les montagnes d'Epire, où il fe fit connoitre pour le fils de Pandromas : Il raffembla tous ceux qui s'eftoient fauuez de l'Ifle d'Eubée, aufquels fe ioignirent encore plufieurs voleurs; & leur perfuada de reconquerir tout ce qu'ils auoient perdu par la mort [d]e fon pere. Il entra dans la Mace[d]oine, où pour fe faire voir digne [fi]ls de Pandromas, il remplit tout [d]e defolation; faifant fupléer au de[f]aut de la vraye valeur, la cruauté [a]uec laquelle il fe faifoit redouter [d]e fes ennemis, & admirer par fes fujets, qui n'aimoient que le meurtre & le sang. Il fit mourir tous ceux qui estoient restez de la race du Roy de Macedoine, que son pere auoit fait assassiner: il contraignit Pheres Roy de Thessalie & pere d'Admete, de s'enfuïr, & de luy abandonner son païs : Il pilla & destruisit les grandes villes, & s'empara des places fortes, d'où il sortoit de temps en temps pour rauager la campagne; & par l'espace de plus de dix ans, il soula sa fureur & son auarice par toutes sortes de morts & de brigandages. En fin le Roy Cée esmeu de la calamité de ses voisins, entreprit de les en deliurer, & ramassa vne petite armée d'Abantes, à laquelle se ioignirent quelques peuples oppressez, qui ne pouuoient plus supporter le ioug d'vne

DES FABLES, LIV. II. 93

si longue tyrannie. Il fut accompagné en cette guerre par Hyperion son fils aisné, qui auoit le nom de son ayeul, mais qui n'auoit encore exercé sa grande force, que dans les [for]ests contre les bestes les plus fa[r]ouches. Python ayant appris leur [d]escente dans la Macedoine, esti[m]a qu'il defferoit facilement ce pe[t]it nombre d'ennemis: toutefois se [fi]ant plus en ses artifices qu'en son [c]ourage, il leur dressa des embusches auec vne partie de son armée, [e]sperant les tailler en pieces sans pe[r]il, comme son pere auoit faict au[t]refois: mais Cée instruit par le malheur d'Hyperion son beau-pere, se garda si bien d'estre surpris, & mar[c]ha tousiours auec vn tel ordre, que [l]ors que Python sortit auec les siens [d]e son embuscade, il le receut courageufement;& apres quelque combat, le tourna en fuite. Python ayant reioint l'autre partie de son armée, & n'ayant pas le courage de donner vne bataille en pleine campagne ; difperfa les fiens dans les places fortes qu'il tenoit, & en prit la meilleure partie ; auec lefquels il s'efloigna autant qu'il pût de fes ennemis, & s'alla renfermer dans vne fortereffe aux coftes de l'Epire, qui eftoit eftimée imprenable. Céc fe voyant maiftre de la Macedoine & de la Theffalie, fit raffembler dans les villes tous ces peuples miferables, qui s'eftoient cachez dans les bois pour fuir les violences du Tyran ; & dedaignant de s'arrefter aux petites places, s'en alla droit à celle où Python s'eftoit renfermé, & y planta fon fiege. Cette place

uoit esté fortifiée du costé de la
erre auec beaucoup d'art & de soin,
du costé de la mer elle estoit for-
fiée par la nature mesme, estant
unie par des rochers inaccessibles.
esia plusieurs assauts auoient esté
nnez, que Python soustenoit
istoit par la force du lieu, que par
sienne propre ; lors qu'vn iour
yant Cée & Hyperion qui mon-
ient à l'escalade auec vn courage
comparable ; il en fut tellement
ouuanté, qu'il s'enfuit à l'autre
sté de sa place vers la mer, prest à
nfuir dans vne barque, s'il appre-
it que Cée se fust rendu maistre
la muraille : mais il y trouua vn
tre sujet d'effroy, ayant descou-
rt vn homme d'vne taille aussi
nde que Cée mesme, qui gra-
oit contre les rochers, & parue-

noit iufques au dedans de fa fortereffe. Python fut tellement faifi de
frayeur, croyant que fa place fuft
prife de toutes parts, qu'il tomba à
la renuerfe : toutefois eftant reuenu
de fon eftourdiffement, il apprit
que cet homme n'eftoit point entré comme ennemy : mais qu'il s'e-
ftoit fauué d'vn naufrage contre
ces rochers ; & qu'ayant fceu que
cette place eftoit attaquée, il demandoit qu'on luy donnaft des armes, & s'offroit de la deffendre de
toute fa force. Python qui eftoit
deffiant, comme font tous les laf-
ches & les cruels, s'imagina que cet
homme eftoit de l'armée de Cée, &
qu'il auoit inuenté cette rufe de venir fans armes, afin d'eftre moins
foupçonné, & de les attaquer eftant
armé, lors qu'ils fouftiendroient vn
affaut,

assaut, & ne penseroient qu'à se deffendre. En mesme temps ayant sçeu que l'eschelle sur laquelle Cée & Hyperion montoient, s'estoit rompuë à cause de la pesanteur de leurs corps, & qu'apres s'estre remis de leur cheute dont ils se trouuoient vn peu froissez, ils entreprenoient de remonter sur d'autres eschelles; il voulut reconnoistre comment cet homme qui auoit la mine guerriere, se comporteroit à leur empescher de gagner le haut de la muraille; & l'ayant armé d'vn grand coutelas, dont il s'estonna, ne connoissant pas encore l'vsage du fer, qui estoit alors nouuellement inuenté; le fit suiure par des soldats, qui auoient charge de le tuer s'il espargnoit tant soit peu ses ennemis: mais il ne demeura pas long-temps

G.

dans cette crainte, pource qu'on luy rapporta que ce guerrier auoit renuersé de deux grands coups Cée & Hyperion, qui estoient tombez estourdis ; & qu'allant de tous les costez où il voyoit la plus grande ardeur des assaillans, il abbatoit les testes & les bras, & auroit bien-tost acheué de rendre les murailles libres. Python releuant ses esperances, alla embrasser son liberateur qui reuenoit du combat, & le pria de se reposer apres tant de fatigues & de la mer & de l'assaut. Le lendemain il le coniura de luy dire le nom & la fortune de celuy à qui il auoit de si grandes obligations: le Guerrier luy respondit auec franchise, qu'il se nommoit Hesper fils de Cée Roy de l'Isle d'Eubée, qui dés l'aage de treize ans s'estoit separé de son pere pour chercher de l'employ à son courage. Python pâlit & trembla de tous ses membres, apprenant que c'estoit le fils de son puissant ennemy, qu'il n'auoit peu reconnoistre à cause du long temps qu'il y auoit qu'ils ne s'estoient veus ; & pensa qu'aussitost qu'il sçauroit contre qui il auoit combattu, il conceuroit tant de fureur, qu'il pourroit luy seul les destruire : toutefois estant d'vn naturel artificieux & dissimulé, il cacha sa frayeur ; & en l'embrassant luy dit, que sa ioye se redoubloit, puis que la fortune luy auoit enuoyé pour deffenseur, le fils de son meilleur amy : que si Cée luy-mesme sçauoit qu'il fust attaqué comme il estoit par les Thraces, il ne manqueroit iamais de venir à son

G ij

secours ; mesmes il luy dit tant de particularitez de la cour de Cée, où il disoit auoir esté depuis peu renoueller son alliance, qu'Hesper ne croyoit pas que le Roy son pere eust vn amy plus affectionné. Alors Python le pria de luy conter quelles auoient esté ses auantures depuis sa sortie de l'Isle d'Eubée ; & il voulut l'engager à ce long discours de ses actions de plusieurs années, afin de mediter cependant ce qu'il auoit à resoudre sur vne rencontre si extraordinaire. Hesper pour le satisfaire luy recita succinctement, qu'au partir de son Isle il fut heureux d'arriuer auec trois cens Abantes, à Argos, où le Roy Egialée dressoit vne armée, pour l'enuoyer au secours d'Osiris son frere Roy d'Egypte, qui pour le desir de la gloire luy auoit cedé autrefois le Royaume, & depuis auoit conquis celuy d'Egypte; & qui alors sousten̄oit depuis plusieurs années, vne grande guerre contre des Geants: qu'estant arriué en Egypte auec l'armée, il acquit durant cinq ans beaucoup d'honneur dans les combats qui se firent, ne craignant pas d'attaquer en si grande ieunesse, ces corps monstrueux dont il sçauoit euiter les coups auec addresse, pendant que la force luy croissoit auec l'âge dans le continuel exercice des armes. Qu'estant deuenu fort & grand, il se signala dans plusieurs rencontres, où il tua quelques Geants seul à seul, ce qui le mit en grand' estime auprès d'Osiris & de la Reyne Isis, & luy acquit entierement leur affection. Qu'en sa dix-huictiefme année il combattit contre le Roy mefme de ces Geants qui fe nommoit Typhée, & le blef- fa en deux ou trois endroits ; mais que depuis ayant appris par vn Geant qu'il fit fon prifonnier, que Typhée eftoit frere de Cée fon pere, & que la plufpart de ceux qu'il menoit à la guerre eftoient fes parens; il eut horreur d'auoir tant refpandu de fon fang ; & ne pouuant fe refoudre à deftruire ceux qui luy eftoient fi proches, s'en alla auec fes Abantes vers l'Occident, & trauerfa iufques dans les deferts de la Mauritanie, où il apprit que le Roy Atlas & tous fes fujets eftoient tourmentez par vne infinité de Lyons, qui alloient iufques dans les villes deuorer ceux qu'ils rencontroient ; & que nul n'ofoit plus sortir pour labourer les champs, & de peur de mourir n'osoit trauailler à ce qui pouuoit soustenir sa vie. Qu'vne si grande calamité l'esmût, & que sans considerer le peril qu'il alloit courir, de s'exposer auec sa petite troupe à tant d'animaux farouches & accoustumez au carnage, il s'estoit rendu iusques à la ville où Atlas s'estoit renfermé; apres auoir tué à coups de massuë tous les lyons qui l'auoient attaqué dans son chemin. Qu'en cinq ou six ans il en nettoya tout le païs, & que la puanteur de leurs corps ayant infecté l'air, il s'aduisa pour remede de faire bruler tous les lyons morts qui se trouuoient par la campagne, & que cette odeur forte chassa la contagion, & rendit la santé à la plus part du peuple. Qu'il

G iiij

fut alors appellé deslors Hercule Egyptien; pource que l'on appelloit Hercules ceux qui deffaisoient les monstres. Qu'Atlas luy estant redeuable de tant de biens, luy donna sa fille en mariage; Que deux ou trois ans apres ayant sceu que Typhée auoit fait mourir Osiris, & tenoit Isis assiegée, l'affection qu'ils luy auoient portée autrefois, l'auoit faict resoudre de la deliurer des mains de son Oncle mesme, & qu'ayant amassé quelques Numidiens, il estoit repassé en Egypte, où il auoit eu le bon-heur de chasser Typhée dans les montagnes, & de garantir Isis d'vn si dangereux ennemy. En fin que s'estant embarqué à l'embboucheure du Nil, pour aller en l'Isle d'Eubée visiter Cée son pere, auant que de retourner en la Mauritanie ; il auoit esté surpris par la tempeste, qui l'auoit jetté sur ces costes, & brisé son vaisseau ; & que seul de tous ceux qui l'accompagnoient, il auoit par la force de ses bras surmonté les vagues, & gaigné ces rochers, où il s'estoit sauué du naufrage.

Python durant ce recit fremissoit toutes les fois qu'il entendoit parler des efforts prodigieux d'vn tel courage, ne sçachant comment il pourroit luy celer long-temps par qui il estoit attaqué, & s'imaginant desia de se voir deschiré par de si robustes & si vaillantes mains, aussi-tost qu'il le pourroit apprendre. Toutefois estant plein d'artifice, il se resolut de le preuenir, & d'acquerir bien-tost par luy son entiere deliurance. Ie me resioüis, luy dit-il, de ce que la fortune a choisi vn lieu où ie commande, pour sauuer la vie à vn Prince si valeureux; & de ce qu'elle m'a donné le moyen de secourir celuy qui en a tant secouru d'autres: mais i'ay encore plus d'occasion de me resioüir, puis qu'elle me l'a enuoyé pour me secourir moy-mesme: & ie ne doute point qu'apres auoir si bien commencé, vous ne chassiez bien-tost mes ennemis. Leur puissance consiste en deux hommes qui font toute la force de leur armée; & par vn deffi de deux contre deux, nous pourrons vuider en vn iour nostre querelle. Python n'auoit pas dessein de se battre, & n'auoit faict ce discours que pour l'engager à faire vn deffi. Hesper accepta soudain la proposition. Python luy dit qu'il y auoit vn petit morceau de terre en façon d'Isle entre le camp des ennemis & sa forteresse, où l'on pouuoit se battre, sans que les combattans qui y passeroient seuls, peussent craindre durant le combat, que d'autres ennemis fondissent sur leurs bras. Tout cela pleust à Hesper, qui bruloit desia du desir de se voir vn ennemy en teste. Le deffi fut faict & aussi-tost accepté par Cée, & par Hyperion, bien qu'ils ne fussent pas encore bien remis de leur cheute & des coups qu'ils auoient receus. Le lendemain Python qui estoit d'vne grandeur pareille à celle d'Hesper, mais dont le courage estoit bien differend du sien, s'arma dés le matin d'vne espée fort large, & s'escrimoit à toute heure contre les murailles, ne parlant que des grands coups qu'il esperoit donner à celuy qui oseroit se presenter deuant luy. L'heure arriue, & Cée & Hyperion estans desia passez dans l'Isle, Hesper entra dans vn petit batteau qui le deuoit passer aussi auec Python : mais ce lasche au lieu d'y mettre le pied, le mit à costé, & tomba dans l'eau tout estendu : puis il fut retiré aussitost par des gens qu'il auoit preparez pour cet effect : & fut emporté ayant les yeux fermez & sans qu'il remuast, comme s'il n'eust donné aucun signe de vie.

Cependant Hesper voyant desja ses ennemis dans l'Isle, qui sembloient luy reprocher quelque lascheté puis qu'il tardoit à passer, & se trouuant seul, ne laissa pas d'y pousser le batteau, & estant descendu s'offrit à les combattre tous deux. Mais Hyperion qui auoit reconnu l'artifice de Python, ne voulut pas que son champion souffrit pour sa lascheté, & pria Cée de les laisser combattre seul à seul. Cée voulut donner cette satisfaction au courage de son fils, & se coucha par terre pour estre seulement tesmoin de sa valeur. Le combat fut furieux & sanglant, & tel que pouuoit estre celuy des deux plus forts & des plus vaillans Princes du monde : mais en fin Hyperion fut mis à mort d'vn grand coup qui luy fendit la teste. Cée poussé d'vne iuste douleur, se leua pour vanger son fils qu'il voyoit estendu sur le sable, & sentant que sa force prodigieuse estoit encore animée par sa colere, ne croyoit pas que son ennemy pût long-temps retarder sa vangeance: mais Hesper le receut auec de si grands coups, qu'il connut bien que la victoire ne luy seroit pas aisée: toutefois bien que sa cheute le rendit plus pesant, il ne laissa pas de le blesser en plusieurs endroits : Hesper d'vn autre costé en se deffendant ne laissoit pas de bien attaquer ; & en fin luy fendit le costé d'vn coup de toute sa force, qui luy fit perdre tout le sang, & le fit choir à la renuerse. Ce miserable vainqueur de son frere & de son pere, se resioüit de cet horrible succez, ne sçachant pas combien cette victoire estoit capable de luy causer de desespoirs ; & ayant repassé dans le batteau pour se rendre dans la forteresse, trouua sur l'autre bord Python, qui faisoit fort l'empressé

pour passer dans l'Isle, comme
estant reuenu de son esuanoüissement. Ce monstre voyant que toutes choses auoient succedé selon ses
souhaits, embrassa le victorieux,
qui estoit bien plus digne de pitié
que d'enuie, apres vne action si valeureuse & si tragique tout ensemble; & feignant n'auoir autre soin
que de bien faire panser ses playes,
tourna toutes ses pensées sur les
moyens qu'il auoit pour faire mourir son liberateur, afin d'esteindre
en vn seul iour toute cette race si
fatale à la sienne. Il l'obligea de se
despoüiller & de se mettre au lict,
afin que l'on peust mieux voir ses
blessures : mais n'osant pas encore
l'attaquer tout nud auec cent es-
pées, ny mesme la nuit pendant son
sommeil, de peur qu'il ne se res-

ueillast au premier coup, & ne les assommast tous par sa seule force; il eut recours à vn artifice, auec lequel sans danger & sans effort il peust executer son dessein. Il empoisonna tous les remedes qu'il fit mettre sur ses playes,& trancha ainsi frauduleusement la vie à ce vaillant Prince, qui fut heureux dans ce mal-heur, de ce que sa mort preuint les effroyables regrets qu'il eût ressentis de ses innocens parricides.

Python se voyant deliuré de trois ennemis si redoutables, renuoya de tous costez faire assembler ceux qu'il auoit laissez dans ses garnisons,auec lesquels il poursuiuit de toutes parts la mal-heureuse armée de Cée, qui commençoit à se desbander apres auoir perdu ses
deux

deux Princes, & la tailla toute en pieces.

La Reyne Phebé qui attendoit de iour en iour dans Chalcis les nouuelles de la fin de cette guerre par la prise de la forteresse, en apprit par les fuyards de bien contraires à ses esperances. La mort du Roy son mary & du Prince son fils abbatit tout à coup son ame, & la liura aux gemissemens, aux sanglots & au desespoir. Encore ne pouuoit-elle considerer alors que la moindre artie de son desastre, ne sçachant as quelle main les auoit fait mouir. Latone & Asterie ses filles se aisserent aussi emporter dans vne fliction vehemente; & tous ceux e l'Isle qui aymoient cherement eurs Princes, respandoient par out des cris, & versoient des ruis-

H

seaux de larmes: mais cette desolation fut bien redoublée, lors que l'on apprit que le Tyran se preparoit à passer dans l'Isle auec son armée. La Reyne qui se trouuoit sans aucunes forces pour luy resister; fut contrainte de luy abandonner Chalcis; elle s'enfuit auec les Princesses ses filles, dans la petite Isle proche celle d'Eubée, où Cée auoit faict son principal seiour, & luy auoit mesmes donné son nom; & elle crût qu'elle pourroit mieux se deffendre dans la forteresse que le Roy y auoit faict bastir, & qui estoit bien munie de toutes choses. Cependant Python qui prenoit le tiltre de Roy de Macedoine, la rauageoit, & la Thessalie aussi; & de là il passa dans l'Eubée, où se ressouuenant des premieres années de la beauté de Latone, qui charmoit les yeux de tous ceux qui la regardoient, il enuoya vn de ses confidens vers Phebé, pour luy demāder la Princesse en mariage, sans considerer les meurtres de son pere & de ses freres dont il estoit soüillé ; & luy offrir de la laisser en paix dans ses estats, si elle luy donnoit cette satisfaction. Le confident qui se nommoit Mœon, fit son ambassade à la Reyne en presence des Princesses : mais elles eurent tant d'horreur d'vne si estrange proposition, que sans consulter dauantage, elles le chasserent auec des imprecations & des iniures contre le Tyran. Mœon qui auoit suiuy Python, plustost par l'interest de sa fortune, que par inclination qu'il eust à approuuer ses meschancetez, ausquelles il participoit tousiours le moins qu'il luy estoit possible ; & qui le hayssoit mesme, quoy qu'il le seruit, comme c'est l'ordinaire de tous les Ministres des Tyrans ; fut tellemét touché de voir la douleur de Phebé & la beauté de Latone ; & de la reflexion qu'il fit encore en considerant combien leurs reproches & leurs iniures seroient plus violentes, si elles sçauoient le secret de leur espouuantable fortune ; se resolut de les assister luy-mesme de son conseil dans leur extréme aduersité ; & au lieu de seruir à moyenner vne vnion si horrible & si disproportionnée, comme seroit celle de ce monstre auec vne si rare Princesse, voulut leur donner les moyens de se garantir de sa tyrannie. Auant que de sortir du chasteau, il demanda à parler encore vne fois à Phebé en particulier, non comme le porteur d'vne fascheuse parole, mais comme son seruiteur, & pour luy dire ce qui luy estoit de tres-grande importance. Phebé luy ayant par deux fois refusé cette grace, en fin sur ce qu'il insista, elle consentit à l'entendre. Alors s'estant enfermé auec la Reyne, les deux Princesses & vne confidente seulement, nommée Diomedé, qui a tousiours accompagné Latone; il leur declara les estranges auantures d'Hesper, son espouuantable combat contre son frere & son pere, & sa fin miserable. Phebé, Latone & Asterie s'éuanoüirent à ce recit si horrible, & apres qu'elles furent reuenuës par le secours de la confidente, Mœon pria Phebé de s'armer de constance contre tant de mal-heurs, & de sauuer le plus cher tresor qui luy restoit. I'ay eu horreur moy-mesme, leur dit-il, de la proposition que ie venois vous faire, sçachant les meurtres que vous ne sçauiez pas ; & i'ay eu encore plus grande compassion de vous, lors que i'ay eu le bon-heur de vous voir. Quoy ? dit Phebé en interrompant ses sanglots, i'auray donc nourry le serpent qui a faict mourir & mon espoux & mes fils ? i'auray donc sauué la vie à celuy qui deuoit trancher celles de tous ceux qui m'estoient les plus chers ? helas ! que ie commis de crimes en pensant faire vne generosité ; & que la fortune est ennemie de la Vertu, de faire naistre tant de mal-heurs des plus belles actions de nostre vie.

Madame, luy dit Mœon, ceſſez vos plaintes, ie vous ſupplie, pour penſer à voſtre ſeureté & à celle de cette belle Princeſſe : Python ne ceſſera de vous pourſuiure, & vous n'auez rien qui vous en puiſſe deffendre; & quand meſme vous luy accorderiez ce qu'il deſire, il ne laiſſeroit pas de s'emparer de voſtre Royaume. Sauuez donc cette belle Princeſſe, & la mettez en lieu où le Tyran n'ait point de pouuoir: enuoyez-la chez quelque Roy de vos voiſins, où elle puiſſe trouuer vn aſyle; i'amuſeray Python autant que ie pourray par des eſperances de mariage & de paix; & cependant vous aurez loiſir d'aſſeurer vos affaires. Il prit ainſi congé de Phebé, qui ſe reſolut de ſuiure ſon conſeil, & d'enuoyer vn des ſiens vers Tantale Roy de Phrygie, auec des presens, pour le prier de prendre ſes eſtats en ſa protection, & de vouloir receuoir la Princeſſe pour eſtre nourrie aupres de Niobe ſa fille, afin qu'elle pût euiter la violence de Python. Tantale qui eſtoit entreprenant, & dont l'ambition & l'auarice ne pouuoient s'aſſouuir, prit vne occaſion ſi fauorable pour profiter dans ces deſordres; & enuoya tout ce qu'il auoit de vaiſſeaux & de gens de guerre, pour s'oppoſer aux entrepriſes de Python, & luy amener l'heritiere de ce Royaume, auec laquelle il s'imagina qu'il auroit entre ſes mains le Royaume meſme. Phebé ſe reſioüit de ce ſecours autant que ſon affliction le pouuoit permettre, eſperant ſe voir vangée dans peu de iours. Elle mit la belle Latone entre les mains de celuy qui commandoit l'armée, qui l'enuoya auec honneur à son Roy dans le plus beau e ses vaisseaux, & qui fut equipé uec vne magnificence digne d'elle. Elle fut receuë à Sipyle par antale auec ioye & pompe, & ar Niobe d'abord auec admiraion, puis auec ialousie; car bien ue Niobe fust la plus belle Princesse de l'Asie, & que son orgueil endit sa mine releuée, elle n'auoit ien qui peust égaler les graces de atone. La Princesse d'Eubée leur t plusieurs presens, & entre les hoses les plus rares, leur donna es robes de soye & d'or, & des oiles de lin, dont l'inuention auoit sté trouuée en la petite Isle de ée, qui estoit abondante en lin, en meuriers blancs & en vers à foye: ces curiositez la rendirent encore plus agreable au Roy & à Niobe, en qui la merueille de ces presens combattit quelque temps les mouuemens de sa ialousie. Cependant Python qui ne vouloit rien auoir à démesler auec vn si puissant ennemy que le Roy de Phrygie, & qui auoit assez ouy parler de son esprit auare; enuoya luy offrir tout l'estat de la Reyne Phebé, dont il estoit le maistre, s'il vouloit luy donner la Princesse Latone, pour estre sa femme, & l'emmener en Macedoine; & que s'il luy faisoit cette grace, il passeroit sur sa parole en Phrygie, pour en arrester l'accord. Tantale qui vid que sans peril il gagnoit tout ce qu'il pouuoit acquerir auec beaucoup de despense, de perte d'hommes, & de danger par vne longue guerre; violant les promesses qu'il auoit faictes à Phebé, & le droict d'hospitalité qu'il estoit obligé de garder en la protection de Latone ; accepta aussi-tost ces offres, & luy donna des ostages pour passer en seureté en Phrygie.

Python ayant receu ces asseurances, trauersa la mer Egée, & se rendit à Sipyle ; où apres auoir salué le Roy Tantale, il ne craignit pas de se faire presenter à Latone, croyant qu'elle ne sçauoit pas ses meschancetez secrettes, & que la mort de Cée & d'Hyperion pourroit estre attribuée par elle aux seuls mal-heurs de la guerre. Niobe luy auoit appris son arriuée, estant bien aise de voir esloigner celle dont la beauté sembloit à toute heure triompher de la sienne. Latone fremit au seul nom de son cruel ennemy: mais quand elle le vid entrer dans sa chambre, elle tomba dans les bras de Niobe, ne pouuant souffrir sa veuë. Apres cet euanouïssement, aussi-tost qu'elle ouurit les yeux, elle se pasma encore vne fois en le voyant, tant son aspect luy estoit insupportable ; & il fut contraint de se retirer, pour luy donner le loisir de se remettre de ces deffaillances, & de respirer vn peu de temps.

Tantale voulut sçauoir le sujet d'vne auersion si horrible, afin d'essayer à la vaincre; surquoy elle ne feignit point de luy dire les veritables causes pour lesquelles elle l'auoit tant en horreur: & dés lors le

Roy iugea qu'il seroit difficile de la gagner par la raison ; mais il se resolut de quelque sorte que ce fust, à l'abandonner entre les mains de Python, aussi-tost qu'il l'auroit rendu maistre de l'Eubée. Phebé ayant appris par les lettres de sa fille toutes les trahisons qui s'estoient tramées contre elles ; apres auoir bien peu supporter les tragiques accidens qui luy auoient rauy son espoux & ses fils, ne pût supporter cette derniere perfidie, qui luy alloit emporter & son estat & sa chere fille ; & de douleur en perdit la vie ; & Asterie craignant les violences de l'armée de Python, s'enfuit par la mer, & depuis nous n'en auons eu aucunes nouuelles. Latone dans vn si grand trouble, & dans vn tel excez de maux & de pertes, ne trouuoit aucune confolation, ny en Tantale qu'elle ne pouuoit flefchir pour l'obliger à luy continuer fa protection & à la vanger, ny en Niobe qui ne vouloit pas perdre cette occafion de la faire partir de Phrygie. Elle n'eftoit foulagée dans fes ennuis, que par les foins affidus du ieune Prince Pelops fils de Tantale, qui bien qu'il n'euft encore que quatorze ans, rendoit des hommages côtinuels à fa beauté, & luy offroit fans ceffe tous les feruices dont il eftoit capable. Cependant la nouuelle arriue que le puiffant Roy des Affyriens Belus Iupiter, voulant paffer en Europe pour vanger les Grecs de Borée fils de Strymon Roy de Thrace, qui auoit enleué Orithie, & qui s'eftoit vanté de pouuoir enleuer toute la

Grece mesme auec le secours des Sarmates; venoit en Phrygie auec vne grande armée, pour gagner par là le Bosphore de Thrace. Tantale qui ne tenoit son estat que de la grace de Belus, qui souffroit qu'il regnast, s'efforça de receuoir ce redoutable Monarque auec toutes sortes de soumissions & de magnificences; mais il se resolut de luy cacher auec soin la Princesse heritiere d'Eubée, de peur qu'il ne vouluft se rendre arbitre de leurs differends, & la restablir en ses estats. Niobe fut bien satisfaicte de cette resolution, afin de pouuoir parestre la plus belle deuant ce Prince inuincible par les armes, mais qui auoit esté souuent vaincu par la beauté. L'entrée qu'il fit à Sipyle auec la Reyne Iunon sa femme, fut pleine de ioye & de pompe. Tantale alla bien loin au deuant d'eux, auec le Prince son fils; & la Princesse Niobe n'ayant oublié vn seul des ornemens qui luy pouuoient donner de l'esclat, & estant à la teste de cent belles filles richement parées, les receut à la porte de la ville. Iupiter qui se laissoit aisement surprendre à l'amour, regardoit continuellement la belle Niobe; & en fin s'en trouua tellement espris, que dés le soir il la demanda en mariage au Roy son pere. Tantale se sentit esleué au comble de ses souhaits, voyant que sa fille alloit estre Reyne, & maistresse d'vn si puissant Empereur, dont l'alliance luy fourniroit mille moyens de contenter pleinement son auarice & son ambition; & Niobe s'estima la plus glorieuse

glorieuſe Princeſſe de la terre, d'auoir acquis l'amour d'vn ſi grand Roy, & conceut dans ſon eſprit ſuperbe, qu'elle oſteroit bien-toſt à Iunon la premiere place entre les Reynes qu'il auoit eſpouſées. Le lendemain fut choiſi pour celebrer ces nopces, que Iunon taſchoit de rompre par toutes ſortes d'artifices; & Tantale fit preparer vn feſtin ſumptueux, qui peuſt eſtre digne d'vne ſi ſolemnelle feſte. La Princeſſe Latone eſtoit aduertie par le ieune Prince de tout ce qui ſe paſſoit; car bien que l'on empeſchaſt qu'elle ne fuſt veuë, c'eſtoit toutefois en ſorte qu'il ne luy ſemblaſt pas qu'elle fuſt renfermée; & quelquefois Tantale & quelquefois Niobé l'alloient voir, & ne luy parloient point alors de Python, qui

I

s'estoit caché de luy-mesme, de peur que ses actions estant sceuës par Belus, il ne receut de luy le chastiment de tous ses crimes. Elle crût que si elle laissoit eschaper vne si belle occasion de se faire rendre iustice, par celuy qui estoit bien plus puissant que Tantale & que Python ensemble, iamais elle ne la rencontreroit si fauorable; & voyant Pelops seul auec elle, tous les autres estans occupez à leurs apprests; elle le coniura par toutes sortes de prieres, & par tant d'affection qu'il luy tesmoignoit, de faire qu'au milieu du festin, sans en aduertir Tantale ny Niobe, elle se peust presenter à Belus, pour implorer sa iustice, & luy demander qu'il la vangeast de Python, ou pour le moins qu'il la deliurast de sa tyrannie. Le ieune

Prince, sans considerer les interests du Roy son pere, ny redouter sa colere, & ne regardant qu'à satisfaire la passion qu'il auoit de seruir cette belle Princesse, & de la voir vangée; cette pensée mesme flattant son amour ; puis que par la mort ou la punition de Python, à qui le Roy son pere la vouloit donner, il pourroit la voir libre & l'espouser vn iour ; luy promit de faire tout ce qu'elle desiroit, & de n'en parler à personne ; & luy tesmoigna l'extréme ioye qu'il ressentoit d'auoir cette occasion de luy plaire.

Tous les Princes & les Princesses s'estans assemblez, excepté Iunon, qui de ialousie & de douleur s'estoit retirée en sa chambre ; Iupiter se mit à table à costé de Niobe qu'il admiroit sans cesse : Tantale & les

I ij

autres prirent leurs places en suite, & le ieune Pelops demeura debout auprés du grand Roy pour le seruir. Lors qu'il vid le festin auancé, & chacun attentif à faire bonne chere; il s'eschappa, & vint dire à quelques gardes que Tantale auoit laissez à la porte de la chambre de Latone, que le Roy son pere la demandoit, & qu'il la venoit querir par son commandement. Cette Princesse qui attendoit Pelops auec impatience, & qui cependant s'estoit parée à son auantage pour émouuoir plustost la pitié d'vn si grand Roy, sortit de sa chambre, accompagnée de sa fidele Diomedé, & des autres filles de sa suite. Le ieune Prince ayant donné charge aux gardes de la conduire dans la Salle, la deuança de dix ou douze pas, pour entrer auparauant sans estre veu, & se rangea derriere Iupiter : cependant les gardes marcherent deuant la Princesse, croyans qu'elle alloit par l'ordre de Tantale ; & cela seruit à la faire receuoir dans la salle auec plus d'honneur. Son arriuée attira les regards de tous ceux qui estoient à table; Iupiter la regarda auec admiration & surprise, Tantale auec colere, Niobe auec trouble & ialousie, & tous les autres auec vn estonnement de voir vne personne si majestueuse, & d'vne taille si haute & si releuée ; car bien que Niobe fust grande, elle la surpassoit encore de toute la teste. Elle s'addressa à Iupiter, se ietta à ses genoux, & apres les auoir embrassez, luy dit : Grand Prince, me voicy donc en fin si heureuſe, que de me voir deuant voſtre majeſtueuſe preſence, apres tous les ſoins que l'on a apportez pour m'empeſcher de receuoir cet honneur. Ie puis en fin implorer voſtre bonté, afin qu'elle protege vne Princeſſe deſolée; & voſtre iuſtice, afin qu'elle me vange d'vn Tyran, ou pluſtoſt d'vn Serpent alteré de ſang; qui apres que nous luy auons ſauué la vie, apres auoir eſté nourry & eſleué chez nous, a faict mourir le Roy d'Eubée mon pere, & deux Princes mes freres, par des artifices & des cruautez horribles; a enuahy mes eſtats, a faict mourir de douleur la Reyne ma mere, & ſans auoir horreur de tant de crimes, ny s'imaginer meſme que ie ſois capable d'en auoir, a paſſé en Phrygie pour me demander en mariage à Tantale chez qui ie m'eſtois refugiée. Il le prie inceſſamment qu'il m'abandonne entre ſes mains, & luy promet le Royaume qu'il m'a volé, pour le prix d'vne perfidie. Maintenant il ſe cache, ne pouuant ſupporter les rayons d'vne iuſtice auſſi clair-voyante & auſſi puiſſante que la voſtre, & ne pouuant euiter autremét le chaſtiment de toutes ſes meſchancetez : mais le Ciel m'a eſcoutée, lors qu'il a permis que ie la fuſſe de vous; & la punition de tous ſes crimes eſt certaine, puis que i'ay peu vous en faire ma plainte. Grand Roy, vous ne me refuſerez pas ce que vous ne refuſaſtes iamais: c'eſt la protection d'vne innocente opprimée, qui eſt deſia aſſeurée d'auoir recouuré ſa liberté, & ſes eſtats perdus, & de

I iiij

se voir vangée; puis qu'elle a le bonheur d'embrasser vos genoux, & de baiser vos mains victorieuses, & que vous aimez encore mieux le tiltre du plus equitable, que celuy du plus puissant Monarque de la terre. Iupiter Belus qui auoit continuellement admiré la grace de cette belle suppliante tandis qu'elle parloit; bien plus esmeu encore par la grandeur de sa beauté que par celle de ses infortunes, la releua, & tournant la teste vers Tantale, luy demanda pourquoy il ne luy auoit pas voulu faire voir d'abord ce qu'il auoit de plus beau chez luy. Ie n'ay pas voulu, respondit-il, troubler la ioye de vostre arriuée, en vous faisant voir de vos plus grands ennemis; car celle-cy est fille de Cée, l'vn des plus redoutables Titans qui vous firent la guerre. Et pensez-vous, repartit le Roy, que i'aye horreur de voir ceux de ma race, qui apres auoir faict vne iuste guerre à Saturne mon pere, se sont comportez sagemét enuers moy, depuis que le Ciel m'en a donné la victoire ? Sçachez que cette Princesse m'est plus estimable, estant de mon sang, & est plus belle mille fois, que tout ce que i'ay veu dans la Phrygie, & que tout ce que ie vis iamais; & que c'estoit commettre vne trahison enuers moy, que de m'en empescher la veuë. Alors il baisa la belle Latone, & tournant le dos à Niobe, fit mettre à table aupres de luy cette nouuelle maistresse de son ame. Il l'asseura en mesme temps qu'il la mettroit en vn rang bien esleué au dessus de ceux qui la vouloient maiſtriſer, & qu'il la vangeroit de ſes ennemis. Tantale troublé de toutes ces paroles, & encore plus d'vne action ſi iniurieuſe à luy & à ſa fille, ſe leua de table ; & ayant demandé à l'vn de ſes gardes d'où leur eſtoit venuë la hardieſſe d'auoir amené cette Princeſſe, fut tellement ſurpris de fureur apprenant que ſon fils leur en auoit faict le commandement de ſa part, que ſon iugement ſe perdit ; & ſans conſulter autre choſe que ſa rage, il tira ſon eſpée en allant vers le ieune Prince qui eſtoit à coſté de Iupiter, & penſant l'abbattre à ſes pieds d'vn grand coup ſur la teſte, il frappa à coſté, & luy abbatit preſque vne eſpaule. Iupiter extrémement offenſé d'vn tel acte commis inſolemment en ſa presence; & que Tantale eut ofé foüiller fa table par le fang de fon propre fils; fe leua tout indigné, & commanda à fes gardes de fe faifir de Tantale; puis courut vers Pelops, que la belle & fecourable Latone tenoit defia entre fes bras, tafchant à luy arrefter le fang auec des linges, & ayant les yeux tout baignez de larmes, de le voir pour fon feruice en fi grand danger de fa vie. Toute la falle fut en vn moment dans vn defordre effroyable, chacun eftant efpouuanté, de voir vn fils meurtry par fon propre pere en prefence d'vn fi grand Monarque, vn Roy prifonnier dans fon propre eftat, vne efpoufée abandonnée de fon efpoux, & vne captiue tirée de la plus grande mifere, & efleuée à la plus haute fortune du monde; &

qui fondoit en pleurs pour le malheur du fils de celuy qui la vouloit trahir. Tant d'accidens si estranges & aduenus en mesme temps, émeurent tout à coup mille passions diuerses, selon les interests des vns & des autres ; & tout fut remply de bruit & de confusion.

Les Assyriens s'estant par tout rendus les maistres, & Niobe ayant suiuy son pere pleine de pleurs, de trouble & de honte, Iupiter fit panser par ses Chirurgiens la blessure de Pelops, ayant appris que Latone luy deuoit sa deliurance, & luy le bon-heur de l'auoir veuë ; & luy-mesme prit le soin de le faire mettre au lit, en le consolant de son mal, & l'asseurant de son affection. Il consola aussi Latone, la voyant tousiours en pleurs à cause du danger du ieune Prince, & luy donna sa foy, que le lendemain il l'espouseroit au lieu de Niobe. La Princesse se ietta à ses pieds, receuant cet honneur auec la plus grande soumission qu'il luy fut possible; & Iupiter l'ayant releuée & embrassée, tesmoigna qu'il desiroit la conduire luy-mesme en sa chambre : mais elle le supplia de permettre qu'elle n'abandonnast point Pelops durant cette nuit. Il voulut bien luy donner le contentement de satisfaire ses ressentimens, & leur laissa vne partie de ses gardes pour les garantir de leurs ennemis. Apres les auoir quittez, il commanda que par toute la ville de Sipyle, & aux enuirons de cette longue montagne qui porte le mesme nom, l'on fit chercher Python, le cruel persecuteur de Latone, & le meurtrier de ceux de sa race : mais le traistre s'en estoit fuy durant le desordre, aussi-tost qu'il eut appris que Latone auoit demandé iustice à Iupiter, & auec ses vaisseaux il gagnoit desia l'Isle d'Eubée.

Pelops voyant la belle Princesse auprès de son lit, voulut la remercier de ses soins, & d'vne voix affoiblie à cause de tant de sang qu'il auoit perdu, luy parla ainsi. Que ie serois heureux de mourir pour vous en cette occasion, aussi bien ie ne feray autre chose toute ma vie, & ie ne suruiurois pas à mes plus cheres esperances; & que mon contentement est grand dés à cette heure, de voir que i'ay le bon-heur de vous auoir acquis par mon sang vostre repos, vostre liberté, le restablissement dans vos estats, les auantages d'vne alliance si haute, & l'espoir d'vne prompte vangeance. En verité, trop aimable Princesse, ie ne sçay si la felicité mesme de vous posseder, pourroit égaler ma ioye; & ne pouuât pas moy-mesme vous mettre en vn rang si digne de vous, ie suis bien plus content d'auoir seruy de degré pour vous y faire arriuer. La merueilleuse Latone considerant la grace du Prince, le signalé seruice qu'il luy auoit rendu au prix de son sang, & ses obligeantes paroles ; eut esté capable de se sentir émeuë d'vne violente passion pour luy, si sa grande ieunesse qu'elle deuançoit de quatre ou cinq années, ne luy eut donné plus de compassion & de tendresse que d'amour; ce qui l'obligea à luy repartir ainsi.

Trop genereux Prince, ie vous suis si redeuable, que ie voudrois pouuoir sacrifier ma vie pour la vostre, comme vous auez sacrifié la vostre pour la mienne; & pouuoir encore disposer de cette mesme liberté que Iupiter m'a renduë par vostre moyen, pour vous en rendre le maistre; mais puis que vous m'auez mise en vn estat, que ie ne puis plus sans faute reconnoistre vostre passion, & sans ruiner vostre propre ouurage; souffrez que ie reconnoisse seulement vos seruices, par tous ceux que ie vous pourray iamais rendre; & receuez pour l'amour de moy les moyens de vous guerir, de crainte que vostre mort ne me laissast ingrate. Cet entretien fut interrompu par l'impatience de Iupiter; qui ne pouuant dormir toute
la

la nuit à cause de sa passion, enuoyoit à toute heure sçauoir des nouuelles de Pelops, pour auoir occasion d'apprendre de celles de Latone. Le lendemain furent faites auec grand appareil les nopces du grand Monarque d'Assyrie, auec cette belle Reyne d'Eubée; & Belus ne voulant pas laisser Niobé sans honneur, puis qu'elle auoit eu celuy de posseder quelques heures son affection; la fit espouser à Amphion Roy de Thebes, l'vn de ses fils qu'il auoit eu d'Antiope.

Tantale qui auoit eu toute sa vie vne soif & vne faim insatiable de tous les biens de la terre, refusa alors tout ce qu'on luy presenta, soit viande, soit liqueur; & trois iours apres mourut de rage. Iupiter passa vn mois entier à Sipyle auec la belle

& sage Latone, attendant qu'ils peussent voir le ieune Pelops bien estably, & dans sa santé, & dans son Royaume. Cependant ce changement de mariage auoit changé toutes les ialousies de la Reyne Iunon : Elle conceut vne fureur estrange contre Latone, & plus elle voyoit croistre la passion de Iupiter pour elle, plus croissoit en elle le desir de s'en vanger & de la perdre. Amphion en prenant congé de Iupiter pour mener à Thebes sa nouuelle espouse, receut ordre de passer en l'Isle d'Eubée, pour tascher à se saisir de Python, afin d'en faire iustice ; & pour y establir pour Gouuerneurs au nom de la Reyne Latone, ceux qu'elle nomma des plus fidelles d'entre les principaux Eubéens, qui l'estoient venus trouuer à Sipyle depuis son mariage : mais Iunon ayant parlé en secret à Niobe auant qu'elle partist, & l'ayant asseurée de sa protection & pour elle & pour Python mesme, & du peu de durée des affections passageres de Iupiter, dont elle demeuroit tousiours la maistresse, estant & sa sœur & la premiere Reyne; anima cette Princesse, desia assez animée par son orgueil & par sa propre ialousie, à trauerser la recherche que l'on feroit de Python, afin de conseruer ce puissant & fatal ennemy de la race de Latone, dont elles iurerent toutes deux de prendre vne cruelle vangeance.

Amphion chercha en vain Python, à qui Niobe auoit faict donner aduis de se retirer aux montagnes d'Epire durant quelque temps;

mais il chaſſa tous les ſiens, non ſeulement de l'Eubée, mais encore de la Macedoine, & de la Theſſalie, où Pherés eſtant mort dans ſon exil, il eſtablit Admete ſon fils pour Roy, ſelon les ordres qu'il en auoit receus à la priere de Latone. Iupiter Belus eſtant preſt de paſſer auec ſon armée en Europe, ne pût ſe reſoudre à quitter les delices qu'il gouſtoit dans les entretiens de ſa nouuelle eſpouſe ; & la voulut auoir pour compagne dans ſes voyages & ſes conqueſtes. Il trouua ſon armée nauale que Neptune ſon frere commandoit en perſonne, & paſſa le deſtroit dans vn vaiſſeau dont la proüe repreſentoit la teſte d'vn taureau : ce qui a faict dire à pluſieurs qu'vn Taureau auoit paſſé la mer pour rauir Europe ; & ce meſme vaisseau fut cause du nom qui fut donné au Bosphore, à cause qu'en la forme d'vn bœuf, il auoit porté Iupiter dans la Thrace. Belus y trouua le ieune Mars fils de la Reyne Iunon & de luy, qui le vint rencontrer estant à la teste d'vne autre armée, auec laquelle il auoit desia chassé Strymon & Borée au delà du Danube, & qui l'attendoit il y auoit desia quelque temps, afin d'aller tous ensemble attaquer la belliqueuse nation des Sarmates, chez lesquels Strymon & Borée s'estoient refugiez; & dans Bysance il ne se parla durant vn mois que de conseils de guerre, & de desseins de sieges & de batailles.

Mercure escoutoit attentiuement l'histoire des fortunes de Latone, & y prenoit vn plaisir merueilleux ; lors que tout à coup on le vint demander de la part du Roy son pere. Ce message troubla tout son contentement, & le Prince qui luy faisoit le recit, voyant l'ennuy qu'il en tesmoignoit, luy dit. Allez sçauoir, mon cher frere, ce que le Roy desire; & vne autrefois ie vous diray comment ie suis né de ce mariage de Latone. I'attendois, reprit le gentil Mercure, cette nouuelle auec impatience ; mais puis que vous m'auez faict la grace de ne m'en point differer la ioye, ie veux la reconnoistre par vn aduis que ie vous donne que vous estes icy renfermé & gardé; & par la promesse que ie vous fay de trouuer aussi bien vne inuention pour vous en deliurer, que i'en ay trouué vne pour vous oster vos flesches. I'auois charge de vous tenir compagnie & de vous entretenir de longs discours, afin que vous ne peussiez pas si tost vous apperceuoir de vostre captiuité: mais puis que vous m'auez soulagé par vostre agreable entretien, & faict pour moy ce que ie n'eusse peu si bien faire; i'espere en recompense vous soulager aussi, & faire pour vous ce qu'il vous seroit difficile de faire; pource que la connoissance mesme que pourra auoir le Roy que vous soyez son fils, n'est pas capable de vous rendre la liberté, ny de guerir ses craintes. A ce mot il l'embrassa, & le Prince luy ayant rendu mille graces, le laissa sortir de sa chambre.

K iiij

LA VERITE'
DES FABLES.

LIVRE TROISIESME.

LORS que l'agreable Mercure fut arriué auprés du Roy, il fut surpris de voir à l'entour de luy toutes ces belles Chasseresses ; dont la mine releuée, & la grace qu'elles auoient en toutes leurs actions, luy firent auoüer qu'il n'auoit rien veu encore de pareil sur la terre. Aussi rien n'est si capable de rédre les corps libres & adroits, que le continuel exercice où elles estoiét occupées; & la vertu qui les accompagnoit, donnoit à la souplesse de leurs gestes, & l'agréement & la modestie. Le Roy luy commanda de saluer Latone & l'incomparable Diane sa fille, auec lesquelles ils disnerent; & au sortir de table l'ayant tiré à part, il luy dit: Voicy le moment, mon fils, où ie ne puis dire, si ie suis le Prince le plus heureux, ou le plus mal-heureux du monde. I'ay retrouué cette belle Latone, que ie regrettois depuis si long-temps, & que ie croyois auoir perduë; & qui au bon-heur de sa veuë a adiousté celuy de me faire connoistre deux enfans les plus rares & les plus merueilleux qui nasquirent iamais. Ie te parle ainsi, puis que tu es d'vne humeur incapable de ialousie : mais ie suis espouuanté des prodiges que

l'vn & l'autre m'ont fait voir; & si
vne trousse de flesches me donna
hier tant de trouble & de crainte,
& me fit auoir recours à tes inuentions; considere combien toutes
celles que tu vois au dos de ces filles,
& qui ne m'ont pas causé de moindres merueilles, me doiuent donner d'inquietudes, & combien tu
dois reueiller ton esprit pour trouuer auec moy les moyens de destourner les maux qui me menacent. Mercure qui auoit dessein d'obliger le Prince son frere qu'il venoit de quitter, & d'obtenir sa liberté, respondit au Roy. Seigneur, que vostre ame genereuse,
& la plus haute qui soit au monde, reiette ces pensées de craintes
& de mauuais presages. Les nouuelles inuentions surprennent les

hommes, & leur donnent d'abord de l'admiration & du trouble; mais quand elles sont connuës, on s'estonne de son estonnement mesme; & la plus part estiment alors si peu ces choses, qu'ils pensent qu'il leur estoit aussi facile de les produire, qu'à ceux qui en sont les autheurs. Si les Titans qui vous assaillirent dans Babylone, eussent connu la nature des feux que vous leur lançastes, ils n'eussent pas pris vne si grande espouuante; & n'eussent pas pour cela quitté leur attaque : mais ne connoissant alors d'autres feux volans que les foudres, ils crûrent estre combattus par le Ciel mesme, & s'abandonnerent à la fuitte. Vos Enfans vous viennent voir comme amis & non comme ennemis; & ne peuuent vous donner de meilleures preuues qu'ils sont à vous & dignes de vous, qu'en vous faisant voir leurs agreables merueilles, dont vous ressentirez du plaisir, & vos Ennemis de la terreur. Ils vous descouuriront eux-mesmes auec vn peu de loisir, que ces mesmes choses que vous craignez, vous seront vtiles, & seruiront pour augmenter vostre gloire. Belus vn peu remis par les paroles de cet agreable & ingenieux Prince, luy dit. Escoutons, mon fils, ce que Latone me va conter de ses auantures depuis que ie la laissay dans la Thrace ; & cependant faisons des reflexions sur toutes choses, pour destourner mon mal-heur: car quoy que tu me dies, ce grand aigle abbatu à mes pieds ne me presage rien de bon; Et que puis-je penser d'auoir appris que c'est mon propre fils qui fait assassiner les miens en ma presence, & qui me fait percer de ses flesches? Mercure extrémement content de ce qu'il alloit apprendre la continuation de l'histoire du Prince son frere, & au poinct mesme qu'il l'auoit laissée; apres auoir encore tasché à diuertir les craintes du Roy, le quitta pour prier Latone & Diane de s'asseoir. Alors Iupiter Belus embrassant encore vne fois la belle Reyne d'Eubée, luy tesmoigna l'impatience qu'il auoit de sçauoir ses fortunes; & lors que tous furent assis, cette sage Princesse se tournant vers le Roy, commença auec vne grace modeste à luy parler ainsi.

HISTOIRE DE LA naissance d'Apollon & de Diane, & de leurs premieres années.

C'EST chose bien estrange, Seigneur, qu'vne Reyne qu'il vous a pleu esleuer à l'honneur d'estre vostre Espouse, & que vous auez tant honorée de vostre affection, ait esté separée de vous durant tant d'années, malgré vous-mesme & l'estenduë de vostre puissance, & malgré les desirs qu'elle auoit de se reioindre à celuy qui l'auoit comblée de gloire & de felicité : mais l'artifice est quelquefois plus puissant que les plus grands Roys, & rien n'est si violent ny si furieux que l'esprit d'vne femme ialouse. Auant voſtre depart de Byſance vous auiez deſiré que ie vous ſuiuiſſe en Sarmatie; mais ma groſſeſſe combattit ce deſſein, & vous fit en fin reſoudre à me laiſſer. Vous ordonnaſtes differents Palais à Iunon & à moy, connoiſſant ſon aſpre ialouſie; & à chacune vn train eſgal, & capable de maintenir le rang de l'vne & de l'autre : mais en y laiſſant pour Gouuerneur & de toute la Macedoine encore, le Roy de Lemnos, Vulcan ſon fils & le voſtre; qui ſe rendit plus obeyſſant enuers ſa mere, que reſpectueux enuers ſon Pere; vous m'abandonnaſtes ſans y penſer à toutes les fureurs dont vous auiez eu deſſein de me deffendre. Ie fus quatre ou cinq mois à ſouffrir

toutes

toutes les indignitez dont Iunon se pût auiser en differentes occasions : à mesure que mon ventre grossissoit, elle sentoit aussi grossir sa rage, & i'en ressentois de iour en iour les effets : mais en fin voyant que sa vangeance ne se satisfaisoit pas à son gré, elle entreprit à quelque prix que ce fust de m'auoir entre ses mains. Vulcan qui est vn Prince comme vous sçauez fort auare, voulant faire seruir à son vtilité la puissance que vous luy auiez laissée, faisoit foüiller les mines d'or & d'argent de la Thrace & de la Macedoine, & y employoit autant d'hommes qu'il pouuoit obliger à luy donner leur trauail. Iunon voulant m'oster la suitte qui m'accompagnoit, fit en sorte qu'il força pre-

L

mierement ceux de Bisance à trauailler à ses mines ; puis il s'emporta iusqu'à l'insolence de faire aussi enroller les miens ; & malgré la resistance que i'y fis, les fit enchaisner & traisner par ses satellites iusques aux mines & aux forges. Ie me plaignis hautement de cette tyrannie, & voulus vous depescher vn homme pour me faire iustice de cet affront & de cette violence, mais il me dit qu'il auoit ordre de vous-mesme de faire trauailler incessamment aux mines par toutes sortes de personnes. De plus rien ne sortoit de Bysance que par les ordres de Iunon, & ie me trouuay ainsi captiue entre les mains de ma furieuse Ennemie. Ie me plaignis à Vulcan de ses actions outrageuses, & luy redemanday mes gens pour me seruir, mais il me respondit qu'il [s]uffisoit d'vn Palais pour les Reyes; & que les mesmes officiers [n]ous pourroient seruir toutes deux. [I]e refusay long-temps de me mettre entre les mains de celle qui n'a[s]piroit qu'à ma mort; mais en fin [t]oute ma resistance fut inutile. Ie [m]e trouuois alors sans aucun [h]omme, & n'auois plus que mes [f]emmes pour me seruir; cela ne [c]ontenta pas la rage de Iunon: elle voulut m'auoir en sa puissan[c]e, pour me tourmenter ou me [f]aire mourir à son gré; & vn iour [i]e fus enleuée par force, & con[d]uitte indignement dans vne des [c]hambres de son Palais. Ie ne [c]royois pas me voir viuante le len[d]emain; ne pouuant douter qu'el-

L ij

le ne me fist empoisonner ou mourir de quelque autre sorte; & ie me resolus de ne point manger, & d'attendre auec constance quel autre moyen elle inuenteroit pour m'oster la vie. Cependant vn des miens qui s'estoit eschappé des forges, auoit couru iusques dans l'Eubée, & auoit aduerty les Gouuerneurs du traittement indigne que l'on me faisoit. L'vn d'eux nommé Amyclas, que i'auois tousjours reconnu fort courageux, entreprit de me deliurer de Bysance; & s'accompagnant de vingt Abantes, dont la fidelité & la valeur luy estoient connuës, vint en Thrace, & par diuerses portes les fit entrer dans Bysance: puis comme s'il eust esté Bysantin, s'estant coulé seul dans le Palais de Iunon, où il auoit appris que l'on m'auoit traifnée ; il fe montra d'abord grand partifan de mon ennemie, & des plus contens de me voir mal traittée. En fin il fe conduifit fi adroittement, qu'il trouua le moyen de parler à ma fidelle Diomedé, il fe fit connoiftre à elle, & ie fus auffi-toft auertie de la refolution qu'il auoit prife de me fauuer. Il rangea dix des fiens vers le Port, pour amufer ceux qui le gardoient, & qui ne redoutans aucuns ennemis, faifoient la garde auec beaucoup de negligence. Il en mit cinq à l'entour de la porte du Palais de Iunon, qui n'eftoit gardée que par deux hommes, & fur le foir il fit entrer les cinq autres l'vn apres l'autre dans le Palais : puis lors que Diomedé vid que les officiers de la Reyne s'eftoient retirez, ayant reconnu ma refolution obftinée de ne point manger ; elle alla querir Amyclas, qui monta dans l'obfcurité auec deux Abantes feulement, & en laiffa trois au bas du degré. Il fe ietta à mes pieds foudain qu'il fut en ma prefence, & me les baifa de ioye qu'il auoit de me reuoir : ie l'embraffay ; puis ie luy donnay la main, & il me conduifit fans bruit au bas du degré auec mes femmes, où nous trouuafmes les trois, auec lefquels nous gaignafmes la porte, fans rencontrer vn feul homme. Il fallut tuer les deux Gardes de peur qu'ils ne criaffent: Amyclas enuoya les faifir à la gorge par quatre auant qu'ils nous apperceuffent ; & les percer de coups. Ainsi nous passasmes par les ruës sans tesmoigner de trouble ny de haste, & arriuasmes au Port, où nous ne fusmes pas en peine de tuer les Gardes, dont la negligence leur fut vtile, & leur sauua pour cette fois la vie. J'entray dans vne barque qui nous attendoit, & nous partismes de Bysance: Nous eusmes trois ou quatre heures le vent assez fauorable pour tirer vers l'Eubée : mais vn vent de midy se leua qui nous fut si contraire, qu'il nous obligea de gaigner la coste de la Thrace de peur de perir ; encore la Barque estoit-elle desia entr'ouuerte quand nous y arriuasmes. Nous descendismes, & taschasmes de gaigner à pied la Macedoine, afin de me retirer de là en Thessalie chez Admete, qu'il vous auoit pleu en ma confideration faire reſtablir dans ſon Royaume : mais à cauſe de ma groſſeſſe, i'auois bien de la peine à marcher, meſmes eſtant ſouſtenuë des deux coſtez, & nous auancions bien peu de chemin en vne iournée.

Cependant Iunon ayant appris ma ſortie, & la mort des Gardes de ſon Palais, ioignit la colere à ſa ialouſie ; & animée d'vn double deſpit, enuoya de toutes parts ſur les chemins pour me chercher en diligence & me ramener ; meditant deſia mille ſupplices pour ne differer plus ſa vengeance. On luy dit que ie n'auois pû me mettre ſur Mer, pource que le vent eſtoit trop contraire, & qu'il n'eſtoit point party de vaiſſeau ; de sorte que l'on ne me chercha plus que du costé de la Terre : mais Vulcan redoutant vostre colere lors que vous seriez de retour, & croyant que ce qui s'estoit passé dans la Ville, pourroit estre attribué par vous à la violence de Iunon qui luy seruiroit d'excuse ; apres auoir fait chercher deux ou trois lieuës à l'entour de Bysance, refusa d'enuoyer plus loin, & fit cesser de me poursuiure. Iunon encore plus irritée par ce retardement de sa vengeance, se voyant abandonnée de son fils dans sa fureur ; se resout d'enuoyer dans les montagnes d'Epire pour y chercher Python, & l'asseurer de sa part, que s'il pouuoit me trouuer & me faire mourir, elle le restabliroit dans la Macedoine. Python, en qui la paſſion qu'il auoit euë pour moy s'eſtoit tournée en vne hayne furieuſe, receut auec grande ioye vne ſi belle occaſion de ſeruir Iunon, de ſe reuoir puiſſant dans les Eſtats qu'il auoit poſſedez, & d'eſteindre la derniere d'vne race dont il auoit deſia eſteint tout le reſte : il ramaſſa ſes gens de tous coſtez, & ſans eſtre troublé d'aucune crainte à cauſe de l'appuy de Iunon, les ſepara en pluſieurs troupes, auec leſquelles il courut partout pour apprendre de mes nouuelles, & m'immoler au deſpit de Iunon, & au ſien propre. Vn iour lors que ie croyois auoir atteint la Theſſalie, & que i'eſperois ſortir bien-toſt des foreſts de la Macedoine, qui ſont ſur les coſtes de la mer Egée, nostre troupe fut surprise & attaquée par vne bien plus grande ; & deux des nostres furent tuez auant que le reste eust pensé à se deffendre. Amyclas qui auoit beaucoup de courage, se resolut de mourir plutost que de se rendre, & de me laisser à la mercy de ces voleurs. Il anime sa bande, & se mettant à leur teste, se mesle parmy nos ennemis ; les autres le suiuent, & bien qu'ils fussent fort peu contre plusieurs, ils mettent tout leur salut en leur resolution, & en la pesanteur de leurs coups. Tandis que ie considere ce combat inesgal auec beaucoup d'effroy, vne de mes femmes s'escrie ; & tournant la teste i'apperçoy Python, non point venant pour se saisir de moy, mais l'espée à la main pour me tuer.

De crainte & de surprise ie tombe à terre : mais Python au lieu de me fraper fut reduit à se deffendre d'Amyclas, qui apres en auoir renuersé quelques-vns, regardant de mon costé auoit veu ce Monstre venir à moy, & estoit venu à mon secours. Les gens de Python se rallierent autour de luy, & le garantirent des coups d'Amyclas, qui frappoit cependant en desesperé, & en abattoit plusieurs. Les soldats d'Amyclas se ioignirent aussi à luy, & bien qu'ils ne fussent que seize de reste, ne laisserent pas de se battre vaillamment contre cette troupe qui estoit de plus de cinquante. Python voyant leur resolution, & qu'il luy suffisoit d'auoir trouué ce qu'il cherchoit il y auoit si long-temps, dont il croyoit facilement venir à bout lors qu'il auroit raſſemblé ſes troupes qu'il auoit diſperſées ; fit ſa retraitte apres en auoir laiſſé vingt des ſiens ſur la place : mais bien qu'il nous euſt quittez, mon ſaiſiſſement ne me quitta point, conſiderant que ce cruel, affamé du ſang de ma race, ne me laiſſeroit iamais en paix, qu'il ne m'euſt oſté la vie. Apres quelque temps de relaſche nous couuriſmes de terre les miens qui auoient eſté tuez: puis nous continuaſmes noſtre chemin en marchant plus ſerrez que de couſtume, & regardant de tous coſtez ſi noſtre ennemy ne paroiſtroit point; mais de tout ce iour là nous ne le viſmes plus. Le lendemain ie fus conſeillée d'enuoyer vn des miens au deuant vers le Roy Admete, pource que ie marchois lentement & auec beaucoup de peine ; afin qu'il m'enuoyaſt du ſecours contre noſtre commun ennemy : mais à peine celuy-là fut eſloigné d'vne lieuë, que voilà Python qui paroiſt de loin à la teſte de plus de cent hommes armez. Auſſi-toſt ie crûs que c'eſtoit là mon dernier iour : ie m'aſſis pleine de foibleſſe, ne voulant pas continuer inutilement vn chemin qui me donnoit tant de trauail ; & me reſolus d'attendre la mort ; mais Amyclas qui ne trembloit point quelque peril qui paruſt deuant ſes yeux, me pria de me mettre dans vn lieu enfermé de hayes, qui eſtoit proche de là, & n'auoit qu'vne entrée aſſez large : il m'y conduisit aussi-tost, & m'y ayant mise sur l'herbe auec mes femmes, il se mit à cette entrée auec les quinze Abantes qui luy estoient restez, & entreprit de la deffendre iusques à la mort. Python dedaignant cette petite troupe, les fit attaquer auec cinquante des siens, & demeura auec son gros de reserue pour regarder le combat. Imaginez-vous, Seigneur, en quel estat i'estois alors, & quels vœux ie faisois au Ciel dans vn danger si estrange. Amyclas receut les ennemis auec son courage ordinaire; & afin de n'en auoir pas tant à combattre de front, se retira vn peu au dedans de ces hayes, où ces voleurs estoient contraints de ne s'auancer que cinq à cinq, car l'entrée n'en pouuoit pas contenir dauantage. Amyclas les receuoit alors auec de grands coups ; & pour ne se lasser point, il auoit diuisé sa bande en trois : lors que les cinq premiers estoient las de frapper, ils se retiroient derriere, & les cinq du second rang leur succedoient au combat ; ainsi ces trois bandes combattoient & se reposoient chacune à son tour. De cette sorte ils renuerserent en peu de temps plus de trente ennemis ; & Python enrageant de voir que cette entrée luy fut si long-temps disputée, tourna à l'entour des hayes, comme vn loup à l'entour d'vn parc de brebis, pour voir s'il ne les pourroit point percer quelque part ; elles se trouuerent heureusement trop espaisses, & il vid qu'il luy estoit impossible : il envoya uoya encore trente des siens pour forcer ce peu d'hommes qui luy resistoient ; mais ces brigands qui n'auoient ny tant de cœur ny tant de force que les miens, apres en auoir encore perdu vingt des leur, abandonnerent cette entreprise, & se retirerent vers Python, qui de desespoir ne pouuant se resoudre à partir, vint à la teste de ceux qui luy restoient comme pour les mener luy-mesme au combat : toutefois ce lasche s'arresta à dix pas des hayes, & incita seulement les siens pour aller encore à l'attaque. Amyclas émeu d'vne iuste colere, feignant de leur aller au deuant, lança vn caillou de toute sa force à ce Tyran, esperant le frapper à la teste : mais il ne l'atteignit qu'à l'espaule, & ne laissa pas de le renuer-

M

ser par terre; puis ayant fait ce coup, il se retira pour me deffendre encore. Ces lasches Epirotes le voyant si resolu, se contenterent alors de releuer leur Maistre, que la peur auoit plutost abattu que le coup ; & se retirerent en l'emportant au milieu de leur troupe.

Ie rendis graces au Ciel de me voir si heureusement deliurée ; & embrassay plusieurs fois ce fidele & courageux Amyclas, & les Abantes l'vn apres l'autre : mais ie ne sceus alors ce que ie deuois faire, ne pouuant me resoudre à abandonner cet asyle. Il y auoit vn jardin rustique au milieu de cet enclos, & vne petite Maison où vne femme s'estoit renfermée auec deux enfans lors qu'elle eut apperceu tant d'hommes armez. Ie me determinay à ne point partir de ce lieu-là, que ie n'euſſe des nouuelles de celuy que i'auois enuoyé vers Admete. I'allay à la porte de la maiſon, que cette femme m'ouurit enfin en me voyant; & ie luy demanday ſi elle pourroit me loger & nourrir vn iour ou deux. Ma groſſeſſe l'eſmût, car les femmes ont naturellement pitié les vnes des aures, quand elles les voyent en cet ſtat: elle m'offrit tout ce qui eſtoit n ſon pouuoir, & ſa maiſon & le ait de ſes vaches & de ſes chevres, ſon pain de glands & de chaſtaines, & ſes fruits & ſes herbes. Amylas en meſme temps remparoit de ieux l'entrée qu'il auoit ſi bien deenduë, & en peu de temps fit de ce ieu-là vne petite foretereſſe. Au troiſeſme iour nous viſmes arriuer vne

M ij

troupe de plus de deux cens hommes; & nous ne doutasmes point que ce ne fut encore ce serpent; car nous appellions ainsi Python, à cause que ma mere luy auoit sauué la vie, & l'auoit nourry & esleué; & cependant il auoit fait mourir & son mary & ses fils, & elle-mesme, & me vouloit encore oster la vie. Amyclas se prepara aussi-tost à la defense : toutefois i'eus peu d'esperance qu'il peust long-temps resister contre tant d'hommes, qui venoient, ce me sembloit, auec plus d'equipage; & qui pouuoient apporter des armes plus dangereuses, ou des machines pour rompre les hayes, ou mesme des feux pour les brusler. Ie me sentis si saisie de crainte, que ie me retiray dans la petite maison, ne pouuant supporter la veuë d'vn second combat; mais quelques momens apres on me vint dire, que celuy que i'auois enuoyé paroissoit à la teste de cette troupe; & que c'estoit le secours de Thessalie. Ma ioye fut aussi grande que la crainte que i'auois auparauant; & ie receus dans mon enclos les chefs de cette bande, ou plutost ie fus receuë par eux; pource qu'ils m'apportoient toutes sortes de commoditez & pour viure & pour marcher. Apres le repas que nous fismes, ie pris congé de cette femme charitable, que ie laissay bien recompensée. L'on me mit sur vn brancart que l'on m'auoit apporté, & ie fus portée par des hommes qui succedoient les vns aux autres à mesure qu'ils estoiēt las: car les chariots n'estoient pas encore en vsage.

I'auois fait enuiron trois lieuës, lors que le serpent parut à la teste de plus de quatre cens hommes; & en nous surprenant, il fut luy-mesme surpris, ne pensant pas me trouuer en si grande compagnie, & ayant mesme rassemblé plus de gens ce luy sembloit, qu'il n'en auoit besoin pour deffaire les miens. Amyclas se trouuant assez fort contre des voleurs, se resolut non seulement à la defense, mais encore à les attaquer; & anima les Thessaliens par son exemple, & en les asseurant que tous ceux qu'ils voyoient, n'estoient que des lasches. Python voyant leur resolution, se retira dans les bois dont la Thessalie est pleine; & nous laissa auancer nostre chemin. Admete nous attendoit à Pheres auec la Reyne Alceste, pour me receuoir auec magnificence, & me faire reposer du lõg trauail de mon voyage: mais considerant que ie serois aussi-tost renduë dans l'Eubée où ie desirois faire mes couches, que dans Pheres; ie ne voulus point me destourner, & enuoyay remercier Admete, & le prier de trouuer bon que ie ne perdisse point de temps pour gaigner mon païs, à cause que ie sentois approcher le temps de mon accouchement. Deux iours apres, en passant par vn bois, ceux de mon arrieregarde furent tous defaits par le Serpent, auant qu'Amyclas eut appris qu'ils fussent attaquez ; & lors qu'il voulut les aller secourir, il se trouua enuironné de tant d'hommes, qu'il eut bien de la peine à se defendre: toutefois il combattit de tel courage auec les Thessaliens, qu'apres vne

M iiij

longue meſlée, il eut le bon-heur encore de me ſauuer pour cette fois, & de chaſſer nos ennemis: mais nous perdiſmes tant de gens, & il demeura ſi bleſſé, que ie demeuray abandonnée d'eſperance pour vne nouuelle attaque. Ie deſcendis de mon brancart, & y fis mettre Amyclas, voyant qu'il ne ſe pouuoit ſouſtenir. Nous auançaſmes vn peu de chemin taſchant à gaigner les vaiſſeaux que i'auois enuoyé tenir preſts pour paſſer en mon Iſle : mais i'auois tant de foibleſſe, & pour les grádes craintes que i'auois, & pour ce voyage de plus de trois mois, & pour ma groſſeſſe exceſſiue qui m'incommodoit tous les iours de plus en plus; que ie perdis toute eſperance de pouuoir aller iuſques à ce port qui eſtoit encore éloigné de

DES FABLES, LIV. III. 185
deux lieuës. J'eſtois arriuée au delà
du mont Pelion, dans vn païs qui
eſt tout couuert d'arbres iuſques à la
Mer, & entrois dans vne langue de
terre qui eſtoit cõme la gorge d'vn
long bois enuironné de l'eau, au milieu duquel eſtoit vne montagne, &
cette gorge ſeule empeſchoit que ce
fut vne Iſle. J'appris en ce lieu-là que
Python s'approchoit auec plus de
ſix cens hõmes, & ie n'en auois pas
quarante ; & Amyclas, qui auoit
touſiours eſté ma principale force,
eſtoit pluſtoſt preſt de mourir que
de combattre. Alors ie m'abandonnay à la douleur & au deſeſpoir:
Diomedé & toutes mes autres femmes ſe ietterent à terre à l'entour de
moy, & remplirent leur ſein de
pleurs, & l'air de cris & de gemiſſe-
mens : mes ſoldats meditoient plu-

toft la fuite que le combat ; & ie voyois defia ce Serpent à cinquante pas de moy; lors que ie ne vous puis dire fi ce fut le Ciel, ou la terre, ou la mer, ou tous les trois enfemble, qui au defaut des hommes entreprirent de me fecourir. Des nuages tenebreux, des efclairs, des tonnerres & des foudres, troublerent l'air en vn moment ; des vents impetueux fortirent de la terre, qui l'émeurent & la firent trembler de toutes parts; nous vifmes la mer furieufement agitée, & qui enuoyoit de grandes vagues iufques à nous; tous les elemés fembloient bouleuerfez ; & la terre qui auparauant eftoit ferme fous nous, fut comme vn lit branlant, & par les mugiffemens qui fortoient des antres & des creuaffes qui s'entr'ouuroient, elle fembloit menacer qu'elle alloit engloutir tous les hommes, & toute la mer encore. Pendant ces longs esbranlemens de terre, qui adiousterent tant d'estónemens à toutes mes craintes, & qui me rauirent le reste de mes forces; j'estois estenduë comme morte entre mes femmes, qui n'estoient pas en beaucoup meilleur estat que moy-mesme; & i'oüis dire apres, car alors i'auois perdu toute connoissance, qu'auec vn bruit espouuantable ce morceau de terre & de forests où nous estions, fut detaché du reste de la Thessalie, & emporté auec nous bien loin dans la mer.

Tous ceux des miens à qui il estoit resté quelque iugemét, au lieu qu'ils pensoient auparauant que nous serions engloutis dás la terre, crurent alors que cette terre mesme alloit eſtre engloutie auec nous dans la mer. Le trouble & l'effroy qu'ils ſentirent d'vn accident ſi extraordinaire, & d'vne ſi violente ſecouſſe, ne cesserent point iuſqu'à ce que les vents cesserent; l'air ſe purgea de nuages, la mer fut calmée, cette terre meſme ſe trouua ſans agitation, & l'on vid regner par tout le repos & la ſerenité.

Alors on me fit reuenir de mon euanoüiſſement ; on m'auertit que tout eſtoit calme, que Python ne paroiſſoit plus, qu'il n'y auoit que de la mer par tout à l'étour de nous, & que la diuinité qui a ſoin de l'innocence m'auoit ſans doute garátie d'vne perſecutiõ ſi horrible à toute la nature, par vn renuerſement de la nature meſme. Ie loüay & remerciay le Ciel de mon ſalut, & commãday à tous les miens qu'ils le remerciaſſent auec adoration: mais ayant appris que quelques paſteurs qui habitoient la mõtagne, & des peſcheurs qui demeuroient au bord de la mer, apres auoir couru tout à l'entour de cette terre, & veu qu'elle n'eſtoit plus attachée à la terre ferme, mais tremblante ſous leurs pieds, & errante parmy les eaux ; ſe lamétoient tous enſemble, comme ſi elle eſtoit preſte à s'abyſmer ; ie m'eſtonnay comment le Ciel m'auoit ſauuée d'vne mort par vn moyen ſi eſtrange, pour m'en dõner vne autre auſſi horrible. Nous fuſmes cinq ou ſix heures dãs vne attente ſi effroyable: mais enfin voyant que la terre ne s'abbaiſſoit point, que les ondes reſpectoient les riuages & n'entreprenoient rien ſur eux, & que nous voguiõs aussi asseurement que si nous eussions esté sur des radeaux ; nous commençâmes à considerer ce qui pouuoit soustenir cette terre. Les pescheurs nous dirent qu'il estoit bien vray qu'en cherchant les poissons dans les creux des riuages, ils auoient reconnu dés long-téps que la mer auoit miné tous ces bords, & auoit si bien mangé la terre par dessous, qu'ils sembloient n'estre plus soustenus que par les racines innóbrables & entrelassées de tant de grands arbres; de sorte qu'il se pouuoit faire, que cette terre s'estant detaschée de celle qui est ferme, pourroit estre soustenuë de tous costez par ces grandes racines, qui aimant l'humidité & l'ayant si voisine, se feroient estenduës auec autant de longueur, que les arbres auoient de hauteur hors de terre. Cette verité nous fut peu à peu de plus en plus confirmée, & il ne se parla plus que des moyens de conseruer nostre vie dans vne Isle si rare. Les pescheurs dirent bien qu'ils auoient des barques attachées à leurs bords auec lesquelles ils pourroient me passer iusques dans l'Isle d'Eubée, quand ils auroient pû reconoistre en quel lieu nous estions ; mais lors que i'escoutois cette proposition, ie fus surprise des douleurs de l'enfantement, & il fallût se resoudre à s'arrester en ce lieu-là mesme. Nous auiós encor des prouisions, & les pasteurs nous fournirent des cabanes & des viures: mais auant que d'estre logée, i'eus soin de faire loger le fidele Amyclas, qui auoit esté bien tourmenté dans son brancart pendant toutes ces tempestes, & dont les playes s'estoient renduës par l'esbranlement encore plus douloureuses. Ie fus portée dás vne agreable cabane qui estoit sur vn costau de Cynthe, ainsi s'appelloit la montagne, où i'accouchay premierement de ma fille Diane, & vne heure apres de mon fils Apollon. Ces deux enfans parurent dés leur naissance si grands & si beaux à tous ceux qui m'assisterent, que ie n'entendois par tout que des cris de ioye & d'admiration ; & ie croy qu'ils nasquirent sous vne constellation extremement heureuse; car depuis, i'ose dire, qu'ils ont bien causé d'autres admirations dás tout le monde, par leurs actions genereuses, par les merueilles de leurs inuentions, & par tant de biens & de delices qu'ils ont fait naistre sur la terre.

terre. Pour moy lors que ie pûs marcher & estre transportée par tout où ie l'eusse desiré, i'eus bien quelque pésée de quitter cette Isle, dont le sejour sembloit d'abord incertain & dangereux, & de chercher l'Eubée: mais cõsiderant les obligations que i'auois à cette terre, de quels perils elle m'auoit garantie, qu'elle estoit honorée de la naissance de mes chers enfans, & que Python mon ennemy irrecõciliable, poursuiuãt son desseinde me faire mourir, & sentant vne nouuelle soif pour le sang de mes enfãs, pourroit bien passer dans l'Eubée, mais ne pourroit iamais trouuer cette Isle errante, & ne s'auiseroit pas mesme de la chercher; ie crûs que non seulemét elle estoit le remede à mes trauaux assez, mais encore vn presét du Ciel, pour ma seureté & celle de mes Enans, & pour rendre desormais ma vie

N

heureuse. Cette pensée ne me trompa point, car il se trouua peu à peu par l'experience, que rien n'estoit comparable sur la terre aux admirables commoditez de cette Isle, que ie nōmay Delos, à cause qu'elle s'estoit faite vne Isle en vn moment. Bien qu'elle eut prés de trois lieuës de longueur & plus d'vne de large, finissant en pointe par les deux extremitez, elle estoit si legere, & si facile à mener, qu'vne longue barque de dix bancs la remorquoit & la conduisoit par tout où ie desirois; & alors que le vēt estoit fauorable, il s'engouffroit dās les arbres du mont cōme dans des voiles, & la faisoit aller d'vne merueilleuse vitesse. Ainsi au lieu que les habitans des autres Isles vont par mer chercher les choses qui leur māquent, celle-cy alloit aborder elle-mesme les autre terres, pour y prēdre tout ce qui nou estoit necessaire. Nous iouïssiós d'vn eternel Printemps, pource que nous choisissions à nostre gré les mers où la chaleur du Soleil se trouuoit moderée; & nostre air estoit tousiours dans vn agreable temperament. Les arbres y sont tousiours vers, nulle rigueur de temps ne frappant les fueilles, qui par ce moyen ne tombent iamais; ceux qui portent des fruits en sont chargez, & de fleurs aussi en toute saison; & s'il souffle quelque mauuais vét capable d'apporter quelque maladie, on tourne l'Isle, & on luy oppose la montagne & les forests. Mais ce qui fut le plus admirable, est que cette merueilleuse fontaine Inope, qui fait le fleuue de l'Isle, & qui croist & décroist en certaines saisons, & s'épandant par les terres les rend fertiles cóme fait le Nil, ne se trouua iamais tarie, quoy que l'Isle ne fut plus attachée à la terre ; ce qui prouue biē que l'eau est produite par la terre, & qu'elle ne vient pas de la mer par les veines de la terre ; si ce n'est que l'on veuille dire, que la terre de cette Isle boit & attire l'eau de la mer, qu'elle purifie dans ses veines, & que puis apres le Soleil attire l'eau,& la fait sortir de la terre.

Les playes d'Amyclas se guerirent, & lors que mon fils Apollon eut cinq ans, ie luy en donnay la cōduite, afin qu'il luy apprit toutes les vertus & toutes les addresses, dont les Princes doiuent orner leur naissance. Mais il se portoit tellement de luy-mesme à tout ce qui estoit vtile, honneste & agreable ; & il faisoit toutes choses auec tant d'esprit & de grace, qu'Amyclas n'auoit aucune peine, & n'auoit rien à faire qu'à luy dōner des loüanges. Ce qui nous causa le plus d'admiration, ce furent ses inuentions continuelles : aussi le voyoit-on mediter ordinairement dés sa plus grande enfance;& il produisoit de iour en iour quelque rareté nouuelle. En son premier âge il n'inuentoit que des ieux, & s'en diuertissoit auec sa sœur, qui estoit aussi fort ingenieuse. Dés l'âge de dix ans ayant coupé vne cane & y ayant fait plusieurs trous, il inuenta la fluste auec ses tons differends; puis tantost bouchant les trous auec ses doigts, tantost les laissant libres, il s'instruisit peu à peu, & en ioüa enfin auec tant d'art, que tous les pasteurs & les bergers ne cessoient d'estre à l'entour de luy, & de dancer selon les cadences de cette nouuelle melodie. Il auoit la voix si belle, qu'il charmoit incessamment tous ceux qui l'escoutoient; & pource qu'il estoit né pour reduire toutes choses en art, il inuéta peu à peu la Musique, en fit des regles, assembla ceux qui auoient les meilleures voix & les fit chanter à diuerses parties ; & ayant long-temps medité sur le ramage des oyseaux, il composa enfin de si beaux chants, que rien ne se pouuoit entendre de si delicieux: mais depuis il inuenta des choses biē plus agreables & plus vtiles pour tout le mōde. Amyclas luy apprenoit toutes sortes d'exercices, le faisoit courir, le faisoit nager, luy apprenoit à manier les armes, & le menoit à la chasse dans les bois, pour l'exercer de bonne heure à combattre les animaux, auāt qu'il peust combattre les hommes. Diane les suiuoit souuent malgré moy, bien qu'elle fut fort sage & retirée ; estant si ardente à cet exercice, qu'elle ne respiroit autre chose que de se voir dans les forests, fuyant les hommes, & ne cherchant que les bestes. Vn iour Apollon s'eſtant caché durant plus de dix heures comme il faiſoit ſouuent pour reſuer à ſon aiſe dás les ſolitudes; nous fuſmes eſtonnez Amyclas & moy que nous le viſmes retourner vers le ſoir, ayant vn baſton à la main qu'il auoit rendu plat & pliant en le coupant d'vn coſté, & auquel il auoit attaché vne corde: il portoit auſſi de petits baſtons longs & menus, à vn bout deſquels il auoit attaché de petits fers aigus & des plumes à l'autre. Nous luy demádaſmes ce qu'il vouloit faire de tout cela. I'eſpere, nous reſpondit-il, que i'attraperay maintenant tout ce qui court & tout ce qui vole. Ie me mocquay de cette eſperáce qu'il auoit, & luy dis que cela ſe pourroit faire, s'il ſe ſentoit naiſtre des aiſles. Ie n'ay point beſoin d'aiſles, repartit-il; & alors il courba du genoüil le baſtō plat qu'il tenoit; & prenant la corde qui estoit à l'vn des bouts, & qui estoit plus courte que le bastõ, il l'attacha par ce moyen à l'autre bout; & lors qu'elle fut ainsi bãdée, il mit dessus vn de ses petits bastõs pointus & aislez; puis il nous dit, voyez-vous ce gros arbre qui est à cinquãte pas? ie m'en vay luy enuoyer ce petit baston, & l'attacher à son tronc. Aussi-tost tenant d'vne main le baston plat, & ayant tiré de l'autre auec force la corde qui estoit bãdée, il la laissa aller, & elle poussa le petit baston de telle roideur, qu'il alla en vn moment ficher sa pointe dans l'arbre. Confessez, nous dit-il alors, que si cet arbre estoit vn Cerf, il seroit maintenant par terre. Ie demeuray merueilleusement estonnée & Amyclas aussi, d'vne si rare & si gentille inuention; & plus ie songeois combien il auoit fallu qu'il meditaſt de choſes pour produire en fin cette ſorte d'armes, plus i'admirois cet eſprit incomparable ; & ſa grande ieuneſſe redoubloit encore mes eſtonnemens. Mais pource que les arts ne peuuent pas eſtre dans leur perfection dés leur naiſſance, il polit de iour en iour celuy-cy ; & ſe fit des arcs, (car il les appelloit ainſi) bien meilleurs & plus beaux, choiſiſſant le bois le plus propre, & les garniſſant de corne par les bouts; & des fleſches bien plus longues & plus legeres, (car il appelloit ainſi ces petits baſtons aiſlez :) & y mit des pointes bien aiguës en façon de langues de ſerpent : puis il ſe fit vne trouſſe pour y garder ſes fleſches, laquelle il mit à ſon dos, afin qu'elle ne l'incommodaſt point en tirant; & la pendit auec vne eſcharpe, qui luy donnoit encore de l'ornement & de la grace. Il fit aussi presént d'vn arc & d'vne trousse à sa sœur qui aymoit si passionnement la chasse, & luy apprit l'art de tirer, en mesme temps qu'il s'instruisoit luy-mesme. En vn mois il se rendit si adroit à tuer les bestes, qu'il n'en manquoit vne seule, non pas mesme les plus petites ny les plus vistes: mais nostre admiration s'accrut bien dauantage, lors qu'il commença d'attaquer les oyseaux; non seulement ceux qui estoient arrestez sur les plus hautes branches des arbres, mais ceux-là mesmes qui voloient; ayant cette addresse de ne les prendre pas de front, ny lors qu'ils passoient; mais en suiuant leur vol, pource qu'ils sont alors long-temps sur vne mesme ligne.

A quatorze ans voyant que sa hauteur surpassoit déja de beaucoup celle des enfans de son âge, ie voulus luy accroiſtre le courage, en luy faiſant ſçauoir ſa noble origine; & luy contay toutes les auantures de mon pere & de mes freres, celles de mon heureux mariage auec vous, Seigneur, & toutes celles auſsi de ma fuite de Byſance, auec mes longs trauaux, & la cruelle perſecution que Python m'auoit fait ſouffrir, iuſques à ma deliurance miraculeuſe, quand mon Iſle fut détachée de tout le reſte de la terre. Apollon & Diane pleuroient de ioye, quand ils entendoient de quel pere ils eſtoient nez : mais les groſſes larmes de deſpit leur ſortoiët des yeux, toutes les fois que ie parlois de Python, des meurtres qu'il auoit faits de mon pere & de mes freres, & des tourmens effroyables qu'il m'auoit fait endurer; & pendant tout mon recit, mon fils rougiſſoit de colere, & ne faisoit qu'en mediter la vengeance. Le lendemain sans auoir communiqué son dessein à personne, il me pria de faire conduire mon Isle vers celle d'Eubée; afin, disoit-il, qu'il pût voir mon Royaume. Ie voulus luy donner ce contentement, quoy que i'eusse appris que le Serpent m'y auoit fait chercher lógtemps, pour me poursuiure encore; ne sçachant si i'estois abysmée, ou ce que i'estois deuenuë; & qu'il continuoit ses rauages dans la Macedoine & dans la Thessalie: mais i'esperois en sortir auant qu'il eût appris mon arriuée, pour garantir mes enfans de sa rage. Nostre Isle aborda à celle d'Eubée, & ie fis mon entrée dans Chalcis, au milieu de mes merueilleux enfans, dont la beauté éclatante & la grace diuine, faisoient faire aux peuples des acclamatiós cótinuelles.

Le iour suiuant Apollon se perdit, & ie sceus depuis qu'il estoit passé dans vne barque en Thessalie, afin d'y chercher Python, & me vanger; n'ayant pour toutes armes que son arc & ses flesches; car bien qu'il sceût deslors manier vne espée, il ne voulut point s'en seruir en cette occasion.

Il apprit que le Serpent faisoit la guerre depuis long-temps à Admete; non en Prince, mais en Brigád, voulant se vanger du secours qu'il m'auoit donné, & ayant tourné toute sa fureur contre luy, depuis les tonnerres & les tremblemens de terre, pendant lesquels il n'auoit pû sçauoir ce que i'estois deuenuë; Que depuis plusieurs années il l'auoit trauaillé continuellement, en luy dressant des embusches, & à ses sujets, dont il auoit desia fait mourir vne grande partie: Qu'enfin il auoit surpris le Roy mesme, lorsqu'il estoit à la chasse abandonné des siens; Que la mort d'Admete ne suffisant pas pour rendre sa vengeance parfaite; sçachant qu'il estoit fort aymé de tout son Royaume, il auoit voulu qu'elle fut suiuie de la pluspart des siens, & auoit fait publier, que si quelqu'vn vouloit mourir pour luy, il luy sauueroit la vie: que pour ce sujet il auoit donné le rendez-vous entre la Thessalie & la Macedoine, dans vn pré d'vne grande estenduë au milieu des bois; où à l'vn des bouts il auoit fait dresser vn throsne pour luy, & vn theatre au milieu du pré, pour y faire monter ceux qui voudroiét s'offrir à la mort, entre lesquels il en choisiroit vn qui mourroit pour le Roy: auec asseurâce pour tous ceux qui voudroient estre seulemét spectateurs; & il auoit inuenté ce moyen pour faire mourir tout d'vn coup la plus part des Thessaliens, en les faisant enuironner par ses soldats.

Apollon esperoit se trouuer à ce spectacle : mais il n'y pût arriuer que le lendemain, & sceut que le iour precedent il estoit arriué vn grand nombre de spectateurs, mais qu'vn seul n'estoit monté sur le theatre, afin de souffrir la mort pour son Roy ; & que la Reyne Alceste seulement s'y estoit presentée, offrant sa vie pour celle de son mary. Que le Tyran croyant qu'elle estoit encore plus aymée de ses sujets que le Roy, auoit fait publier derechef, que si quelqu'vn vouloit mourir pour la Reyne, il eust à se presenter le iour d'apres : esperant que la foule des Thessaliens seroit encore plus grande, & qu'il en feroit vn plus grand meurtre. Mon fils ayant veu le peuple qui s'as-

sembloit dans le pré, s'approcha du theatre, & aussi-tost qu'il eut apperceu le cruel Python qui montoit sur son throsne, il s'anima de colere, se souuenant des trauaux infinis qu'il m'auoit fait souffrir : toutefois ne voulant rien precipiter, il considera que le Tyran auoit fait mettre à son costé gauche sur vn degré plus bas, le Roy Admete chargé de chaisnes ; & au costé droit la Reyne Alceste liée, ayant les yeux bandez, & preste à receuoir le coup de la mort, que Pythó qui tenoit vne espée nuë luy deuoit donner, si personne n'offroit sa vie pour la sienne. Alors mon valeureux fils, de peur d'estre preuenu, ou par quelqu'autre qui eut monté le premier, ou par Python mesme qui pouuoit tuer cette belle Reyne si fidele à son mary ; sauta sur le theatre, & dit tout haut qu'il vouloit bien mourir
pour

pour Alceste, mais qu'il ne vouloit mourir que de sa propre main. Tout le peuple estant attentif, & le Tyran mesme, pour bien regarder ce qu'il alloit faire; il banda son arc, & choisissant la plus aiguë de ses flesches, comme s'il eust voulu s'en tuer luy-mesme, la mit sur l'arc, & l'enuoya percer le corps du Serpent. Il en prit encore quatre l'vne apres l'autre, qu'il luy tira coup sur coup, tant qu'on le vid tomber mort tout herissé de ces flesches, sans que tout ce peuple, ny les gardes du Tyran, qui ignoroient l'vsage de l'arc, pûssent s'imaginer comment il auoit pû luy oster la vie. Mon fils tua encore dix ou douze de ceux qui accompagnoient ce Monstre; & les autres espouuantez ne sçachans comment ces petits bastons aislez faisoient mourir leurs compagnons, prirent la fuite de toutes

O

parts. Alors Apollon anima tout ce peuple à pourſuiure ces voleurs, & à n'en eſpargner vn ſeul, les incitant à vanger leur Roy & leur Reyne, & leurs propres maux; & ſe ſentant luy-meſme incité à les punir par tous ceux qu'il m'auoit faits ; & de tous coſtez on en fit vn grand meurtre, au lieu de celuy qu'il penſoit faire de tout ce peuple, comme quelques vns le confeſſerent.

Cependant mon fils plein d'vne pieuſe ioye de m'auoir ſi bien vangée, alla luy-meſme détacher les fers d'Admete ; car la confuſion eſtoit ſi grande, que chacun ſans ſonger au Roy, ne ſongeoit qu'à ſa propre frayeur, ou à ſa vengeance. Puis il alla oſter le bandeau à la Reyne, qui attendoit encore le coup de la mort; & qui oyant tant de bruit, ne croyoit pas que ce fut pour la ſauuer, ny pour

differer long temps la fin de sa vie.
Cette belle & loüable Princesse, se
rasseurant les yeux, & voyant d'vn
costé le Tyran estendu sur son throsne, de l'autre le Roy son mary libre
& deschargé de ses fers, & ce bel &
noble Prince qui la deslioit, pensa
qu'il estoit descendu du Ciel pour
punir vn monstre si cruel, & pour
proteger vne si grande innocence.
Admete son mary apres l'auoir embrassée & remerciée de son affection,
dont elle luy auoit donné vne preuue si indubitable, luy conta la resolution & l'exploit admirable de mon
fils, qui seul & en si grande ieunesse,
auoit défait le Tyran & tant d'autres
qui l'accompagnoient. La belle Alceste baisa les mains d'Apollō, & luy
demāda s'il estoit venu du Ciel pour
leur secours. Ie suis, leur dit-il, fils de
Iupiter & de Latone, & vous ne m'e-

ſtes point obligez de ce que i'ay fait pour la ſeule vengeance de ma mere. Admete & Alceſte adiouſterent à leur ioye celle de recon'noiſtre le fils de Latone, à laquelle ils croyoient auoir quelques obligations;& reſſentirent encore celle que ie receurois d'apprendre que mõ redoutable ennemy eſtoit mort, & par la main de mon fils. Au meſme temps tous les Theſſaliens qui eſtoient venus pour le ſpectacle, reuindrent de la pourſuite des ſoldats du Tyran, qui furent tous exterminez; & trouuât le corps de ce Serpent, qui ſembloit encore plus grand & plus affreux que lors qu'il eſtoit en vie, le traiſnerent par tous les lieux d'alentour, & le dechirerent enfin en mille morceaux, qu'ils eſpandirent par les foreſts, afin qu'ils repeuſſent les oyſeaux & les beſtes.

Admete & Alceste se retirerent auec le Prince mõ fils, au lieu mesme qui estoit proche de là où Python auoit fait sa demeure, & qui leur auoit seruy de prison: mais le lendemain Apollon fit publier par toute la prouince, qu'il vouloit celebrer des jeux au lieu mesme où le Serpent auoit esté défait; que chacun s'y trouuast dans trois iours pour disputer le prix de la lucte, du palet, du saut, & de la course; & que les vainqueurs seroient couronnez de branches de chesne. Chacun se prepara auec plaisir pour paroistre à ces jeux, soit pour y combattre, soit pour les voir seulement; & pour ce que la crainte ne retenoit plus personne, les peuples y accoururent de toutes parts. Admete & Alceste les voulurent honorer de leur presence; & le Prince mon fils y presida, estant placé entr'eux sur le mesme

throsne qui auoit seruy au Tyran.
Aprés auoir couronné ceux qui emporterent le prix du palet, du saut, & de la lucte, il voulut luy-mesme disputer celuy de la course, & se rangea parmy ceux qui se presenterent. Mais lors que le signal fut donné, il partit côme vn esclair, & d'vne telle vitesse, que les autres desesperant de le pouuoir atteindre, s'arresterét dés la moitié de la carriere. La belle Alceste le couronna auec grande ioye : puis il se tourna vers le peuple, & ordonna que tous les ans ces mesmes jeux fussent celebrez, en memoire de la défaite du Serpent Python. Admete & Alceste non seulement le conduisirent hors de leur Royaume, mais encore l'accōpagnerent iusques dans l'Eubée, pour luy rendre plus d'honneur & pour me visiter. I'estois alors en des peines effroyables de mō fils, qui s'e-

stoit perdu depuis vn mois; & ils me surprirent lors que ie sortois de Chalcis auec ma fille Diane, Amyclas & plusieurs de ma suitte, pour en aller apprédre moy-mesme des nouuelles par les chemins. Ie vis venir Apollon au milieu d'Admete & d'Alceste, portant la dépoüille du Serpent, son casque, son bouclier, & sa grande espée. Aussi-tost qu'il fut prés de moy, il ietta toute cette despoüille à mes pieds: puis aprés auoir tendu les bras pour receuoir les miens; Ma mere, vous estes vágée, dit-il, en m'embrassant. Ie ne sçauois encore ce que tout cela vouloit dire, & ne faisois que me resioüir de le reuoir: mais Admete & Alceste que ie n'auois iamais veus, s'estans fait connoistre à moy, me conterent l'exploit merueilleux de mon fils; ce qui fit que ie ne pûs de long-temps me lasser de luy donner des embrassemens, & de pleurer de ioye; voyant qu'à peine auoit il sceu les tourmens que le Serpent m'auoit fait endurer, qu'il m'en auoit vágée. Les festes & les réjoüissances recommencerent dans Chalcis & dans toutes les villes d'Eubée pour la mort de Python; & aprés toutes ces ioyes le Roy de Thessalie & la Reyne prirent congé de nous. Apollon ne me parla plus alors que du grand desir qu'il auoit de voir toute la Grece, qui estoit dé-ja celebre pour plusieurs rares inuentions. Rien ne luy donnoit tant d'emulation, que lors qu'il entendoit dire que Cadmus, qui auoit esté Roy de Thebes, auoit inuenté les lettres alphabetiques; & il ne pouuoit cesser d'admirer cet admirable moyé d'exprimer ses pensées, mesmes aux personnes absentes, par l'assemblage des lettres. Il auoit vn desir extrême de voir la sage & docte Pallas ou Minerue Reyne d'Athenes sa sœur, qui estoit aussi fort celebre pour les merueilles de son esprit & de son courage; & les ingenieuses filles de Mnemosyne Reyne de la Phocide ses autres sœurs, qui habitoient le mont Parnasse.

Il me sembloit que ie n'auois plus rien à craindre apres la mort du Serpent; si bien que ie voulus satisfaire en toutes sortes ce fils admirable, & à qui i'estois si obligée. Amyclas ayant espousé ma fidele Diomedé, ie les laissay pour gouuerner l'Eubée, & pour auoir soin de ma chere Delos, que i'estimois mon plus grand thresor, & comme le present que le Ciel m'auoit fait pour me garantir de la rage de tous mes ennemis: car bien que le Serpent fut mort, i'auois encore à redouter la fureur de Iunon, lors qu'elle sçauroit que i'estois viuäte, & encore plus quand elle sçauroit que i'auois mis au monde de tels enfans. Aprés auoir donné mes ordres dans mon Isle flottante, & dans toutes les villes d'Eubée, nous passames en Grece, & arriuasmes à Thebes; où ie voulus voir Amphion, pour le remercier des soins qu'il auoit pris de remettre l'ordre dans mon Estat, & de me l'asseurer. Le Prince Acteon petit fils du grand Cadmus, & qui estoit presque seul resté de sa race, vint de sa part au deuant de nous pour nous receuoir; & ce fut là qu'il prit plus de passion pour la Princesse ma fille, qu'il ne deuoit & qu'il ne luy estoit vtile. Diane à ces paroles sentit espandre sur son visage vne rougeur modeste; & Iupiter & tous les autres qui la regarderent, ayant admiré sa pudeur & sa grace, Latone pour la retirer de cette confusion & en destourner les regards des autres, continua ainsi son discours. Amphion vint me recevoir aux portes de Thebes, & nous fit tous les honneurs & bons traitemens qu'il luy fut possible: mais la Reyne Niobe ne me voulut iamais voir, feignant estre fort indisposée de la grossesse de son quatorziesme enfant. Elle pensa mourir de rage quád elle apprit la mort de Python, auec lequel elle auoit tousiours conserué des intelligences; & ie croy que cette douleur estoit sa plus grande maladie.

De là nous allasmes à Athenes, où nous fusmes receus auec mille caresses par cette vertueuse, valeureuse & sçauante Minerue, la digne fille de son Pere: elle fut rauie de ioye lors qu'elle vid mes enfans si beaux & si adroits : mais elle eut bien d'autres transports, lors qu'elle apprit toutes les inuentions de mon fils & ses courageuses actions, & les agreables exercices de ma fille. Elle les incita tous deux à la vertu, & leur en fit des leçons admirables: puis elle les anima autant qu'elle pût, à faire continuellement du bien à tout le monde par les productions de leur esprit, & à estre secourables aux oppressez par les effets de leur courage. Elle leur apprit à ranger leurs discours par ordre, & à parler auec eloquence ; elle leur fit part en suitte de l'art de raisonner & de la Morale. Elle apprit à Apollon à se seruir de la lance & du bouclier qu'elle auoit inuentez, & à lancer le iauelot; & à Diane à trauailler en toutes sortes d'ouurages de tapisserie & de broderie ; mais pource que ma fille aymoit bien mieux le violent exercice de la chasse, que ces occupations paisibles & sedentaires, elle ne receut point de plus agreable leçon de cette merueilleuse maistresse, que celle de la virginité : car ayant sceu qu'elle auoit fait vœu deuant vous-mesme, Seigneur, de la garder perpetuellement ; cette resolution luy sembla si belle, & si conforme à ses sentimens ; qu'aussi-tost elle fit le mesme vœu, & y fut confirmée pour toute sa vie par les sages raisonnemens de cette docte & chaste Vierge. Nous demeurasmes vn an auec elle : car mes enfans ne se pouuoient lasser de la voir & de l'entendre ; & elle ne se pouuoit lasser de les instruire & de les admirer. Pendant ce temps elle me conta la dispute qu'elle auoit euë auec Neptune pour nómer cette mesme ville qu'elle auoit fait agrādir depuis, & fermer de murailles; & dont elle auoit entrepris de faire le siege des arts & des sciéces: que Neptune luy disputa cet honneur, pretendant qu'elle estoit de son partage: pource que vous luy auiez laissé toutes les mers, toutes les isles où il n'y auoit point encore de Roys, & toutes les costes de l'Europe, de l'Asie, & de l'Afrique; & il disoit que cette ville estoit dans la coste de la mer, & par consequent de son Empire: que sur ces contestations vous iugeastes que celuy des deux qui montreroit auoir fait vn plus beau present à toute la terre, nōmeroit la ville. Que Neptune amena vn cheual qu'il auoit dompté, le fit manier, & courir cōme pour combāttre; & representa qu'il ne se pouuoit pas faire vn plus beau present au monde, que d'auoir montré vn si excellent moyen de bien faire la guerre. Quant à elle, que pour faire voir qu'elle auoit donné de meilleurs moyens de bien faire la guerre, elle auoit montré la lance & l'escu qu'elle auoit inuentez, auec lesquels elle auoit enseigné, & comme il falloit attaquer, & comme il falloit se deffendre : mais elle dit qu'elle auoit fait de bien plus rares & de meilleurs presens au monde, en montrant l'art de filer la laine & de faire de la toile pour vestir les hommes, celuy de cultiuer l'oliue, & en faire l'huile qui est si vtile, & tant d'autres arts qui rendoient la vie plus heureuse. Que ce qui seruoit à la guerre, ne seruoit qu'à destruire les hommes ; & que les arts qu'elle auoit produits pour la paix, estoient bien plus necessaires, puis qu'ils seruoient à les conseruer.

Qu'enfin vous decidâtes, Seigneur,
ce differend en fa faueur ; & en preferant la paix à la guerre, vous jugeaftes qu'elle auoit faict de meilleurs prefens à toute la terre, &
vous luy permiftes de donner le
nom à la ville. Elle exhorta en fuitte mes enfans de fonger pluftoft
à produire des chofes qui feruiffent au monde, que de celles qui
feruent à le ruiner ; & de n'employer iamais leur valeur & leurs
flefches, que pour punir les Tyrans. Nous nous feparafmes enfin
auec bien du regret de celle qui
fe pouuoit dire la vertu mefme,
pour laquelle mes enfans auoien
vne paffion exceffiue. Elle leur fit
tous deux de beaux prefens de robe
& de fayes de broderie de foye mefée d'or & d'argent, qu'elle auoit to
faits de fa main ; & quelques-vi
mefn

mesme qui estoient tous bordez d'or & d'autres d'argent, & de belles escharpes pour pendre leurs trousses. Elle nous donna aussi vn char à quatre cheuaux pour nous conduire, dont elle auoit trouué l'admirable inuention, & nous laissa enfin aprés mille embrassemens.

Le discours de Latone fut interrompu en cet endroit par l'arriuée de Picus Roy des Latins, l'vn des plus beaux Princes & de la meilleure mine qui fussent en toute la terre. Il estoit né de Saturne depuis sa retraite en Ausonie; & ayant sceu que Iupiter au retour de ses exploits dans la Sarmatie, sur la nouuelle qu'il auoit apprise de la mort du Roy son Pere, auoit voulu passer en Ausonie pour voir l'estat de cette terre; il estoit venu au deuant

Q

de luy iufques à Tarente, pour ne luy pas donner la peine d'aller iufques à Laurentum qui eſtoit la Ville capitale des Latins. Picus ayant fait la reuerence au grand Monarque de l'Europe & de l'Aſie, mit à ſes pieds ſa Couronne, & luy dit qu'il ne pretendoit autre fortune, que celle qu'il receuroit de ſa liberalité. Belus l'embraſſa comme ſon frere, luy rendit ſa Couronne, & l'aſſeura qu'il eſtoit venu pour le confirmer dans ſes Eſtats, & non pas pour l'en deſpoüiller; & aprés pluſieurs ciuilitez, & que Iupiter luy eut fait connoiſtre & ſalüer Latone, & Diane, & Mercure; le Roy s'eſtant r'aſſis ordonna à tous de prendre leurs places auprés de luy, & pria la Reyne d'Eubée de pourſuiure ſon hiſtoire.

LA VERITE'
DES FABLES.

LIVRE QVATRIESME.

LA belle Latone ayant receu l'ordre du Roy de continuer son discours, repeta succintement quelques mots de ce qu'elle auoit dit auparauant, afin que Picus & ceux qui estoient arriuez auec luy, pûssent mieux en comprendre la suite ; puis elle poursuiuit ainsi.

Apollon auoit l'esprit merueilleusement vif, & attaché à tout ce qu'il apprenoit : aussi ne cessa-t'il de mediter sur tout ce que Minerue luy auoit enseigné, & y adjousta tant de choses par ses reflexions continuelles & ses profondes pensées, qu'enfin en se perfectionnant, il perfectionna encore les arts qu'il auoit appris, & en fit leçon à tous les autres. Durant le voyage il se separoit ordinairement de nostre troupe pour mediter ; & ayant appris de Mineru l'art de ranger les paroles, il y adjousta celuy de ranger les syllabe mesmes ; & les reigla si bien à cer taines mesures, qu'il en fit des vers & en composa enfin l'art diuin d laPoësie. La Musique qui luy estoi si naturelle, luy seruit heureuse ment à y paruenir : car ne se con tentant pas de chanter comme le oiseaux par des tons inarticulez; il accommoda premierement des paroles à ses chants, afin d'occuper doublement l'esprit dans la ioye, & par le chant & par la parole; puis considerant que ses chants auoient des mesures longues & des breues, il chercha des paroles qui par des syllabes longues ou breues s'accommodassent à ses chants, afin qu'au lieu d'en corrompre la beauté, ils y adjoustassent de la grace, ar la iustesse de leurs semblables adences. De ces paroles ainsi mesurées, il en fit des vers: puis voyant ue ses airs auoient quelque chose e triste ou de gay, selon la diuerité des chants & des mouuements; il y accommoda des paroles tristes ou gayes, pour les rendre conuenables aux airs; & il portoit ainsi comme il luy plaisoit, ceux qui l'escoutoient, ou à la tristesse, ou à la ioye. En suite ayant reconnu que cette melodie auoit quelque chose de diuin, & rauissoit les ames hors d'elles mesmes ; il s'apperceut que les paroles ordinaires n'estoiét pas conuenables à vne chose si belle, & si extraordinaire ; & qu'il falloit s'éleuer au dessus du langage commun, afin que la richesse des paroles fut plus digne de la beauté de ses chants. Alors il inuenta les paroles figurées, pour s'escarter de la route vulgaire, & s'exprimer noblement ; & éleua par ce moyen sa Poësie, & en fit la plus rare merueille du monde: pource que parmy la peine qu'il prenoit de chercher la nouueauté de ses expressions, & la iustesse de ses syllabes, les agreables & hautes pensées naissoient dans ce trauail mesme, qui eschauffoit son imagination, & luy donnoit des transports & de belles fureurs, dont il se sentoit agité; & qui luy faisoient produire des choses dont il s'estonnoit puis aprés luy-mesme, & dont il faisoit estonner en suite tous les autres. Minerue mesme fut surprise d'vne estrange admiration, quand il luy enuoya de ses ouurages: mais la merueille estoit bien autre, quand on luy entendoit chanter ses Hymnes & ses Odes; son chant animant encore ses doctes paroles, & charmant les esprits par vne double merueille. Elle se resolut enfin de se seruir de ces figures, pour en orner son eloquence; afin que par cet emprunt elle la releuast, & ne la laissast pas tellement au dessous des graces de la Poësie.

Cependant nous poursuiuions nostre voyage pour aller au Mont de Parnasse visiter les Muses: mais en passant par le païs des Orchomeniens, mon honneur & ma vie faillirent à succomber sous les artifices & les meschancetez de Niobe. Cette Princesse n'ayant peu encore depuis tant d'années digerer son despit, & ayant perdu l'occasion de me perdre pendant que i'estois à Thebes, voulut satisfaire tout d'vn coup, & sa ialousie & celle de Iunon ; & enuoya vn homme comme de la part d'Amphion vers Titye, qui estoit vn Geant d'vne grandeur prodigieuse, & qui par ses cruautez auoit non seulement asseruy les Orchomeniens, mais encore tyrannisoit tous ceux qui passoient par ses terres, pillant & tuant les hommes, & violant les femmes. Cet hôme luy dit qu'Amphion desiroit estre son amy, & que pour luy en donner des preuues, il luy donnoit auis qu'vne Reyne qu'il disoit estre fort belle, & qui portoit de grandes richesses, deuoit passer par son païs, & qu'il ne manquast pas vne si rare proye. Titye qui ne respiroit que le brigandage, le meurtre & la violence, receut cet auis auec vne ioye extrême; & enuoya de toutes parts, afin d'estre auerty du lieu où il pourroit me rencontrer, afin que ie ne faillisse pas de tomber entre ses mains. Ainsi ne redoutant rien d'ennemy, ie fus surprise par ce

Monstre dans vne vallée prés de Lebadie, lors que i'estois descenduë du char à cause de la difficulté du chemin; & ce cruel n'ayant pas accoustumé de triompher des femmes par des paroles, mais par des coups ; abbatit à ses pieds auec vne massuë qu'il portoit, trois des miens qui marchoient deuãt moy. Il prit encore insolemment deux hommes qui m'aydoient à marcher ; & de deux coups de poing leur escrasa à tous deux la teste : puis me voyant d'vne taille assez haute, il me dit qu'il n'en auoit point trouué encore de si digne de luy. I'estois si troublée & du meurtre des miens, & de ses regards affreux, que ie ne sçauois si ie deuois auancer ou reculer ; ny si ie deuois luy dire des paroles aussi hautes que le rang où il vous a pleu m'esleuer, ou l'émouuoir à la pitié par mes submissions & par mes prieres. Mes enfans & le reste des miens estoient éloignez; & ie n'en pouuois esperer assez promptement du secours: mais ce Colosse desmeslant par son audace toutes mes incertitudes, me prit entre ses bras, & en m'enleuant fit quelques pas pour gagner vn bois qui estoit assez proche. Alors ie m'escriay de toute ma force; mes enfans entendant ma voix, accoururent d'vne vistesse extreme; & voyant cinq des miens estendus sur l'herbe, & leur Mere entre les bras de ce Geant infame, ne consulterent point ce qu'ils auoient à faire: mais de leurs flesches l'assaillirent de loing auec vne addresse merueilleuse; & sans me blesser le percerent de quatre traits. Ce Monstre sentant la mort, & ne sçachant d'où elle luy venoit, voulut m'estouffer pensant que ie le faisois mourir par quelque charme : mais à cause de tant de sang qu'il perdoit de tous costez, il n'en eut pas la force. Toutesfois sa foiblesse faillit à faire ce que sa force n'auoit peu : car en defaillant il tomba, me tenant toujours embrassée ; & ie creus qu'il m'escraseroit sous la pesanteur de son corps. En ce danger ie ne m'abandonnay pas moy mesme ; & fis vn effort auec lequel ie poussay cette masse qui tomboit d'elle mesme ; & qui par ce moyen se trouua sous moy, & me garentit encore du mal que i'eusse receu s'il m'eust quittée ; car à cause de mon estourdissement ie fusse tombée sur la terre. En mesme temps mes enfans arriuerent à nous, ne sçachant pas s'il estoit mort, ou s'il me vouloit faire quelque violence. Apollon qui estoit dé-ja des plus forts, luy saisit la gorge pour l'estrangler, tandis que Diane me retiroit de ses mains: mais voyant qu'il n'auoit plus de vie, ils m'embrasserent tous deux, & ie les embrassay en mesme téps, pour les remercier de m'auoir si bien secourüe.

Ceux qui seruoient ce Geant vindrent alors de toutes parts; & ie redoutay vn nouueau peril, croyant qu'ils voudroient vanger la mort de leur Maistre: mais ils s'arresterent tous le voyant par terre; se sentans saisis d'vn estonnement, parmy lequel peu à peu se vint méler la ioye, de se voir deliurez à vn instant de sa longue tyránie. Pour moy connoissant enfin à leurs gestes les mouuemens de leurs esprits ; ie les appelay, & en leur montrant mes enfans, Voila, leur dis-je, les deux Vainqueurs de ce Monstre effroyable. Venez les remercier : mais remerciez premierement le Ciel, qui les a enuoyez icy pour le punir de tous ses crimes. Alors ils vindrent tous se ietter à leurs pieds ; ils fondoient en larmes admirant vne si grande ieunesse qui les auoit sauuez d'vn Geant si redoutable, & prierent mon fils de vouloir estre leur Roy. Apollon les remercia, & vn peu aprés on nous amena cet homme enuoyé par Niobe, qui attendoit ma mort pour luy en porter l'a-

des Fables Liv. IV. 255
agreable nouuelle. Ie ne voulus point qu'on luy fit de mal; & en le renuoyant ie manday par luy à cette meschante Reyne, que le Ciel me saueroit toufiours de ses malices, & l'en puniroit vn iour. Mon fils fit assembler le lendemain tous les Orchomeniens dans vn grand champ; où aprés auoir sceu qu'ils n'auoient point encore eu de Rois, & que ce Geant l'auoit esté par force; il voulut leur en choisir vn, de peur que quelqu'autre n'entreprit encore d'vsurper la domination. Il dit tout haut, que ceux qui s'estimoiét les plus dignes de commander, vinssent à luy; soudain vingt-cinq ou trente accoururent vers luy, pretendans à cet honneur. Mais Apollon voyant qu'il s'en venoit plus, dit à ceux là, que

ceux qui s'eſtimoient dignes de commander, ne l'eſtoient pas; & les fit ranger en vn lieu à part. Puis il ordonna à tout le peuple qui reſtoit, que chacun vint luy dire à l'oreille l'vn apres l'autre, celuy qu'ils eſtimoient le plus digne d'eſtre leur Roy, & qui les gouuerneroit le plus ſagement. Tous vnanimement nommerent vn vieillard qui ſe cachoit parmy la foule; & il fut éleué malgré luy à cette dignité ; par le commandement qu'Apollon luy en fit, & par l'acclamation de tous les autres.

Nous partiſmes de ce lieu là pleins de ioye d'auoir eſchappé ce peril, & laiſſant auſſi les Orchomeniens dans le comble de leurs contentemens, & dans l'eſpoir d'vne bien-heureuſe vie. Apollon
compoſa

composa vn champ de victoire sur la deffaite de Titye, & nous en diuertit par le chemin ; & tous les iours il inuétoit quelque air agreable qu'il chantoit de sa voix diuine, & nous charmoit tellement, que le voyage ne pouuoit nous donner de l'ennuy ; mesmes quelquesfois il faisoit sur le champ des compositions impreueuës, sans reigle ny mesure, comme s'il eût resué à autre chose ; & s'égaroit luy-mesme dás de si beaux chants, qu'il terminoit par des cadences si charmantes ; puis il les reprennoit par de si diuers changemés de tons & de modes, que rien ne s'est iamais entédu de si delicieux que ces boutades déreiglées, que la fertilité de son imagination luy faisoit continuer autát qu'il luy estoit agreable.

R

Nous arriuafmes au Mont Parnaffe chez la Reyne Mnemofyne, où nous fufmes receus d'elle & de fes vertueufes & fçauantes filles, auec toutes les careffes ingenieufes, foit d'actions, foit de paroles, que les perfonnes fages & qui ont l'efprit vif & delicat, font capables de faire à celles qu'elles veulent aymer, & dont elles font vne eftime particuliere : car la grande reputation de mon fils eftoit dé-ja répanduë par toute la Grece depuis la deffaite de Pithon ; & fes inuentions luy auoient acquis encore vne grande gloire depuis fon fejour dans Athenes. Apollon ayant rencontré de fes fœurs fi amoureufes de l'eftude, & qui s'eftoient retirées du bruit en cette montagne, pour s'y employer auec plus de loisir & d'attention ; se pleût merueilleusement à apprendre auec elles les langues de diuerses Nations, & les histoires que Mnemosyne leur enseignoit ; & à leur enseigner aussi tous les arts & les sciences, tant celles qu'il auoit apprises, que celles qu'il auoit inuentées. Elles auoient toutes la voix belle, & chantoient naturellement assez bien : mais lors qu'elles eurent esté instruites à conduire leur voix, par celuy mesme qui auoit trouué l'art de chanter, elles y furent bien-tost sçauantes, & firent alors ensemble des concerts admirables. Ce fut en vn lieu si propre à la meditation, qu'il donna encore vn grand ornement & vn puissant secours à sa Musique, par vne inuention merueilleuse. Il auoit remarqué que la corde de son arc estant bandée, rendoit vn son lors qu'il la tiroit; que plus elle estoit deliée, plus le son estoit haut & aigu ; & que plus elle estoit bandée, plus le son se haussoit. Il auoit encore pris garde que cette corde estant bandée, s'il la tiroit prés de quelque chose de creux, le son qu'elle rendoit en estoit plus fort & plus harmonieux. Il prit donc vne grande escaille de Tortuë, qu'il couurit par dedans d'vn bois mince, afin que le son s'y renfermast, & n'en sortit que par de petites ouuertures; il y ioignit vn manche, puis y attacha des cordes de differente grosseur, & de plus en plus deliées, qu'il monta & baissa à son gré par le moyen de quelques cheuilles, & enfin fit vn Luth auec plusieurs rangs de cordes, qu'il touchoit du commencement à vuide auec ses doigts, & en formoit des accords agreables. Mais depuis ayant consideré, que lors qu'à l'endroit du manche il mettoit le doigt sur vne corde, elle haussoit de ton à mesure que le doigt s'approchoit du corps de l'escaille, il inuenta de differens accords par le moyen des touches qu'il mit sur le manche pour separer les tons ; & se seruit d'vne main pour former les accords sur le manche, & de l'autre pour toucher les cordes sur l'escaille & en tirer le son. Il se rendit sçauant en peu de temps à iouër de son Luth ; peu aprés il y mesla sa voix, qui dominoit sur tous ces accords, & sur leurs differentes parties ; & il faisoit ainsi tout seul vne Musique complete. Depuis ayant remarqué encore que les cordes auoient le son plus harmonieux, quand il en tiroit le son à vuide, sans les toucher sur le manche; il inuenta vn autre instrument, auec vne plus grande quantité de cordes, qu'il pûst pincer auec les mains de deux costez, sans auoir besoin des differends accords qu'il formoit sur le manche du Luth; & en fit la Harpe, qui eut vne melodie douce & charmante, laquelle luy pleust encore dauantage, estant plus propre à accompagner sa belle voix, & la soustenant auec vne plus grande quantité & varieté de sons, qui composoient auec elle vne merueilleuse harmonie. Son arc luy seruit aussi pour inuenter d'autres instrumens: car ayant pris garde que pour souſtenir ſa Muſique il auoit beſoin de quelques inſtrumens qui gardaſſent vn meſme ton auſſi long-temps que les voix, & qu'il eſtoit contraint de repeter ſur la Harpe ou ſur le Luth, vn meſme accord pluſieurs fois pour continuer vn meſme ton; par hazard ayant ſon arc bandé, il en fit couler la corde ſur celle de ſon Luth, & s'apperceut que l'on pouuoit continuer vn meſme ton autant de temps que la corde de l'arc eſtoit longue. Pour ce ſujet il fit vn petit arc exprés, qu'il appella archet, & inuenta des inſtrumens propres à en eſtre touchez, comme la Lyre, le Violon & la Viole ; leſquels par le moyen de l'archet gardoient les tons autant qu'il vouloit, & imitans plus les voix, ſer-

uoient bien mieux auſſi à les foûtenir. Ayant inuenté tous ces diuers inſtrumens de Muſique, il les
diſtribua aux Muſes, & leur apprit
à les toucher & y faire toutes fortes d'accords. Il donna auſſi des
Fluſtes à quelques vnes, & leur en-
ſeigna d'en ioüer ; & enfin il compoſa vn concert de toutes leurs
voix, & de tant d'inſtrumens differends, qui cauſoient vn rauiſſe-
ment à quoy rien ne fut iamais
comparable.

D'vn autre coſté Diane n'eſtoit
pas inutile: car lors qu'elles auoient
quitté leur Muſique, elle leur re-
petoit les leçons de la virginité,
que la vertueuſe Pallas luy auoit
appriſes ; & leur imprima ſi bien
dans l'eſprit la nobleſſe de cette
vertu, qu'elles voüerent toutes de

la garder iusques à la mort. Lors qu'elle leur voyoit reprendre leurs liures & leurs instrumens, elles les quittoit dans ces exercices, pour suiure le seul qu'elle aymoit : elle alloit s'égarer dans les forests auec quelques filles des plus nobles & des plus sages qu'elle auoit pû choisir, qu'elle receuoit dans sa troupe aprés auoir fait vœu d'estre perpetuellement Vierges. Elle les appelloit ses Nymphes, & leur donnoit à chacune l'arc & la trousse ; & de peur d'interrompre les chants d'Apollon & des Muses par le bruit de ses chasses, elle leur abandonnoit le Mont Parnasse, & alloit sur celuy d'Helicon, ou sur celuy de Cytheron, qui en sont éloignez de quelques lieuës. Mais si Apollon trouuoit tous les iours de nouuelles inuentions pour enrichir ses arts & ses sciences ; Diane n'estoit pas moins inuentiue pour mettre l'art de la chasse en sa perfection. Elle s'estoit apperceuë que les chiens qui sont naturellement amis des hommes, & qui la suiuoient quelquesfois quand elle alloit à la chasse ; mettant le nez sur les voyes des bestes, suiuoient ces voyes, & enfin trouuoient les bestes & les faisoient partir. Elle commença à n'aller plus à la chasse qu'en y menant des chiens, puisque par leur moyen elle trouuoit les bestes, & les faisoit partir auec facilité, ce qu'elle faisoit auparauant auec beaucoup de peine. Puis imitant son frere qui faisoit vn art de toutes choses, elle entreprit d'instruire les bestes mesmes, & de les rendre sages. Elle dreſſa vn limier auec lequel elle alloit reconnoiſtre dés le matin tous les lieux par où vn Cerf ou vn Chevreüil auoit paſſé la nuit, & en quel endroit il repoſoit durant la iournée; puis ayãt aſſemblé toutes ſes Nymphes auec ſes chiens, & les ayant diſpoſées en diuers endroits ; elle alloit auec ſon limier lancer ſon Cerf ou ſon Chevreüil du lieu où il repoſoit, & le faiſoit ſuiure ſur ſes voyes par toutes ſes Nymphes & tous ſes chiens, auec mille bruits qui faiſoient retentir les cauernes & les foreſts, & qui donnoient des plaiſirs incroyables ; & quoy que la beſte fut bien plus viſte que les Nymphes & les chiens meſmes, & qu'elle les laiſſaſt bien loin derriere, & euſt loiſir de ſe repoſer;

toutesfois les chiens la suiuant toujours sur ses voyes, la trouuoient auec le temps, & la faisoient repartir; alors leurs voix redoubloient l'ayant retrouuée ; & les Nymphes estant auerties par là qu'elle estoit relancée, la suiuoient en se relayant les vnes les autres, & la lassoient tellement à diuerses reprises, qu'elle alloit plus lentement sur ses fins. Les chiens qui s'auançoient la ioignoient alors de plus prés ; & le Cerf ou le Chevreüil perdant la force & l'haleine, gagnoit ordinairement vn estang ou vne riuiere ; & pensant y trouuer du rafraichissement à sa soif, & du soulagement à sa lassitude, y trouuoit sa mort : car la froideur de l'eau le saisissant lors qu'il fondoit en sueur, toute sa force l'abandonnoit: les chiens suruenans là dessus, le prenoient de tous costez; & alors Diane auec ses Nymphes ayant loisir d'arriuer au bord, le perçoient de leurs flesches. Quelque temps aprés voyant que les Nymphes s'égaroient souuét dans les bois, & ses chiens mesmes lors qu'ils demeuroient en defaut, & qu'il falloit trouuer vn moyen de se r'assembler & de reparer ces desordres; elle inuenta le Cor, & auec es sons differens selon la diuersité es besoins, trouua l'inuention de auertir les vnes les autres de tout e qu'elles desiroient se faire entendre, & apprit aux chiens mesmes de connoistre la diuersité de ces sons, & à se r'assembler & se remettre sur les voyes. Ce Cor seruoit aussi à les animer, & à réueiller le courage des Nymphes qui se lassoient; & le son se meslant parmy la voix des chiens, cõposoit auec eux vne Musique agreable. Elle prenoit les lievres de la mesme sorte, quoy qu'ils eussent la course bien plus viste & plus soudaine que les cerfs; & démesloit toutes leurs ruses par le sentiment de ses chiens. Elle les prenoit aussi quelquesfois de vistesse auec d'autres chiens bien plus legers, qui chassoient seulement à veuë; & à cause de cette chasse, elle les appella levriers. Les Nymphes les tiennent attachez à des lesses, & ne les lancent iamais que lors que les lievres sont proches; autrement ils partiroient à contre-temps, & se rebutteroient voyant la beste eschappée.

Elle choisit encore des levriers

hardis & bien plus forts, que les Nymphes tenoiét en lesse au bord des forests, auec lesquels elle prenoit les sangliers mesmes & les loups, aprés qu'ils auoient esté lancez, & poussez hors du bois par les chiens courans, car elle appelloit ainsi ceux qui chassoient sur les voyes sans voir la beste.

Elle inuenta encore plusieurs autres sortes de chasse, soit pour les bestes, soit pour les oiseaux, afin de donner de la diuersité à ses plaisirs; & aprés s'estre reposée dans le bois, elle reuenoit sur le soir auec toutes ses Nymphes, qui rapportoient ses rises, & fournissoient nos tables, & de gibier, & de venaison.

Vn iour vne des plus belles de ses Nymphes nommée Leucosie, fut rapportée de la chasse par toutes les autres, eſtant en grand danger de ſa vie; pource qu'elle auoit vne fleſche attachée à la hanche, qu'vne de ſes compagnes luy auoit tirée, lors qu'elle eſtoit derriere vne haye, péſant en tuer vn Daim. Cette fleſche eſtoit tellement arreſtée entre les os, qu'il eſtoit impoſſible de la retirer; & cependant elle perdoit tout ſon ſang. Apollon qui dans ſes retraittes faiſoit profit de toutes choſes, aprés auoir beaucoup plaint le mal de cette fille infortunée, & eſſayé par diuers moyens à la ſecourir; tout coup ſe ſouuint que deux iour aupar   , eſtant couché ſur l montagne en reſuant ſans fair bruit, il auoit veu paſſer vn cer frappé d'vne fleſche qu'on lu auoit tirée, & qui eſtoit attachée ſo son costé : que ce cerf aprés auoir cherché & tourné long-temps, enfin auoit mangé d'vne herbe, & qu'vn peu aprés la flesche estoit sortie de la playe, & le sang s'estoit estanché. Il confessa qu'à l'heure mesme il n'auoit fait aucune reflexion sur cette veuë, pensant que par les mouuemens du cerf, cette flesche estoit tombée d'elle mesme : mais que l'herbe que le cerf auoit mangée, pouuoit auoir quelue vertu secrette pour faire sortir les flesches. Diane qui aymoit eucosie, & qui auoit grande pitié e son mal, & grande crainte pour sa vie, pria son frere d'enseigner où l'on pourroit trouuer de cette herbe. Apollon courut luy-mesme d'vne extrême vistesse au mesme lieu où il auoit veu le cerf, & prit

S

de l'herbe qu'il auoit mangée, puis l'apporta, & l'ayant pilée il en fit aualler le suc à Leucosie, & appliqua de l'herbe sur la playe. Peu de temps après la flesche sortit d'elle mesme, & elle ne perdit plus de sang. Cet accident fit admirer à mon fils la force & la proprieté de cette herbe, qu'il nomma Dicta me; & fit naistre encore pour tou le monde, vn des plus grands bien qui se trouuerent iamais. Car mo, fils après s'estre estonné quelqu temps, comment les animaux qu n'ont point de raison, auoient d plus grandes connoissances pou leurs necessitez, que les homme mesmes qui sont raisonnables; en fin quitta cet estonnement, & di en luy-mesme, qu'il falloit bie plutost s'estonner du peu de soi des hommes, qui en eſtudiant les inſtincts des beſtes, pouuoient profiter eux ſeuls de toutes leurs connoiſſances particulieres. Depuis la guerifon de Leucofie, il ne ceſſa de ſe cacher dans les bois, & d'eſpier les actions des oiſeaux & des beſtes; ne redoutant aucun trauail pour acquerir du ſçauoir, & faire du bien à toute la terre. Il conſidera que quelques animaux ſe purgeoient par differens moyens, d'autres ſe ſaignoient, & d'autres ſe gueriſſoient de la morſure des ſerpens, & d'autres choſes venimeuſes : Il eſtudia la nature du corps humain, la diuerſité des temperamens, celle des maladies, & leurs remedes par les choſes contraires à leurs cauſes : enfin auec vn trauail infiny, & mille eſpreuues &

experiences qu'il a faites ou apprises en tous ses voyages durant quatre ou cinq années, il a composé l'art salutaire de la Medecine, auec lequel il n'y a point maintenant d'herbe dont il ne connoisse la vertu, ou la malignité; ny de maladies ou de blessures qu'il ne guerisse.

Mais estant le plus souuent la nuit à considerer les actions des bestes; pource que la pluspart se cachent & se reposent durant le iour, & ne cherchent leur nourriture que la nuit; & ce trauail requerant vne grande assiduité & vne perte de temps; il contemploit cependant le cours des Astres, & en fit à la fin vne science. Car il considera comment la Lune succedoit au Soleil; que l'vn regnoit le iour & l'autre la nuit; que l'vn faisoit l'année, les changemens des saisons, & les iours; & que l'autre faisoit les mois par sa croissance & son decroissement. Il estudia encore le cours de tous les autres Astres & des Estoiles; & s'apperceut de leurs diuerses influences par les changemens de temps, selon que les vns ou les autres se leuoient sur l'Orison; il commença à annoncer par là, ou les vents, ou les pluyes, ou la serenité, ou le froid, ou les chaleurs qui deuoient regner sur la terre. Enfin il composa la science de l'Astrologie, & l'enseigna à ceux qui s'en monstrerent les plus curieux.

Ayant fait amas de tant d'arts & de sciences, il les distribua à toutes ses sœurs, selon le naturel & le talent particulier qu'il reconnut en chacune d'elles. Il apprit à Vranie l'Astrologie, à Polymnie la Rhetorique ou l'Eloquéce, à Clion l'art de l'histoire, par laquelle il luy enseigna de mettre par escrit les exploits des hommes Illustres, la description du Monde, la fondation des Villes, les diuerses habitations des Peuples, & leurs paix & leurs guerres. Il fit part à quelques vnes de sa Poësie, qu'il estimoit plus que toutes choses, à cause de ses transports diuins : mais pource qu'il n'espera pas qu'vne seule eut vne force semblable à la sienne, d'estre propre à toutes sortes de Poësie ; comme à la sublime, auec laquelle il se releuoit en termes & en figures pour chanter les hauts faits des Heros, ce qui fut cause qu'il appella cette Poësie Heroïque; à celle qu'il appelloit Lyrique, pour chanter des Hymnes & des Odes auec la Lyre; à celle qui estoit graue, auec laquelle il representoit les accidens funestes & tragiques; & à celle qui estoit basse, & en termes communs, pour representer les choses comiques & les actions vulgaires des hommes : Il porta Calliope aux vers Heroïques; car c'estoit celle pour laquelle il auoit le plus d'inclination, à cause de la grandeur de son Genie. Il donna à Eraton la Lyre & les vers Lyriques; à Melpomene la graue Tragedie; & à Thalie la diuertissante Comedie. Il distribua aussi ses instrumens de Musique, & donna à Terpsicore le Violon, & luy enseigna encore la danse qu'il auoit inuentée, en reiglant les pas que les Pasteurs faisoient sans ordre & sans mesure au son de sa fluste, ou de son flageolet. Il donna à Euterpe ces deux instrumens à vent, & ne laissa pas de donner des Luths & des Violes à celles qui apprenoient d'autres sciences, pour se diuertir quelquesfois de l'estude, & fortifier ses concerts. Il se reserua la Harpe, auec laquelle il presidoit sur toute la Musique, & donnoit le mouuement & la mesure, qui estoit suiuie par toutes les Muses. Il instruisoit aussi plusieurs personnes amoureuses de l'estude, lesquelles attirées par sa reputation le venoient chercher de toutes parts : dont Orphée, Linus & Esculape, estoient ceux qu'il aymoit le plus, & mesmes par affection il les appelloit ses fils, à cause de leur excellent esprit, & de leur beau naturel, qui portoit Orphée & Linus à la Poësie & à la Musique, & Esculape à la Medecine. Aprés auoir passé deux ans au Mont Parnasse, voyant toutes ses sœurs dé-ja doctes, il se resolut de continuer ses voyages : mais auant que de partir il apprit encore à Terpsicore à iouër de la Harpe, afin qu'elle en pûst remplir & conduire la Musique en son absence. Elles firent mille regrets à nostre depart, & répandirent vne infinité de larmes, perdant vne si agreable & si vtile compagnie, que celle d'Apollon & de Diane : mais mon fils qui se sentoit né pour de plus grandes choses, & pour acquerir vne plus haute gloire que celle que luy pourroit produire vne vie si retirée ; prit congé d'elles auec nous, aprés en auoir receu mille embraſſemens.

Il ſçauoit que le temps approchoit pour celebrer les ieux qu'il auoit inſtituez en memoire de la deffaite du ſerpent Python, & qui pour ce ſujet eſtoient appellez Pythiques ; & il auoit appris que les Paſteurs y auoiét adjouſté vn combat à coups de poing, outre ceux qu'il auoit ordonnez. Il s'en eſtonna d'abord, & ne creut pas que des Princes vouluſſent paroiſtre à cette ſorte de combat, qu'il eſtimoit indigne de perſonnes nobles. Toutesfois aprés auoir penſé que les poings eſtoient les armes les plus promptes & les plus naturelles ; & qu'à faute d'autre moyen d'aſſaillir ou de ſe deffendre, on eſt ſouuent contraint de s'en feruir ; il eſtima que cet exercice n'eſtoit point indigne des perſonnes de la plus haute naiſſance, & qu'il falloit ſe rendre fort & adroit en toutes choſes. Il auoit alors prés de dix-ſept ans, & dé-ja ne cedoit en force ny en addreſſe à nul qu'il rencontraſt ſur la terre. Ses eſtudes & ſes meditations ne faiſoient point de tort à ſes exercices; il auoit ſes heures reiglées pour toutes choſes, & l'vne ſeruoit de diuertiſſement & de relaſche pour l'autre; car l'eſprit ſe repoſoit quand le corps trauailloit, & le corps ſe repoſoit quand l'eſprit eſtoit occupé. Il entreprit de diſputer tous les prix des ieux Pythiques, & n'ayant paru en l'aage de quatorze ans que pour celuy de la courſe; il ſe ſentoit alors aſſez fort pour diſputer tous les autres.

Il luctoit tous les plus forts hommes qu'il pouuoit rencontrer, & les faisoit lucter deuant luy: puis il les faisoit battre à coups de poing les vns contre les autres, afin de considerer tout ce que la nature enseignoit pour attaquer & se deffendre: enfin de ce combat & de la lucte, il en fit deux arts, & apprit de luy-mesme toutes les addresses & les souppleffes, pour euiter les atteintes & les efforts, & pour se rendre maistre des autres. Le combat à coups de poing estoit fort sanglant: pource que les mains estoient munies d'vn gantelet lié auec des courroyes de bœuf, qui auoient encore du plomb pour donner de la pesanteur aux coups, & pour enfoncer la teste de son ennemy; & ces gantelets s'appel-

des Fables, Liv. IV. 285
loient des Cœstes. Celuy de la lucte estoit de grande force : mais
on ne couroit hazard que d'estre
enuersé par terre. Celuy du pallet
[e]stoit de sousleuer vne grosse pier-
[r]e ronde & plate, & la ietter bien
[l]oin ; & Apollon se rendit si fort
[&] si adroit à ces trois exercices,
[q]u'il ne trouuoit plus personne
[q]ui le pust vaincre. Nous arriuaf-
[m]es à Eleusis chez le Roy Celée,
[o]ù se rencontra Ceres Reyne de
[S]icile, laquelle cherchoit par tout
[s]a fille Proserpine, qui luy auoit
[e]sté rauie. Ce Roy nous receut
[a]uec grand honneur, comme il
[a]uoit fait auparauant Ceres, qui
[e]n estoit fort satisfaite. Nous la
[t]rouuasmes occupée, cóme c'estoit
[s]a coustume quand elle rencontroit des peuples qui ne man-

geoient que du gland & des chastaignes; à inſtruire les ſujets de ce Roy pour en faire du pain : car c'eſtoit la Princeſſe la plus ſecourable aux neceſſiteux, qui fut en toute la terre. Apollon l'ayant entretenüe quelque temps ſur l'vſage de ce pain, & ſur l'inuention qui auoit eſté trouuée de faire de la farine auec ces fruits; puis d'en faire de la paſte & de la cuire; luy dit qu'il auoit trouué certains eſpics, dont les cheuaux & quelques autres animaux eſtoient fort friands, auec leſquels il eſtimoit que l'on pourroit faire de la farine bien meilleure, & dont le pain auroit le gouſt bien plus excellent. Ceres qui eſtoit fort curieuſe le pria de luy monſtrer de ces eſpics : alors il la mena dans vne plaine, où il cueillit des espics de bled, qui estoient espars çà & là; car on ne les semoit pas encore comme on fait à present, & la nature ne les produisoit qu'à l'auanture. Apres en auoir ramassé plusieurs, il en osta les grains, & les escacha entre deux pierres: puis en fit sortir la farine, de laquelle ils firent de la paste qu'ils firent cuire & en firent du pain, dont le goust leur fit mespriser celuy qu'ils faisoient auparauant de glands & de chastaignes. Ceres eut telle ioye d'auoir receu cet auis d'Apollon, & d'auoir fait auec luy cette espreuue; qu'elle enuoya cueillir par tout des grains de bled, & en fit des pains. Mais Apollon considerant qu'il falloit plutost songer à faire multiplier vn si grand bien pour tous les hommes,

qu'à le consommer ; luy conseilla de differer pour vn an à en vser, & de faire semer en toutes les terres tout ce que l'on en trouueroit, aprés les auoir defrichées, & labourées, pour mieux receuoir la semence. Ceres approuuant ce conseil, fit resserrer auec soin tous les espics que l'on trouuoit, & en tirant le grain, le faisoit mettre en des sacs : & depuis durant tous les voyages qu'elle fit en la recherche de sa fille, elle faisoit ramasser tous les espics qu'elle rencontroit, & donnoit de ses grains à tous les peuples, & leur apprenoit à labourer les terres, à semer le bled, & à en faire de la farine & du pain. Et c'est de celuy là, Seigneur, poursuyuit Latone, que nous auons mangé auiourd'huy à vostre table,
& dont

& dont l'heureuse inuention est deüe à voſtre fils incomparable.

Cependant nous continuâmes noſtre chemin, pour nous trouuer aux ieux Pythiques entre la Macedoine & la Theſſalie ; Nous rencontrions ſouuent des hommes qui y alloient comme nous : mais enfin nous en trouuâmes qui retournoient ſur leurs pas, n'ayant pû ſe reſoudre d'aller plus auant [p]our s'y rendre. Nous voulûmes [e]n apprendre la cauſe : pluſieurs [d]e honte la celoient, ne voulant [p]as nous découurir leur crainte, de peur d'eſtre accuſez de laſcheté : [m]ais enfin vn de ceux qui retour[n]oient, nous dit franchement, [q]u'il auoit appris qu'vn nommé [P]horbas, Chef des Phlegiens, qui [e]ſtoit des plus grands & des plus robustes qui fussent au monde; arrestoit tous ceux qui passoient pour aller aux ieux Pythiques; & pour auoir occasion de les voler, les obligeoit de se battre contre luy à coups de Cœstes; afin, disoit-il, qu'ils s'exerçassent contre luy auant que de paroistre aux ieux: & qu'il tuoit ceux qu'il auoit vaincus, pour auoir leurs despoüilles: que mesme encore qu'ils alleguassent qu'ils ne pretendoient point disputer le prix du Cœste, ou qu'ils alloient seulement comme spectateurs, il ne laissoit pas de les massacrer. Celuy qui nous parloit, nous dit qu'il alloit seulement pour pretendre au prix de la course, & qu'il ne s'entendoit point à se battre à coups de Cœstes; si bien qu'il s'en reuenoit pour ne point tomber entre les mains de ce voleur. Apollon eut bien du regret d'apprendre par là que peu de gens se trouueroient à ses ieux, à cause du Tyran: pource qu'il en tuoit beaucoup, & les autres se retiroient depeur de le rencontrer. Cela le fit resoudre à se separer de nous insensiblement, ce qui luy estoit facile, pource qu'il s'en éloignoit souuét pour ses meditations ; & d'aller chercher ce Phorbas tout seul, afin [d]e le combattre, & de rendre à tous [l]a liberté des chemins. Il porta [s]eulement auec luy, outre son arc, [&] ses flesches, deux Cœstes bien [c]orroyez & plombez; & dés l'en[t]rée du païs des Phlegiens, il fut [a]rresté & mené deuant Phorbas, [q]ui le voyant si ieune, luy deman[d]a où il alloit, & ce qu'il vouloit faire de ces Cœstes. Il répondit qu'il alloit aux ieux Pythiques, & qu'il esperoit disputer tous les prix. Phorbas sousrit, & l'aage d'Apollon commençoit à luy donner quelque pitié; mais la richesse de ses habits renuersa aussi-tost cette compassion: car l'auarice est ordinairement mere de la cruauté. Ie te trouue bien ieune, luy dit ce Tyran monstrueux, pour pretendre tout seul à tant de prix, dont les hommes les plus forts s'estimeroient heureux d'en r'emporter vn seulement : Mais pour te faciliter la victoire la plus difficile, qui est celle du Cœste; ie t'en veux donner vne leçon auant que tu passes plus outre. Si cette leçon n'est qu'en paroles, respondit mon fils, ie t'en remercie & n'en ay point à faire : si c'est dans vn combat, peuteſtre apprendras-tu de moy auſſi quelques coups que tu ne ſçais pas encore : mais ie veux ſçauoir quel ſera le prix du vainqueur. C'eſt dans le combat, répondit Phorbas en souſriant, que se donnent les meilleures leçons ; & pour le prix ie ne veux que ta deſpoüille ; & si tu me ſurmontes, tu commanderas à tout ce peuple. Alors il se fit apporter deux grãds Cœſtes plombez, qui euſſent fait trembler vne ame moins forte que celle de mon fils, & se les fit attacher aux mains. Apollon aprés auoir mis à terre ſon arc & ſes fleſches, se fit auſſi lier les ſiens ; & ſans prendre ny repos ny eſpace, pource que Phorbas croyoit l'aſſommer du premier coup, il s'attaquerent tous deux d'vne grande violence. Mon fils auec sa legereté & son adresse, euitoit tous les coups du Geant, qui tomboient en vain ; & en mesme temps luy meurtrissoit des siens ou les temples ou les machoires. Ceux qui regardoient ce spectacle, s'estonnoient qu'vne personne si ieune pûst resister vn moment : mais ils furent bien plus estonnez, quád ils virent qu'Apollon s'empeschoit incessamment d'estre frappé, & frappoit incessamment. Phorbas desesperé d'esprouuer ce qu'il n'auoit iamais senty, se dressa sur ses pieds pour frapper vn coup de toute sa force, & luy escraser la teste : mais Apollon se destournant, le bras du Geant ne frappa que l'air, & tomba ; & le corps qui estoit esbranlé suiuit le bras, & le trouua estendu sur la terre. Apollon ne voulut point triompher de luy en cet estat : mais en se reculant deux pas, luy dit : Releue-toy, Phorbas ; ce n'est pas auec tes coups que ie pretens te vaincre ; mais auec les miens. Cette generosité & cette grace le comblerent de honte, & la colere luy adjoustant encore de la rougeur, il se remit sur ses pieds ayant le visage tout enflammé, & recommença le combat. Mais il ne pust faire sentir vn seul de ses coups à mon fils, & crut que c'estoit quelque fantosme sans corps, qu'il frappoit inutilement, & qui se mocquoit de tous ses efforts. Cependant Apollon luy faisoit cracher le sang incessamment, & le voyant enfin estourdy d'vn coup qu'il luy auoit porté dans la temple, il redoubla trois ou quatre fois au mesme endroit, & le renuersa par terre, où d'vn seul coup il acheua de luy escraser la teste. Tous ceux qui virent vn combat si admirable, & la fin de ce Tyran qu'ils n'auoient point esperée, témoignerent diuersemét leur ioye. Les vns demeurerent muets d'estonnement ; les autres firent des cris d'allegresse ; & la pluspart vindrent se mettre à genoux deuant le Prince mon fils, en le remerciant de les auoir deliurez de la tyrannie de ce cruel, qui leur faisoit endurer des maux insuportables. Ils le prierent en suite d'accepter le prix de sa victoire, qui estoit de regner sur eux : Mais Apollon s'en excusa estant appellé ailleurs, & leur choisit vn Chef d'entr'eux, comme il en auoit donné vn aux Orchomeniens. Le bruit de la mort de Phorbas fut aussi-tost respandu par toute la Grece; & arriuant iusques à nous, remplit nos cœurs d'vne double ioye; apprenant en mesme temps, & le lieu où estoit mon fils, & sa victoire. Alors nul ne craignit plus d'aller aux ieux Pythiques, & nous y dressâmes nostre chemin, estant asseurez d'y trouuer Apollon. Enfin i'y arriuay auec Diane & nostre suite, & dé-ja mon fils auec Admete & Alceste, qui estoient venus se réjoüir auec luy de ce qu'il auoit triomphé de Phorbas, ordónoient la ceremonie des ieux, & les places pour les iuges, pour les combattans, & pour les spectateurs. Vous pouuez iuger, Seigneur, auec quel transport i'embrassay mon admirable fils, & Diane son cher frere. Admete & Alceste témoignerent aussi vn grand contentement de nous reuoir, & les ieux furent publiez pour le troisiesme iour d'aprés, afin que chacun preparast les choses qui luy estoient necessaires.

Le iour estant arriué ie presiday aux ieux, ayant Diane à mon costé droit, la Reyne Alceste auec la ieune Princesse Clytie sa fille à mon costé gauche, & Admete estoit au costé droit de Diane, auec le Prince Eumele son fils au dessous de luy. Aprés que tout le peuple fut assemblé, toutes les Nymphes de Diane qui estoient plus bas autour de nous, sonnerent de leurs Cors par trois fois, pour auertir que l'on alloit commencer les combats. Apollon se presenta alors au milieu de la place qui estoit vuide; & ayant les Cœstes plombez liez aux mains, attendit long-temps si quelqu'vn viendroit pour se battre contre luy: mais on entendit de toutes parts vn bruit confus, que faisoient tous les spectateurs & les combattans; & i'enuoyay des Nymphes de ma fille à l'entour de la place, pour sçauoir ce que ces voix vouloient faire entendre. Elles nous rapporterét que chacun disoit que le vainqueur de Phorbas ne troueroit personne qui luy disputast le prix du Cœste; qu'il l'auoit bien gaigné en combattant ce Geant, & qu'il luy deuoit estre adjugé. Ie fis appeller mon fils par vne Nymphe, & en luy presentant vne couronne de Chesne pour le prix du

Ceste, ie dis qu'elle luy estoit donnée non seulement par ma voix, mais encore par celle de tout le peuple; & incontinent les Nymphes sonnerēt toutes de leurs Cors, & firent de mesme quand les autres prix se donnerent. Le second combat fut de la lucte, où Apollon se presenta encore le premier, & quelques-vns des plus forts se mirent alors sur les rangs pour luy disputer ce prix. Il s'attacha à eux les vns aprés les autres: mais ils se trouuerent aussi-tost renuersez qu'ils s'estoient ioints à luy; nul ne pouuant resister à sa force, conduite auec vn art qui leur estoit inconnu, & qui rendoit ses efforts ineuitables. Nul ne se presentant plus, la seconde couronne luy fut adjugée, & il la receut encore de mes mains.

Il se remit en place pour le ieu du pallet: mais il fut celuy de tous qui le ietta le plus loin, & il eut ainsi la troisiesme couronne.

On luy disputa encore le saut: mais il sauta le plus loin & le plus haut; & la quatriesme couronne luy fut adjugée.

Au combat de la course, ie ne puis, Seigneur, vous representer auec combien de vistesse & de grace, il surpassa tous ceux qui couruent auec luy; & aprés qu'il eut emporté la derniere couronne, tout le [p]euple fit alors de longues accla[m]ations; chacun se réjoüissant de [s]es victoires; & les vaincus mesmes s'estimans glorieux, d'auoir [e]u l'honneur de combattre contre luy.

Les Nymphes meslerent le son

de leurs Cors à tant de voix; & les forests, les rochers & les antres d'alentour, retentissoient de tous ces bruits agreables.

Aprés que ces ieux furent finis, voyant Apollon si grand, si fort, si adroit, & comblé de tant de gloire; ie n'eus autre passion, Seigneur, que d'auoir le contentement de vous le presenter auec Diane. Alors vous estiez encore occupé à dompter les Nations Septentrionales, qui vous ont donné tant de peines, mais aussi qui ont adjousté tant de triomphes à ceux que vous auiez meritez dans l'Asie: & toutesfois i'estois resoluë de vous aller trouuer, en quelque lieu esloigné que vous pûssiez estre, tant i'auois d'impatience de vous faire le riche present de ces deux illustres enfans:

mais nous en fufmes pour longtemps deftournez, par vne auanture qui a dé-ja coufté mille ennuis à mon fils, & qui nous a contrains durant trois ans de faire auec luy tout le tour de la terre.

Ce difcours, ô tres-puiffant & redoutable Monarque, a efté dé-ja affez long, & n'a confommé que trop d'heures fi precieufes que les voftres; & s'il falloit y adjoufter ce long recit d'accidens & de voyages, où cet admirable fils a bien encore [p]lus acquis de gloire qu'en fes precedentes années, où il a planté des [c]olonies en des païs inconnus, où [i]l a defpoüillé la terre de mille ri[c]heffes que la nature fembloit luy [o]ffrir de toutes parts, où il a domté de puiffans peuples, & fait mil[l]e biens à d'autres, & où mefmes par vne auanture il fut adoré, comme s'il euft efté le Soleil defcendu en terre ; il faudroit y employer toute la nuit & le iour fuiuant encore. Ce fera, Seigneur, pour vne autre fois, lors que vous l'aurez agreable, & que i'efpereray ne point abufer de voftre patience.

La majeftueufe Latone fe teuft alors, & fe leua pour faire vne profonde reuerence à Iupiter, qui fe leua auffi en mefme temps, en luy témoignant qu'elle auoit remply fon efprit de merueille, & d'impatience d'embrafler ce cher & admirable fils, qu'il efperoit bien-toft luy faire voir ; & que Zoroaftre luy auoit toufiours bien predit, qu'il auroit vn nombre d'enfan merueilleux, qui feroient du bien à toute la terre. Il l'embraffa encore

DES FABLES, LIV. IV. 305
core vne fois; puis aprés auoir baisé aussi la belle Diane, & l'auoir
infiniment loüée de ses inuentions
pour la chasse, qui luy auoient
donné le matin tant de plaisirs;
il les conuia toutes deux de s'aller
romener dans le parc auec Mer-
ure, cependant qu'il alloit pren-
re quelques heures de repos.

V

LA VERITE' DES FABLES.

LIVRE CINQVIESME.

PENDANT le discours de Latone, Iupiter Belus auoit esté dans vne côtinuelle admiration, ntendant les actions courageuses les inuentions incomparables e son fils : mais les mouuemens e sa colere & de sa ialousie, estoufient incontinent ceux de sa ye; & en mesme temps qu'il soneoit à l'enuoyer querir pour l'emrasser, vne autre pensée luy disoit

qu'il falloit pluftoft fonger à dé-
truire celuy qui par vne gloire fi
haute alloit deftruire la fienne; &
qui par des prodiges audacieux
auoit ofé l'efpouuanter, & attenter mefme à fa vie; & qu'il eftoit
befoin de defrober pour iamais
à la veüe des peuples, vn Prince
qu'ils alloient tous adorer, pour
les merueilles de fa beauté, de fes
rares productions d'efprit, & de
fes exploicts; & qui par vne com-
paraifon redoutable, luy alloit caufer vn mefpris vniuerfel, & la mor
encore, dont il fe voyoit menac
par diuers prefages & par vn attentat horrible. Toutefois bien que l
crainte de perdre l'Empire & l
vie, fut la plus puiffante dans fo
ame, & la paffion qui dominoi
toutes les autres, & fes vertus mef

mes ; sa Iustice & sa bonté qui auoient tousiours regné auec luy, la combattoient separément & à diuerses reprises, & ne cessoient de luy donner des attaintes. Enfin pour ne rien determiner par precipitation ny par colere, il se resolut de ne s'en fier pas à son propre iugement; mais d'appeller du conseil, comme il faisoit en ses importantes affaires. Il enuoya querir les Roys Admete & Eole, tous deux des plus sages Princes de la terre; mais dont le dernier excelloit en cette prudence Politique, qui sçait faire subsister vn petit stat, en mesnageant les interests & les bonnes graces de ses puissans voysins; en tournant à tout vent, selon qu'il estimoit luy estre vtile; & en rendant mille deuoirs au premier des Monarques, & adherant à tous ses desirs. Il enuoya querir encore le ieune Mercure pour estre present à sa deliberation; & ayant faict vn sacrifice au Souuerain du Ciel, selon l'institution du grand Ogyges, il s'enferma auec eux, & leur parla ainsi.

Apres auoir employé tant d'années & de trauaux, pour dompter les belliqueuses Nations Septentrionales; & apres auoir heureusement terminé ces longues guerres, i'esperois ioüyr d'vn repos asseuré pour le reste de mes iours : mais parmy les douceurs de la paix, parmy les contentemens de reuoir Latone, que i'ay la plus ardemment aymée de toutes celles qui m'ont donné de la passion; & parmy la ioye de trouuer deux enfans les plus rares que puisse iamais produire la Nature; ie rencontre tout à coup & la perte de ma grandeur, & celle de ma vie. Cette crainte vous estonnera peut-estre, puisque vous ne m'estimez pas susceptible d'vne foiblesse: mais ie veux que vous iugiez si mes apprehensions sont iustes; & que vous me donniez sincerement vos aduis, de quelle sorte ie les dois guerir. Les merites & les grandes actions d'Apollon me font trembler: ses voyages, ses conquestes, & les adorations qu'il a recherchées, tendent visiblement à ma ruine: sa fierté & son audace en ma presence mesme, sont des menaces trop insolentes; les mauuais presages m'épouuantent; le meurtre des miens, & son attentat sur ma personne

me font fremir; & ie ne croy plus
que ma vie puiſſe eſtre en ſeureté
que par la fin de la ſienne. Toutefois ie n'ay pas voulu le condamner, ſans luy donner vn aduocat
pour le defendre, apres que ie
vous auray dit les raiſons dont i'ap-
puye mes craintes. Admete qui
luy a de ſignalées obligatiõs, prendra ſa cauſe; Eole prendra la mienne. Ie taſcheray de iuger equita-
blement, en balançant les ſentimens d'vn Roy, auec les tendreſſes
d'vn Pere; & Mercure en parta-
geant ſes penſées, & comme fils &
comme frere, ſera teſmoin de mon
équité.

Auant qu'auoir ſceu qu'Apollon fut mon fils, i'auois iuré de le
faire mourir, pour auoir faict vn
ſi eſpouuantable meurtre dans la

Sicile; & ce crime ayant esté suiuy encore d'autres bien plus horribles, comme de celuy d'auoir faict tuer les miens pres de moy, & de m'auoir mesme percé de ses traits; ie n'ay esté empesché de luy oster la vie, que par la crainte de perdre en mesme temps la mienne. Maintenant que ie le tiens prisonnier, & que ie puis à mon-gré satisfaire ma iustice; voyla que i'apprens qu'il est mon fils, & qu'il a des merites infinis. La consideration de mon sang & de ses merites, me veut arracher le fer que ie luy voulois faire plonger dans le sein: mais le sang aggraue ses crimes au lieu de les excuser: les merites & les exploicts leur donnent de l'appuy; & i'ay sujet de condamner ce sang qui se sousleue contre moy, & ces merites & ces exploits qui viennent s'esleuer orgueilleusement au dessus des miens. L'exemple domestique me rend sage; & ie voy que mon fils se prepare à me faire souffrir, ce que i'ay faict souffrir à mon Pere. Autrefois i'ay obligé Saturne de me quitter l'Empire, pource qu'il ne l'auoit pas bien deffendu, & que i'en estois plus digne que luy : Apollon peut me prouuer que ses actions surpassent de beaucoup les miennes, & le rendent plus digne de l'Empire ; & en me faisant sortir du trosne, peut dire qu'en chassant Saturne par cette mesme raison, ie me suis condamné moy mesme. Laissons à part les flatteries dont on a voulu couronner mes plus grandes actions. I'en veux parler sainement, & vous demander si la deffaicte des Titans & de tous les peuples de l'Asie, & celle des Sarmates encore, où tous ceux qui m'ont assisté de leur valeur, ont pris part à ma gloire; sont comparables à vne seule des actions d'Apollon. Luy seul a mis par terre plus de mille Geants Siciliens: luy seul des l'aage de quatorze ans à deffaict Python & tous les Epirotes de sa suite; luy seul a tué Titie, luy seul a combattu & assommé Phorbas; luy seul a esté vainqueur de tous les combats des ieux Pythiques; & quelles actions puis-je mettre en comparaison? De combien de rares inuentions la terre luy est elle redeuable? des-ja on luy donne des adorations; & quand tous les peuples se tourneront vers luy, & se souleueront contre moy, que pourray-ie alleguer pour ne luy pas ceder mon Sceptre? Ils me presenteront le pain qu'il a inuenté; ils me feront voir leurs maladies & leurs blessures gueries par l'art qu'il a trouué; ils me produiront les sciences & les plaisirs dont il a remply tout le monde; & me demanderont en mesme temps quel bien ie leur ay faict, pour oser luy disputer la couronne. Il est vray, mes amis, & ie le confesse, que ie me voy precipité dans le plus grand malheur où vn puissant Monarque puisse tomber, de ne viure plus que par la pitié d'autruy. Apollon m'a voulu faire mourir; & quand il le voudroit nier, il m'a voulu faire voir qu'il le pouuoit faire, & qu'il me faisoit la grace de me laiſſer viure; & pource qu'il m'a faict grace, il ne la doit point obtenir de moy. Il y a des obligations que les Princes ne doiuent point auoir à leurs ſujets; & c'eſt vn crime contre le Roy, que d'eſtre en pouuoir de l'eſtre. Dé-ja il me parle auec fierté: il tuë mes ſujets deuant moy, & me veut tuer moy meſme: voyant la mort de tous coſtez, il ne déclare point qu'il eſt mon fils: Il dédaigne mon ſecours, & me dédaigne meſme pour Pere. Il ſçait qu'il peut luy ſeul combattre tout vn peuple; & que fera t'il lors qu'il ſera ſuiuy des peuples? Son eſprit & ſa force ne l'abandonnent iamais;& quand meſmes il eſt dépourueu de toutes choſes, le Ciel combat pour luy de toutes parts; & amoureux de ſes rares inuentions, s'en sert encore pour le deffendre. Il reduit en art toutes choses: Il a mesme trouué celuy d'interesser le Ciel dans le maintien de sa fortune & de sa vie: Il trouuera bientost celuy de commander à tout le monde. La pitié me dit bien que c'est mon sang, & que ie ne dois pas le respandre: mais l'interest de ma conseruation me dit aussi, que ie dois aussi-tost me deffendre contre mon fils, que contre vn estranger. Cet Aigle qu'il a abbattu à mes pieds, me faict frissonner d'horreur, toutes les fois que i'y pense; mes gardes assassinez deuant mes yeux, & ce trait lancé contre moy par des moyens d'autant plus espouuantables qu'il sont inconnus, ne me donnent point de repos; & ie croy

DES FABLES, LIV. V. 319

à toute heure voir le moment fatal qui terminera mes iours. Voyla mes craintes, mes amis : d'vn autre osté, ie me voy Pere d'vn admirable fils; & il me fasche de destruire ne si rare chose que i'ay produite, que son merite me le rende redoutable : mais aussi ie ne croy pas ue par tendresse & par vne affeion vehemente, ie doiue quitter ne place, que mon honneur m'olige de conseruer iusqu'à mon ernier soupir. Il a faict mourir vn rand nombre de mes sujets, & uelques vns en ma presence mese: Il a donc merité la mort; & ne suis point obligé d'estre cleent, enuers celuy qui peut ne me estre pas. Voyez maintenant, Adete, de quelles raisons vous oulez deffendre sa cause. Alors

Iupiter Belus se teust, & le Roy de Thessalie prit ainsi la parole.

Equitable Empereur, ie suis si surpris de tout ce que ie viens d'entendre, & tant de diuerses pensées s'offrét confusement à mon esprit, que ie ne sçay lesquelles ie dois produire les premieres, & lesquelles ie dois reietter. Ie voy le plus valeureux & le plus puissant Monarque de la terre, qui semble tesmoigner de la crainte ; & le meilleur de tous les Peres, qui parle de faire mourir son fils. Et toutesfois est-il possible qu'il craigne ? non, puis qu'il demande encore s'il doit craindre ; & veut-il faire mourir son fils ? non, puis qu'il veut qu'on le deffende. Vostre esprit, Seigneur, ne l'a pas encore condamné, puis qu'il vous plaist que l'on
plaide

plaide sa cause; & s'il est dé-ja condamné en vostre ame, vous ne voulez donc plus deliberer, que pour faire vne action de clemence : car que seruiroit de mettre en douté ce qui seroit dé-ja resolu? l'ose penetrer, grand Roy, dans le secret de vostre bonté. Vous confessez que son merite est son plus grand crime : mais l'equitable Iupiter est ennemy des crimes & non du merite. Il faut donc separer l'vn de autre : car le merite n'est point vn rime, & le crime ne peut estre vn erite. Apollon ne merite que de aloüange, il n'est donc point criinel ; s'il n'est pas criminel, il n'a oint merité la mort ; & s'il n'a oint merité la mort, Iupiter est trop iuste pour le côdamner. Aussi n'est-ce pas son dessein : & ie le reconnois par la grace qu'il m'a faite. Il veut que ie deffende son fils, auquel il sçait que ie suis obligé de la vie : Il me croit donc du party de son fils. Toutefois Iupiter ne me croit pas son ennemy ; Son fils dõt ie tiens le party, ne l'est donc pas aussi. Voila, Seigneur, comment ie penetre dans les secrets de vostre bõté;&il est certain que vous n'apprehendez rien de la part d'Apollon : car qui pourroit s'imaginer, qu'vn Empereur si bon & si sage, qui est asseuré de ma fidelité inuiolable, & du ressentiment qui me restera toute ma vie, d'auoir esté restably par luy dans mes Estats; eust voulu m'engager en la deffense de la vie, de celuy qu'il estimeroit capable de rauir la sienne ; & à me faire commettre autant de crimes, que i'employerois de paroles pour le sauuer? Que veut donc faire vn si grand Roy, & vn si bon pere? Il veut nous faire voir que sa magnanimité & sa genereuse confiance, sont encore plus grandes que tous les merites de son fils. Mais, Seigneur, nous auons à nous plaindre de vous, Eole & moy, de nous auoir voulu persuader que vos exploits fussent moindres que ceux d'Apollon, & de nous auoir estimez capables d'auoir vne si criminelle pensée. Quoy, celuy qui a dompté ces effroyables Titans, les vainqueurs de Saturne & de toutes les forces de son Empire, qui a mis toute l'Asie sous son pouuoir, qui a vaincu en plusieurs batailles les fieres Nations Septentrionales, & qui fait trembler tous les peuples de l'Vniuers au seul bruit de ses armes, cedera en gloire à celuy qui n'a fait que deux ou trois combats particuliers, & qui n'en est demeuré vainqueur, que par des artifices dont la seule nouueauté a faict toute la force? Donc vn soldat qui aura tué dans vne bataille plusieurs ennemis, meritera plus de gloire que le Chef de l'armée, dont les genereux conseils, le iugement inébranlable, & la sage conduite, auront faict gagner la bataille; & estimera luy deuoir disputer l'honneur du triomphe ? Il est bien plus aisé de bien combattre, que de faire bien combattre; en l'vn il suffit de la colere; en l'autre il faut que la raison & la fermeté d'esprit maistrisent toutes les passions, qui ne font qu'aueugler le iugement;

& il est besoin d'vn courage inuincible pour ne redouter aucun peril, d'vne prudence actiue pour pouruoir à toutes choses, & d'vne prompte viuacité d'esprit pour inuenter sur le champ les moyens de paruenir au but de la victoire. Enfin vn grand Chef de guerre merite au dessus de tous ceux qu'il faict combattre, la gloire que remporte la teste pardessus les membres qu'elle faict agir, & à qui elle donne le mouuement & l'addresse & la force. Aussi est-il certain que nulle gloire au monde n'est comparable à la vostre, dont les rayons esteignent toute celle des particuliers, comme la lumiere du Soleil esteint celle de toutes les estoiles. I'ay honte de repartir à quelques obiections, pource qu'il me semble inutile & indigne de voſtre grandeur. Toutefois ie ſuis contraint de reſpondre à ce que vous dites, Seigneur, & à ce que ie ne puis prononcer qu'auec horreur, que l'exemple de Saturne vous condamne. Ah! puiſſant Monarque, qu'y a-t'il de pareil entre vous & Saturne? Il n'a pas ſceu deffendre ſon Empire; Il l'a abandonné: Il l'a perdu. Auez vous iamais rien ſouffert de ſemblable? Vous l'auez non ſeulement maintenu auec ſplendeur, mais vous l'auez eſtendu de toutes parts auec force & courage; & nul ne vous eſtimera iamais indigne, du pouuoir que vous ſouſtenez auec tant de dignité. Qu'y a-t'il auſſi de pareil entre vous & voſtre fils? auez vous beſoin de luy pour vous reſtablir dans vos Eſtats ? n'en eſtes vous pas le maiſtre paiſible, glorieux & abſolu? Les peuples ſont-ils las de la dominatiō du meilleur de tous les Roys; ont-ils ſujet d'en demander vn autre; & eſtes vous en peine de vous deffendre de celuy ſur lequel ils voudront ietter les yeux ? Qu'auez vous à redouter d'ennemy ? vn fils le plus ſage & le plus equitable qui fut iamais, qui n'a porté ſes armes que contre les méchans, & pour des ſujets ſi iuſtes, comme pour vanger ſa mere, où pour ſe deffendre; & qui eſt preſt encore d'employer ſa vie, ſa force & toutes ſes induſtries, pour conſeruer & la gloire & la vie de celuy dont il tire toute ſa gloire & ſa vie, pluſtoſt que de ſonger à luy rauir &

l'vne & l'autre. Tasche-t'il à suborner les peuples, & cherche-t'il des Royaumes? Il a refusé de commander aux Orchomeniens, aux Phlegyens, & à plusieurs autres peuples: Il ne veut estre suiuy d'vn seul hôme; Il s'est rangé tout seul entre les mains des vostres; Il n'a iamais témoigné auoir de l'ambition; & qui n'en a point ne peut donner de ialousie. Il a fait voir deuât vous son courage, sa force, & son addresse; n'a-t'il pas deu deuant vous, se monstrer digne de vous? cela le peut-il rendre coupable? & pour estre innocent, deuoit-il monstrer de la foiblesse & de la lascheté? Il est vray qu'il est estimable par quelques inuentions: mais les inuentions vtiles ont elles iamais esté criminelles? & ceux qui les inuentent sur l'espoir de faire du bien à tout le monde, peuuent-ils auoir en mesme temps le furieux dessein de destrosner les Monarques, & de renuerser l'ordre & la paix de toute la terre? Quand Zoroastre inuenta les feux dont vous vous seruistes, Seigneur, contre les Titans, fut-il pour cela criminel; & craignistes vous qu'il se seruit de son inuétion pour vous oster l'Empire ? Auez vous iamais redouté vn esprit capable de telles imaginations ? auez vous vescu iusqu'icy par sa pitié, de ce qu'il ne vous a pas consommé de ses feux aussi bien que les Titans? & viuez vous encore tous les iours par la pitié de vos soldats, qui peuuent tourner contre vous le mesme fer qu'ils tournent contre vos ennemis? Vous auez donné à Zoroaſtre le Royaume entier des Bactrians, que vous auiez domptez auec le ſecours de ſon induſtrie; & vous n'auez pas redouté de ioindre la force d'vn grand Eſtat, à celle de ſes inuentions. Il vous a ſeruy vtilement & vous ſert encore; & vous l'auez touſiours aymé & l'aymerez encore. Vous auez moins de ſujet de redouter voſtre fils, & eſtant voſtre ſang vous en auez plus encore de l'aymer. Qu'auez vous donc à craindre? vn preſage? Ah! Seigneur, cóment vous plaiſt-il interpreter à voſtre deſauantage, ce qui vous eſt ſi auantageux? Si l'Aigle qui eſt le Roy des Oyſeaux, repreſente quelque image des Roys de la terre; que peut ſignifier ce preſage, ſinon que les plus puiſſans de la terre tomberont à vos pieds? Si l'Aigle auoit esté combattu & tué par vn moindre oyseau, ce presage pourroit causer du trouble & de la peine: mais l'Aigle a esté renuersé à vos pieds: cela ne vous presage que des triomphes. Il reste encore vne apprehension, de ce que le Ciel s'interesse en sa conseruation, & produit des miracles pour son salut. Seigneur, que cela vous doit donner d'asseurance! Puis que le Ciel ne seroit iamais fauorable, à celuy qui seroit capable de conceuoir vne si detestable pensée, cóme seroit celle de conspirer contre son Roy & son Pere. Le Ciel l'a secouru contre des méchans & contre des voleurs, desquels il a deffendu sa vie, & dans la Sicile, & en vostre presence; & a voulu encore vous aduertir par quelques traits lancez contre les voſtres, & contre vous meſme, qu'il deffendroit ſon innocence contre les voſtres & contre vous meſme, ſi vous le vouliez faire mourir. Si c'eſt là tout le crime ſur lequel on le peut condamner, ſongez plûtoſt que le Ciel vous a voulu ſauuer d'vn crime, que vous euſſiez cõmis ſans y penſer en le perdant. Songez que le Ciel en le protegeant, l'a dé-ja declaré innocent; & il le protegera encore par vous meſme, contre vous meſme. Ouy, Seigneur, c'eſt le Ciel qui faict agir maintenant en vous les mouuemés de voſtre bonté & de voſtre iuſtice, pour le ſauuer, contre les mouuemens de vos craintes, qui vouloient attaquer ſa vie; & il ne permettra point qu'vn ſi grand Prince & vn ſi bon Pere, terniſſe pour iamais ſa gloire, par

DES FABLES, LIV. V. 333
la mort du plus aymable de tous ses
Enfans, & du plus innocent de tous
les hommes.

Admete ayant cessé de parler, Iupiter tourna sa veüe vers Eole, qui commença ainsi son discours.

Tres puissant & tres-iuste Monar[que], si Admete s'est trouué surpris,
['entédre] qu'vn si redoutable Roy
[ai]t de la crainte, & qu'vn si bon
[p]ere parle de faire mourir son fils;
[i]e suis bien plus surpris d'apprédre,
[q]ue celuy par la grace duquel nous
[viv]ós & iouïssons de nos estats, soit
[r]eduit au danger de perdre & la
[p]uissance & la vie, & qu'il m'ordon[n]e encore de le deffendre, bien que
['i]aye toûjours eu plus besoin de sa
protection que luy de la mienne.
Mais côtre qui le deffendre? ce n'est
pas contre son fils qui l'attaque &

qui luy est redoutable : car si vn si grád Empereur ne se croit pas capable de luy resister auec toutes ses forces; quel secours peut-il esperer de ma foiblesse? Ce n'est pas contre le discours d'Admete: car il n'a parlé que par son commandement; & il pouuoit ne le pas entédre. C'est cótre luy mesme qu'il a besoin qu'on le deffende: c'est cótre sa bonté, qui resistant à sa raison & à sa prudence, veut trahir sa grandeur & sa vie, & renuerser le repos de toute la terre. C'est cette bonté qui malgré ses raisonnemens & ses sages deliberations, l'a forcé de nous assembler & de nous ouïr. Aussi c'est contre elle que ie veux dresser toutes mes attaques, puisque c'est contre le Roy mesme, & contre le bien de tout le monde, qu'elle dresse les siennes,

DES FABLES, LIV. V. 335

Escoutons ce que dit cette bonté ; consideros ses sentimés, & iugeons s'ils sont raisonnables : Ie la veux destruire par elle mesme, & n'employer contre elle que ses propres armes. Elle dit que c'est vn fils admirable, & tel que nul au monde ne luy peut estre comparé : c'est ce [q]ui faict toute nostre crainte. Elle [v]ous dit, Seigneur, que vous estes [p]ere; & que c'est cruauté que de ré[p]andre vostre sang: mais cette mes[m]e bonté doit considerer que vous [e]stes Pere de tant d'autres enfans & [de] tant de peuples, lesquels vous ne [d]euez pas par foiblesse sacrifier, [a]uec vous mesme encore, à la fortu[n]e d'vn seul. Elle dit que peut-estre [se]ra t'il sans ambition, & qu'il se [c]ontiendra dans les bornes du de[u]oir de fils & de sujet. Voyons si

iusques icy il a esté sans ambition, & dás le deuoir ; & ce que l'on peut esperer pour l'aduenir. S'est-il contenu dans sa terre natale ? a-t'il recherché depuis tant d'années d'auoir l'honneur d'estre presenté au Roy son Pere? luy a-t'il faict seulement demander permission de faire ses voyages & ses combats, & de poursuiure ses vangeances? Il inuente des artifices pour se faire adorer : Il forge des armes nouuelles & ineuitables; Il instruit en secret ses sectateurs à s'en seruir : Il se rend populàire par ses largesses, par ses ieux & par ses inuentions ; & il se monstre en mesme temps formidable par ses meurtres. Il faict du bien aux peuples dont il espere du secours, pour les faire souleuer tout à coup ; & il massacre ceux qu'il
estime

estime farouches, & qui ne sont pas capables de se laisser persuader. Depuis cinq ou six ans qu'il terrasse les Geants, & qu'il détruit les natiõs entieres; que ne venoit-il assister le Roy son Pere, de ses forces & de ses inuentions, contre les Sarmates qui luy ont donné tãt de peine a dompter? S'il n'auoit point d'ambition dereglée, il deuoit du moins auoir celle de le seruir, & de le garantir par son bras dans les perils où son courage l'exposoit tous les iours. Sans doute il attendoit que la fortune abandonnast le Roy son Pere dans la poursuite de ses conquestes, & tranchast ses desseins & sa vie; & cependant il faisoit ses voyages & ses pratiques par tout le monde, afin de se saisir de l'Empire aux premieres nouuelles de sa mort. Mais malgré ses esperances criminelles, le Ciel a conserué ce glorieux Monarque, & le conseruera encore : la Fortune plus iuste qu'il ne se l'estoit imaginée, l'a trompé; & en fin voicy que malgré luy elle l'ameine deuant vous. Peut-estre ce bon fils est il alors esmeu de tédresse en voyant son Pere? peut-estre est-il plein de soumission & de respect deuát vne Majesté si haute?peut estre a t'il impatience de se faire connoistre à luy, de receuoir ses embrassemens, & de le combler de ioye? Rien de tout cela ; sa fierté est inuincible aux regards du meilleur Pere & du plus grand Monarque de la terre:l luy parle auec audace,il l'épouuante par ses prodiges, il renuerse tuë insolemment deuant luy se sujets : dans son peril mesme, il n déclare point son estre, pour appaiser le Roy, & conuertir sa colere en amour. Il à trop d'orgueil pour implorer son secours. Au contraire il porte au parricide; il perce son Pere de ses traits par des moyés inconnus; il ne se fie qu'en sa force & ses artifices; & quand l'vn & l'autre luy manquent, il se fie en ses demons qu'il a consultez dans ses solitudes, & auec lesquels il a ses complots & ses intelligences. Car ne croyez point, Seigneur, que ce soit le Ciel qui l'ayt assisté: cóment auroit-il esté asseuré de ce secours? celuy qui commande là haut ne se communique pas ainsi aux hómes; & s'il n'en estoit pas asseuré, que imploroit-il en ce peril extreme le secours de son Pere? Les mesmes demons qui luy ont appris tant de

Y ij

secrets inconnus, le seruent, & lùy ont promis leur assistance en toutes ses entreprises. Ils l'assistét auec les armes qu'ils luy ont enseignées, & que luy mesme a faites. Le Ciel n'a pas besoin de ses inuentions; il se seruiroit de ses foudres, s'il le vouloit secourir ; & n'emprunteroit pas du bois, des plumes & du fer, dont la matiere a esté fournie par la terre, & dont l'artifice qui est capable de destruire tant d'hõmes, a esté fourny par les Enfers. Et comment le Ciel le protegeroit-il, puis qu'il a osé attaquer le Ciel mesme, en portant les hommes à de adorations enuers luy, qui ne son deües qu'à la Diuinité ; & qui on bien fait voir qu'il ne craindroi pas d'entreprédre sur le plus gran des Roys de la terre, puis qu'il bien entrepris sur le Roy du Ciel, & a dé ja vsurpé ses honneurs. Pour vous sauuer donc, Seigneur, du danger dans lequel ie tremble de vous voir encore, ie ne veux qu'opposer vostre bonté à vostre bonté mesme: mais celle dont ie me veux seruir, est bien plus puissante que l'autre. I'oppose la bonté generale que vous deuez auoir pour le repos & la vie de tous vos enfans, de tous vos peuples & de vous mesme encore; à la bonté particuliere que vous auez pour vn fils, laquelle voudroit vous faire abandonner les soins que vous deuez auoir de la tráquillité de tout le monde, pour ne penser qu'à son éleuation; & vous conseilleroit mesme volontiers de bastir sa grandeur sur les ruines de la vostre. Cette derniere bonté est elle plus forte, est elle plus iuste que la premiere? & laquelle des deux doit estre appellée vne foiblesse? La crainte du Roy n'en est pas vne, Admete: c'est plûtost vne prudence forte & courageuse, qui dompte la tendresse naturelle, & qui par la perte d'vn seul, pense à sauuer tout le reste des hommes, & sa grandeur Royale, & sa vie, & son honneur mesme, qu'il ne doit iamais abandonner, & qu'il doit maintenir iusqu'au dernier soupir, au preiudice de tout ce qu'il a de plus cher au monde.

Voyons maintenant si l'exemple de ce qui est arriué à Saturne, doit appuyer cette crainte iuste & raisonnable. Vous dites, Admete, que cet exemple est odieux, & ne conuient pas; pour ce que le grand

Iupiter ne s'eſt pas rendu côme luy indigne de l'Empire, qu'il ne l'a pas abandonné, qu'il ne l'a pas perdu, & qu'il n'eſt pas en peine de s'y faire reſtablir par ſon fils. Par là vous nous prouuerez ſeulement qu'il n'eſt pas iuſte d'oſter l'Empire au grand Iupiter: mais qu'importe à Apollon s'il l'oſte iuſtement ou iniuſtement? & voulez vous que noſtre puiſſant Monarque ſoit reduit à la ſeule conſolation que Saturne n'auoit pas, qu'on luy auroit rauy l'empire auec iniuſtice, & qu'on luy feroit ſouffrir iniuſtement, ce qu'il auoit fait ſouffrir iuſtement? Nous ne ſômes pas en peine de la iuſtice ou de l'iniuſtice, mais nous ſômes en peine du peril qui nous menace, & du remede qu'il y faut apporter. Lors que Python, ô Admete, vous surprit dans les bois, & fut prest à vous faire mourir, & la Reine Alceste, & tout vostre peuple; pensiez vous à le conuaincre pour le détourner d'vn dessein si tragique, par la raison qu'il faisoit vne chose iniuste? Non, Admete, vous ne songiez pas à cette raison, qu'il eut esté inutile d'alleguer à vn méchant, qui auoit entrepris de vous despoüiller de vos Estats. L'exemple de Saturne est donc puissant pour appuyer la crainte prudente de Iupiter; mais celuy de Zoroastre que vous auez apporté, ne l'est pas pour la destruire. Zoroastre a produit vne inuétion rare, par le moyen de laquelle accompagnée du courage de nostre vaillant Monarque, les Titans ont esté deffaits; & il ne s'en est point seruy depuis contre son Roy.

Mais Zoroastre estoit vn sujet d'vne fidelité esprouuée depuis longues années: mais Zoroastre n'estoit pas vn fils capable de succeder, & vers lequel les peuples peussent ietter les yeux, cóme vers vn Soleil naissant. Plus Apollon est proche, plus il est redoutable; & le sang qui voudroit essayer à le sauuer, est ce qui le condamne. Il a deu faire plus que personne pour le seruice du Roy son Pere; & ne l'ayant pas fait depuis si long-temps en ayant tant de pouuoir, il est coupable & redoutable plus que personne. Pendant que son Pere combat contre les peuples du Septentrion, il court vers ceux de l'Orient, du Midy & de l'Occident; il les émeut par sa presence, il les rauit par ses charmes; il les porte iusques à l'adorer : il oblige les vns par ses presens, il dompte les autres par sa force. Dé-ja il agit en souuerain ; il plante des colonies en des terres inconnuës ; il en despoüille d'autres de leurs richesses. Il fait ses progrés contre son Pere en son absence, il le combat par sa fierté & par ses traits en sa presence. Ne nous amusons point à expliquer des presages, quand le mal est present & visible. Enfin, faites, Grand Roy, tandis que vous auez le temps & le pouuoir, ce que vous auriez regret à iamais de n'auoir point fait, quád vous auriez perdu & l'vn & l'autre; si mesmes on vous laissoit alors en estat de regretter encore quelque chose. N'escoutez plus vne bonté traistresse, si ruineuse à vous mesme & à toute la terre ; & asseurez dans vn moment qui vous est si precieux, l'Empire, la vie, & l'honneur d'vn si grand Monarque, & le repos de tout le reste des hommes.

Eole ayant cessé de parler, Iupiter qui se sentoit encore plus esmeu par son discours, qu'il ne l'auoit esté par ses premieres craintes; se leua, & dit tout rouge de honte & de colere, qu'il suiuroit l'aduis d'Eole. Puis il se tourna vers Admete, qui estoit tout tremblāt d'auoir entendu vne sentence si funeste, contre le Prince auquel il estoit si obligé, & qu'il estimoit innocent; & dont il croyoit que le seul malheur venoit de ce qu'il ne l'auoit pas assez bien deffendu: Il luy dit, qu'il ne luy vouloit point de mal, d'auoir representé tout ce qui pouuoit seruir à sa cause; mais qu'il luy demandoit vn témoignage particulier de son affection, en gardant sous le silence tout ce qui s'estoit dit deuant luy. Admete, bien qu'à regret, promit vne entiere obeïssance: mais le ieune Mercure, voyāt que la mort d'Apollon son frere estoit resoluë, sur des craintes qu'il n'estimoit pas bien fondées; voulut en faire surseoir l'execution pour quelque temps, afin de donner relasche à la colere du Roy, & de chercher à loisir les moyens de luy sauuer la vie. Il supplia Iupiter de ne point sortir encore, & de vouloir pour sa propre seureté l'écouter vn moment. Le Roy s'étant rassis, & luy ayant permis de parler, il commença ainsi.

Vostre resolution, Seigneur, est bien vne marque de la connoissance certaine que vous auez de vostre danger & du nostre: mais ie ne puis voir encore les moyens de nous en garantir. La mort de celuy que nous craignons, est bien resolue: mais par quelle espece de mort le pourrons nous oster du monde? Si on l'attaque auec la force & les armes, il sçait se deffendre: le nombre ne sert de rien contre luy; & quand il ne luy reste plus dequoy se garantir, vne puissance secrete & inuisible combat pour luy, & rend tous les efforts humains inutiles. Si cette puissance estoit du Ciel, ie l'estimerois innocent: car le Ciel ne se rendroit pas protecteur d'vn méchant, pour seruir à la ruine de toute la terre: Si elle est de l'Enfer, ie le croy coupable des crimes les plus horribles: car l'Enfer est ennemy de la terre, & n'est amy que de ceux qui sont capables de troubler son repos. Mais soit le Ciel, soit l'Enfer qui ayt soin de sa vie, & qui fasse perir tout ce qui l'attaque; ie crains pour vous mesme, Seigneur, si vous entreprenez sa perte. Quels soldats pourrez vous enuoyer pour le tuer, dont il ne se deffende, ou dont cette puissance inconnuë ne le deffende? & quand mesme il seroit enseuely dans le sommeil, cette mesme puissance veillera pour luy, & rendra tous les desseins contre sa vie, funestes à leurs propres autheurs. Ie voudrois par quelque moyen faire vne espreuue d'où luy vient le secours. Il est certain qu'il luy vient ou du Ciel ou de l'Enfer, ou de quelqu'autre force inconnuë & toutefois naturelle: car nous ne connoissons pas encore toutes les merueilles de la nature. S'il vient du Ciel, il est innocent, & il n'y a nul peril à craindre; & quand mesmes il n'y auroit nul danger de sacrifier vn innocent pour la seureté d'vn si grand Monarque, le Ciel son protecteur refuseroit ce sacrifice, & le rendroit sanglant à ceux mesmes qui le voudroient faire. Si le secours luy vient de l'Enfer, i'ay ouy dire qu'il n'a pas le pouuoir de proteger ceux qui sont entre les mains des Iuges souuerains de la terre; qui sont les instrumens de la iustice du Ciel, contre lequel l'Enfer n'a aucune force. Si le secours luy vient de quelque cause naturelle inconnuë, cette cause ne pourra le garantir dans l'extremité où ie pretens le reduire. Ie suis donc d'aduis qu'on le laisse enfermé au lieu où il est, ou en quelqu'autre que l'on voudra choisir; sans l'attaquer; mais aussi sans luy donner vn seul moyen de soûtenir sa vie. Le Ciel seul le pourra secourir en ce peril; & s'il est par ce moyen declaré innocent, la vie du Roy & les nostres seront asseurées, & la puissance de nostre grand Monarque sera toûjours plûtost soûtenuë, qu'attaquée par celuy que le Ciel protege. Si pour appuyer ses mauuais desseins il a eu recours à l'Enfer, ou à ses propres inuentions de long-temps étudiées; & l'Enfer & ses inuentions luy manqueront tout à coup dans ce besoin; & il perira iustement au milieu de tous ses artifices. Mercure ayant fait connoistre qu'il ne vouloit plu parler, Iupiter & Eole admireren l'espri

esprit & le iugement de cét agreable Enfant, & approuuerent son
duis. Alors voyant qu'il auoit
mené le Roy au point qu'il desi-
oit, de faire surseoir la mort de son
rere; il adiousta qu'il n'estimoit
as à propos de le changer de lieu,
ource qu'il pourroit trouuer par
e chemin quelque inuétion pour
'euader, ou pour tuer ceux qui le
onduiroient; & ayant eu iusques
à ordre du Roy de l'amuser de pa-
oles, & Cilix de commander les
ardes qui veilloient à sa porte; il
supplia de le laisser tousiours au
ehors, & de permettre à luy seul
e le voir, pour espier toutes ses
ctions, pour iuger par ses propos
uelles seroient ses craintes & ses
esseins; & pour considerer s'il de-
anderoit à manger, ou s'il témoi-

Z

gneroit n'auoir pas besoin de nourriture, ou quelle inuention il trouueroit pour en auoir, ou quel secours il imploreroit dans cette necessité. Enfin il asseura qu'il n'oublieroit rien en vne chose si importante à la vie de son Roy & de son Pere, & pourueu qu'il fut seul auec le pouuoir de le visiter, il osoit répondre qu'il luy empécheroit toute sorte de secours, s'il ne luy venoit du Ciel. Iupiter en l'embrassant, luy abandonna tout le soin & la conduite de cette espreuue qui luy sembloit si perilleuse; & se resolut de laisser Cilix pour la garde du dehors: toutefois il luy témoigna la crainte qu'il auoit, qu'Apollon desesperant de sa vie, ne l'assommast pendāt qu'il seroit dans sa chambre ; pour ne mourir pas sans vangeáce. Ne vous mettez pas en peine de moy, respondit Mercure, ie ne craindray iamais de courir fortune pour le seruice du Roy : mais ie sçay dé-ja le moyen de faire en sorte, qu'au lieu de m'estimer celuy qui luy procure la mort, il m'estimera toûjours le meilleur de ses amis. Iupiter l'ayant embrassé encore vne fois, luy donna tout pouuoir pour la garde d'Apollon; ce qui estoit le seul souhait de Mercure, afin d'estre maistre de sa vie, & de la conseruer s'il pouuoit le reconnoistre innocent.

Aprés qu'ils se furent tous separez, chacun roulant en son esprit des pensées bien differentes, & capables de donner de grandes inquietudes; Mercure ayāt fait donner les ordres du Roy à Cilix pour

Z ij

receuoir les siens, entra dans la chambre d'Apollon, auec dessein de luy faire tant de questions, qu'il pourroit apprende la verité de tout ce qui pouuoit donner de la crainte. Il le trouua qui chantoit en se promenât, & auec vne tranquillité d'esprit qui faisoit bien parestre son innocence. Mercure fut rauy d'entendre cette diuine voix, dont Latone leur auoit fait tant de recit, & il l'eut prié de continuer; mais ayant en l'esprit des affaires de trop grande consequence, pour s'amuser alors à des chansons; il se contenta de luy dire que Latone & Diane estoient arriuées; & qu'il auoit esté si heureux que de se rencontrer auprés du Roy, lors que Latone alloit luy dire tout ce qui s'estoit passé depuis qu'il l'auoit laissée dans Bysance: qu'il sçauoit maintenant toute son histoire, sans qu'il prist la peine de la poursuiure; & qu'il auoit entendu auec plaisir, la naissance merueilleuse de son Isle, qui fut suiuie de celle de Diane & de la sienne, ses agreables inuentions dés son enfance, la vangeance qu'il auoit prise de Python, son heureuse instruction chez Minerue, les belles leçons qu'il auoit données aux Muses, la punition qu'il auoit faicte de Titie & de Phorbas, & sa victoire en tous les combas des ieux Pythiques. Aprés luy auoir donné plusieurs loüanges, pour tant de grandes actions & de rares productions d'esprit, il luy dit: I'auoüe que toutes ces choses surpassent tellement toutes celles qui se sont veües, que vous en meritez des honneurs au delà de tous ceux que la terre vous peut rendre: toutefois ie ne voy rien en tout cela, qu'vn naturel excellent comme le voſtre ne puiſſe produire, ou par ſa force, ou par ſon addreſſe, ou par ſes longues meditations. Et voſtre inuention de l'arc & des fleſches, & la victoire que vous euſtes hier contre ces Geants que vous miſtes par terre, qui ont donné de l'eſtonnement au Roy mon Pere, ne m'en donnent point; ſçachant qu'vne grande étude & vn continuel exercice, peuuent vous auoir fait acquerir ces moyés pour vaincre les hommes. Mais il n'y a qu'vne choſe qui m'ayt donné de l'eſpouuante auſſi bien qu'au Roy mon Pere; & ie vous ſuplie de me vouloir dire, comment hier, aprés auoir esté dépoüillé de vos flesches, & de tout autre moyen de vous deffendre, vous fistes venir des traits, sans que l'on peust voir d'où ils partoient, pour faire mourir tous ceux qui vous attaquerent, & qui faillirent à blesser le Roy mesme. C'est ce qui surpasse mon imagination, puis qu'il surpasse, ce me semble, le pouuoir de la nature. Mon cher frere, respondit Apollon, ie ne vous celeray iamais les moyens dont ie me suis seruy dans tous les arts que i'ay inuentez: mais ie ne vous puis dire vne chose que i'ignore moy mesme. Il est certain qu'hier auant que de me declarer fils de Iupiter, ie fus bien aise de luy en faciliter la creance, en luy faisant voir par quelques actions, que ie n'estois pas indigne d'vn si grand honneur; mais ie fus surpris, lors que tout à coup il commanda à ces hômes de baisser leurs armes & de me tuer; & d'vn costé mon dépit de me voir ainsi traitté par mon Pere, de l'autre mon courage qui ne pût consentir à me faire demander la vie, en criant au Roy, que i'estois son fils; me firent resoudre à mourir, plûtost que de faire sortir de ma bouche vne parole de bassesse & de crainte. Ie ne puis vous dire d'où me vint le secours: car ie n'en ay aucune connoissance. S'il me vint du Ciel, ce fut de sa pure grace, & ie ne m'aduisay pas mesme de l'inuoquer en ce peril. Il y a des hômes, reprit Mercure, qui ont voulu persuader au Roy mon Pere, que vous auez consulté les Demons dans vos solitudes, & que ce sont eux qui vous ont aſſiſté dans ce danger. Dans mes ſolitudes, repartit Apollon, ie n'ay iamais conſulté que moy meſme ; & les aduis qu'on demande aux Demons, ne ſont que pour faire du mal, & non pour faire du bien à tout le monde, comme i'ay tâché de faire toute ma vie. On a voulu examiner deuant le Roy, dit Mercure, d'où vous uoit peu venir ce ſecours; ſi c'eſtoit du Ciel, ou de l'Enfer ; & i'auois ien des raiſons pour faire voir u'il venoit plûtoſt du Ciel ; mais e me fuſſe trop declaré pour vous; il eſtoit neceſſaire pour voſtre ie, que ie paruſſe vous eſtre conraire. Ie remarquois que ce n'eſt as de cette heure, que vous auez ſté aſſiſté par des merueilles qui emblent ſurpaſſer la Nature ; &

que par le détachement de l'Isle de
Delos, le Ciel vous auoit dé-ja sauué de la mort, auant mesmes que
vous fussiez né, & que vous eussiez
peu faire des complots auec des Demons. Ie sçauois que des esprits inuentifs pour les arts, ne sont iamais
méchans; & sont autant sans ambition que sans malice. Cependant
on a fait redouter au Roy vostre
ambition & vos artifices; & on veut
luy faire croire qu'ils tendent à sa
ruine, & à celle de tout le monde.
Que i'estois heureux dans mes solitudes, reprit Apollon, d'estre esloigné de la Cour d'vn si grand Roy,
où la vertu est si sujette à estre attaquée par la calomnie. Vostre esloignement de la Cour, repartit Mercure, iusques en l'aage où vous
estes, a esté aussi estimé criminel;

comme si vous euitiez de secourir le Roy dans ses guerres; & l'on a dit que vous faisiez vos pratiques & vos progrés deuers les peuples de l'Orient, du Midy & de l'Occident, attendant les nouuelles de sa mort. Il est vray, dit Apollon, que i'ay esté emporté par ie ne sçay quelle facilité, à faire de grands voyages; quoy que mon principal dessein fut d'aller voir le Roy vers le Septentrion, & d'estre connu de luy: mais si mes malheurs sont des crimes, que faut-il au Roy pour les expier? a-t'il besoin de ma vie pour mettre la sienne en repos ? Si vous voulez, repartit Mercure, me faire vn serment, que vous suiurez mes conseils, plûtost que le mouuemét de vos ressentimens, ou du courage qui vous porteroit à sacrifier voſtre vie que ie deſire conſeruer ; ie vous apprédray tous les ſecrets du Roy, & les moyens de remettre ſon eſprit dans le repos, & nous rendre tous heureux. Apollon luy iura qu'il ſuiuroit ſes aduis comme des arreſts du Ciel. Il eſt vray, reprit Mercure, que le Roy ayát veu tant de prodiges, qui ſembloient preſager la perte de ſa puiſſance & de ſa vie, ayant eſté attaqué luy meſme par vos traits; & eſtant fortifié dans ſa jalouſie & dans ſes craintes, par le mauuais viſage que l'on a donné à toutes vos actions ; auoit reſolu de vous faire mourir; & vous ne ſeriez pas viuant à cette heure, ſi pour en retarder l'execution, ie ne luy euſſe dōné conſeil de faire eſpreuue, lequel vous donnoit ſecours ou le Ciel, ou l'Enfer ; & de vous tenir

enfermé, sans vous donner dequoy
soûtenir vostre vie. J'estois asseuré
qu'en luy donnant ce conseil, il me
laisseroit la conduite de cette espreuue; & i'ay esté si heureux que
toutes choses sont arriuées selon
mes souhaits. J'ay tout pouuoir
d'ordonner vostre garde, & ie puis
vous fournir autant de viures que
[v]ous en aurez besoin, cependant
[q]ue nous trouuerons les moyens
[d]e guerir les craintes du Roy. Mais,
[r]épondit Apollon, ie veux mourir
[s]i ma vie luy est odieuse, ou tant
[s]oit peu redoutable. Mais si vous
[m]ouriez, repartit Mercure, vous le
[r]endriez à iamais miserable & moy
[a]ussi, par le regret eternel que nous
[a]urions d'auoir perdu, luy vn tel
[fi]ls, & moy vn tel frere, aprés que
[l']on auroit connu vostre innocen-

ce. Viuez, ie vous prie, non pour l'amour de vous, mais pour l'amour du Roy & de moy encore; & me laissez disposer de vostre vie comme vous me l'auez iuré. Apollon s'accorda à tout ce que desiroit vn frere si aymable & si secourable, qui sortit quelque temps aprés, pour aller entretenir le Roy, de peur qu'il ne changeast de pensée. Apollon estãt demeuré seul, considera le malheur où il estoit reduit; non pour la crainte de perdre la vie par les ordres mesmes de celuy dont il la tenoit; mais pour se voir aresté si cruellement en vn lieu, sans pouuoir s'imaginer quãd il en pourroit sortir, pour chercher cette incomparable Daphné qui le fuyoit incessamment. Car, disoit-il en luy mesme, qui me

pourra deformais aprédre fa route? & en combien de lieux de la
terre peut elle aller maintenant, où
la fortune ne me conduira iamais?
Depuis tant de temps que ie la fuy,
ette fortune ne me la fait reuoir
ar fois, que pour rafraifchir dans
on ame la merueilleufe idée de fa
eauté, & pour me donner vn plus
if regret, lors que tout à coup elle
'en ofte la veüe. O Daphné, que
ous eftes cruelle & à moy & à vous
efme, d'aymer mieux vous pre-
ipiter dans tous les perils de la mer
de la terre, que de m'accorder vn
eul moment le bon-heur de vous
oir. Ie vous auois, ce me femble,
cliurée de ces barbares: mais ie
ay peu vous deliurer de vous
efme, qui vous eftes bien plus
arbare, puis que vous preferez les

trauaux & les perils, à vn amant qui vous adore. Encore si en recherchant les dangers vous auiez agreable que ie vous suiuisse, pour vous en garantir: mais vous me cachez toutes vos fuites, & vous me reduisez continuellement à l'horrible peine, de ne sçauoir en quelle peine vous estes. Ie ne sçay quelles vagues vous tourmentent, ou quels hommes vous attaquent, ou quelles bestes farouches tâchent à deschirer ce beau corps. Toute la Nature me fait peur, quand ie considere que rien ne vous fait peur, pourueu que vous me fuyez ; & pour ce que ie crains ensemble toutes choses, ie fay pour vous des imprecatiõs contre toutes choses. Helas: si vous fussiez demeurée encore vn moment à ce bord de la

Sicile,

Sicile, du moins ie vous eusse suiuie des yeux, & ie sçaurois à peu-près quels peuples ou de l'Orient ou de l'Occident ou du Midy ou du Septentrion, vous possedent maintenant. Ie serois consolé par l'esperance de vous y trouuer vn iour, & ie ne flotterois pas dans vn Ocean de desespoirs, aussi vaste & aussi espouuantable que celuy qui enuironne toutes les terres. Tous les iours les ennuys de vostre absence me deuorent, & toutes les nuits mille songes m'épouuantent. Tantost ie vous voy dans vn vaisseau qui se brise contre des rochers effroyables; tantost ie vous voy tomber en des precipices affreux; tantost ie vous voy poursuiuie par des monstres de la mer ou de la terre; & tantost des hommes infames veulent triompher de cette pureté qui vous est si chere. Dans tous ces dangers, ie nage, ie cours, ie crie, ie combas ; & aprés plusieurs efforts aussi vains que mes songes, ie me resueille tout en sueur & hors d'haleine, & ne trouue plus rien d'ennemy, que vostre cruauté, qui ne laisse pas de me poursuiure incessamment pendant vos fuites mesmes.

Cependant qu'Apollon entretenoit ainsi ses pensées, & sa belle Daphné qu'il auoit toûjours presente en son imagination, Mercure estoit allé trouuer le Roy, lequel aussi-tost qu'il le vid, le tira apart & luy dit. Que tu m'as deliuré, mon fils, d'vn grand trouble d'esprit : car bien que i'eusse resolu la mort d'Apollon, il est vray que ie ne sçauois que faire pour m'en deliurer; & il est certain que par le conseil excellent que tu m'as donné, le Ciel le guarentira s'il est innocent, & il mourra s'il est coupable. Et soit qu'il viue ou qu'il meure, ie ne seray tourmenté d'aucune inquietude; car s'il vit, ie seray sseuré d'auoir en luy vn fils dont l'innocence aura esté bien esprouée; & s'il meurt, ie n'auray aucun egret de sa perte, mais plûtost vne satisfaction pour auoir chastié es crimes. Mercure fut bien content de le trouuer dans ces sentiés, & Iupiter adiousta. Dy moy, ie te prie, s'il n'est point estonné de se voir si long-temps renfermé? n'en demande-t'il point la raison? croit-il que ie le craigne, où ne commence t'il point à me craindre? Ie n'ay remarqué en luy, respondit Mercure, ny crainte, ny inquietude, ny mefme vne feule curiofité. Il n'a point encore témoigné d'enuie de fortir; & il me paroift dans vn grand repos d'efprit. Ie l'ay trouué qui chantoit, & il ne m'a entretenu que de chofes indifferentes. Mais i'ay grande impatiéce de voir s'il ne parlera point de manger, & comment il pourr fe refoudre à fe coucher fans auoir fait vn repas. Ie veux l'aller retrouuer pour eftre témoin de toute fes actions; mais puis que ie n m'attens pas au fecours du Ciel pour foûtenir ma vie lors que ie fe ray auec luy, vous trouuerez bo s'il vous plaift, Seigneur, que i'aill prendre quelque nourriture auant que de me renfermer. Iupiter luy dit qu'il estoit raisonnable, & l'embrassa : puis il enuoya chercher Latone & Diane pour les amuser ; & lors qu'elles furent arriuées, il leur dit, qu'il estoit en peine d'Apollon, & qu'il ne l'auoit point veu depuis le matin. Vous voyez, respondit Latone, à quel point il ayme ses meditations & la solitude, puis que pour leur amour il peut quitter l'honneur mesme de vostre presence. Il m'a si souuent donné de ces peines, que i'y suis toute accoustumée; & ie ne prens plus d'inquietude de ne le voir point de quelques iours. Ie voy bien, reprit Iupiter, qu'il faudra que ie m'accoustume cóme vous à ne le point voir : autrement il me donneroit souuent de la peine. En mesme temps qu'il parloit à Latone, ses yeux qui cherchoient toûjours de nouuelles blessures, consideroient les belles Nymphes de Diane ; & malgré les inquietudes du malheureux estat où il se trouuoit, d'auoir vn fils à redouter, & d'estre reduit à l'horrible necessité de le faire mourir ; son cœur ne laissoit pas de voler autour d'elles, en cherchant par laquelle il se laisseroit prendre. Enfin & ses yeux & son cœur s'arresterent sur les beautez de Callisto Princesse d'Arcadie : mais le trouble que cette nouuelle passion causa dans son ame, y trouuant vn autre trouble qui y regnoit, & dont sa raison auoit dé-ja bien de la peine à desbrouilles les desordres ; tout y fut remply de confusion : car il ne sçeut plus à qui il deuoit donner ses pensées, ou à sa crainte, ou à son amour ; & sa raison ayant alors deux ennemis à combattre, & differentes armes à choisir contre l'vn ou contre l'autre, demeuroit en suspens durant ces incertitudes, & laissoit à son deffaut ces deux passions combattre l'vne contre l'autre, à qui seroit la maistresse dans son ame.

Cependant l'ingenieux Mercure, au lieu d'aller prendre son repas comme il auoit dit au Roy, estoit allé preparer les choses qui estoient necessaires à son dessein ; & ayant pourueu à tout, recommanda à Cilix de veiller soigneusement à la porte de la chambre, ayant donné ses ordres pour le reste. Puis il se renferma seul auec Apollon, sans vouloir qu'aucun entrast pour les seruir le soir ny la nuit. Il dit à son frere qu'il auoit laissé le Roy dans des sentimens tels qu'il les pouuoit souhaitter ; & qu'il luy auoit promis de manger auant que de s'enfermer ; mais qu'il vouloit courir mesme fortune que luy, & voir si le Ciel leur seroit secourable à tous deux ensemble. Apollon luy dit qu'il n'estoit pas raisonnable, que pour l'amour de luy il se mit en danger de mourir de faim; qu'il estoit seul coupable, estant si malheureux que de donner de l'inquietude au Roy, puis que le malheur en ces occasions est vn crime. Mercure le pria de ne se point mettre en peine pour luy, & dit que le Ciel estoit trop iuste pour ne les assister pas tous deux. Ils s'entretindrent de quelques autres propos, iusques à ce que la nuit fut fermée ; & alors Mercure dit a son frere, qu'il commençoit à auoir faim, & que le Ciel tardoit vn peu à les secourir. Toutefois, poursuiuit-il, s'il auoit commandé aux oyseaux de nous apporter quelque nourriture, ils seroient bié empeschez à trouuer le moyen d'entrer dans cette chambre ; & ie suis d'aduis de leur ouurir vne feestre. Alors ayant caché vne lumiere qui les éclairoit, de peur estre découuert par le dehors ; il uurit sans bruit vne fenestre, & yant laissé tomber vn des bouts vne corde qu'il auoit apportée, ttira vn peu aprés vn panier ferlé, qu'vn fidelle seruiteur luy teoit au pied du mur ; & l'ayant receu il referma la fenestre, puis en le portant à Apollon, voyla, dit-il, mon cher frere, ce que le Ciel vous enuoye: voyons si les viandes celestes, sont meilleures que celles de la terre. Alors il ouurit le panier, & y trouua des pains & des viandes excellentes, & vn breuuage delicieux ; puis ils commencerent à manger. Ie voy bien, dit Apollon, en soûriant, que vous auez de meilleures intelligences que moy dans le Ciel ; car sans vostre secours ie fusse mort de faim ; & mes Demons m'eussent fort mal assisté dans ce danger. A parler serieusement, reprit Mercure, il est vray que c'est le Ciel qui vous assiste plûtost que moy: car il est certain que c'est luy seul qui m'a inspiré le conseil que i'a donné au Roy, de vous faire pe

rir par la faim, & de me commettre voſtre garde. I'auoüe, repartit Apollon, que c'eſt au Ciel ſeul que nous ſommes redeuables de tous les biens qui nous arriuent;
ie veux bien n'auoir obligation qu'à luy, de vous auoir faict pour mon ſecours & ingenieux & bon frere. Auec quelques entretiens [ſ]emblables ils acheuerent leur re[p]as; puis ils reſſerrerent leur panier en vn lieu ſecret; & Apollon ne ceſſant de le remercier de ſa bonté,
de le loüer de la viuacité de ſon eſprit; ie ſuis aſſeuré, dit Mercure, [q]ue noſtre amitié ſera tres-par[f]aicte, car ie voy vne grande ſympathie entre nous; ie voy en vous vne admirable fertilité d'eſprit pour produire des inuentions inoüyes; & auſſi ſeroit-il difficile

que ie fusse bien dépourueu d'esprit, estant venu au monde par des intrigues qui ont tant resueillé l'esprit du Roy mon Pere, & celuy de la Royne ma mere, qu'il estoit presque impossible qu'il nasquist de leurs amours quelque chose de pesant & de stupide. Vous me donnez, reprit Apollon, vn grand desir d'apprendre ces intrigues; & puisque vous vous estes dé-ja engagé de promesse de me conter vostre naissance, i'oseray vous prier d'adiouster à tant de graces que vous m'auez dé-ja faictes, celle de me donner vn si rare contentement. Mercure luy respondit qu'il estoit bien raisonnable qu'à son tour il l'entretint de l'histoire de la Reyne sa Mere, aprés auoir appris de luy celle de

Latone, & qu'il satisfit à la promesse qu'il luy en auoit faicte, & à son desir tout ensemble.

LA VERITE' DES FABLES.

LIVRE SIXIESME.

AGREABLE Mercure ayant pensé quelque temps à ce qu'il auoit à dire au Prince son frere, se releua vers luy & parla ainsi. Il nous est impossible de douter [d]e la liaison qui doit estre à iamais [e]ntre nos volontez, si nous consi[d]erons celle qui est entre nos for[t]unes; puis que l'histoire des estran[g]es & bizarres accidens qui ont [p]roduit ma vie, commence au mesme temps & au mesme lieu, où à finy celle que vous m'auez contée, des memorables euenemens qui ont produit la vostre; & il semble que le Roy mon Pere, aprés vous auoir fait naistre, ayt voulu songer aussi-tost à former de son sang mesme, celuy qui deuoit vous seruir, & vous aymer plus que toutes choses. Apollon repartit à cét obligeant discours par vn estroit embrassement, & Mercure poursuiuit ainsi.

HISTOIRE DE IVPITER,
de Ganymede & de Maia.

Lors que Iupiter partit de Byfance, auec mille regrets de laisser Latone à cause de sa grossesse, il aprit que Borée Roy de Thrace, contre

DES FABLES, LIV. VI. 385
contre lequel cette guerre estoit
entreprise à cause de l'enleuement
d'Orithie, auoit passé le Danube, pour aller querir le secours
des Sarmates qui amassoient de
[g]randes forces, & cette nouuelle
[q]ui eut peut estre estonné vn autre,
[l]e consola de l'ennuy qu'il auoit de
[q]uiter Latone, croyât qu'il deuoit
[d]onner treues à l'amour, pour ne
[s]onger qu'à la guerre. Il fit publier
[p]ar tout dans son armée, qu'il n'y
[v]ouloit point voir de femmes; &
[q]u'ayant laissé les siennes dans By-
[s]nce, chacun deuoit suiure son
[e]xemple. Cét ordre ayant esté ob-
[ser]ué auec beaucoup de rigueur, il
[v]oulut auant que de passer le mont
[H]œmus, faire reueuë de son armée;
[q]ui se trouua composée de prés de
[c]ent mil hômes; mais les Sarmates

Bb

estoient deux fois autant, & plus redoutables encore par l'auantage qu'ils auoient de pouuoir disputer le passage du Danube, pour luy empescher l'entrée dãs la Dace. Iupiter eut beaucoup de ioye de voir que la pluspart des Roys & des Princes qui relleuoient de son Empire, s'étoient rendus dans la Thrace pour le seruir & pour acquerir de l'honneur: mais parmy tous ceux qui passerent deuant luy dans la reueuë, & qui luy firent la reuerence; aucuns ne parurent auec tant d'éclat qu deux ieunes Princes Phrigiens, qu estoient gemeaux, & tous deu d'vne beauté merueilleuse ; dõn l'vn s'appelloit Merops & l'autr Ganymede: mais Ganymede auoi ie ne sçay quoy de si doux & de s delicat dans le visage, & de si char mant en toutes ſes actiós, que tous ceux qui le virent ne creurent pas qu'il y eut Princeſſe au monde qui luy pût diſputer le prix de la beauté. Iupiter conçeut délors pour luy vne vehemente affection, & qui toutefois fut toûjours fort innocente. Il s'arreſta plus long-temps à le conſiderer que tous les autres [P]rinces enſemble; & ayant fait paſ[ſ]er toute ſa troupe qui eſtoit de [c]ent hommes, il la fit repaſſer enco[r]e par deux fois deuant luy, ne pou[u]ant ſe reſoudre à l'abandonner de [v]euë. Enfin ſon honneur luy arra[c]ha par force cét agreable object, [p]our luy faire voir le reſte de ſon [ar]mée; & quand il l'eut toute ran[g]ée en bataille; il reſerua auprés de [ſ]a perſonne la troupe des deux [P]rinces Phrigiens auec celles de ſes

Bb ij

gardes; ce qui donna bien de la ialousie aux Assyriens, voyant que les
Phrigiens partageoient auec eux
l'honneur de la garde de leur grand
Monarque. Aprés que l'armée eu
passé le mont Æmus, elle se rangea
en bataille, & trauersa en bon or
dre les campagnes de la Mysie ius
qu'au Danube, sans rencontre
vn seul ennemy; & Iupiter creu
qu'ils l'attendroient auec toute
leurs forces à l'autre bord du fleuu
pour luy empescher le passag
dans la Dace : mais les barbare
auoient trop de fierté & de coura
ge, pour vouloir estre obligez d
la victoire aux flots d'vn gran
fleuue. Ils laisserent passer tout
l'armée, s'estant retirez à deux lieu
au de là, dans vne grande cam
pagne enuironnée de forests, pou

decider le tout par vne bataille, où les vaincus ne peuſſent accuſer de leur deffaicte, que leur manque de cœur ou de force. Les Rois es Sarmates Porphyrion & Alyonée, eſtoient d'vne grandeur rodigieuſe, & tous les peuples u'ils conduiſoient auoient la taile bien plus haute que les Grecs & es Aſſyriens. Ils ſeparerent toutes eurs forces en deux armées, chaune de cent mil hommes; Porhyrion en cõmandoit l'vne, dans aquelle eſtoit Borée auec les hraces, & Alcyonée l'autre; fin que l'emulation fut plus rande entre les ſoldats de l'vne de l'autre, a qui combattroit e mieux cette iournée. Iupiter ut contraint de ſeparer auſſi ſon armée en deux; il donna à commander à Mars celle qui estoit sur la main gauche, & conduisit celle qui estoit a main droite. Ie ne puis vous conter les particularitez de cette bataille, qui fut vne des plus effroyables qui se donnerent iamais : il suffira de vous dire que les Sarmates combattirent auec tant d'opiniatreté, qu'il fut impossible de gaigner tant soit peu de terre sur eux ; & aprés vn grand carnage de part & d'autre, le desordre commençoit à se mettre parmy les Assyriens & les Grecs, lors que le Ciel permit que le Roy mon Pere, qui n'auoit pas voulu qu'vne seule femme vint en son armée, fut secouru par des femmes. Les Amazones qui auoient souuent combattu les Sarmates sous la conduite de Minerue,

yant apris que Iupiter auoit paſ-
é en Europe pour les attaquer,
uoient paſſé auſſi le fleuue Ta-
aïs & toute la Sarmatie, pour ſe
oindre à luy : mais arriuant lors
ue la meſlée eſtoit commencée il
auoit plus de quatre heures, elles
ttaquerent les Sarmates par der-
iere, & leur firent tourner viſage
ſeparer leurs forces, pour reſi-
er de tous coſtez à leurs Enne-
is. Ce ſecours donna vn grand
oulagement aux troupes du Roy,
ui eſtoient eſbranlées de toutes
arts, & enfoncées dé-ja en beau-
oup de lieux. Iupiter reparoit par
out les deſordres le mieux qu'il
uy eſtoit poſſible; & parmy tous
ces dangers, ne laiſſoit pas d'auoir
ſouuent les yeux attachez ſur le
beau Ganymede, dont les moin-

dres actions de valeur, luy sembloient aussi merueilleuses que sa beauté mesme. Enfin les Sarmates combattus des deux costez, commencerent à ceder & à s'ouurir en plusieurs lieux ; & les Amazones ayant deffaict ce qui s'estoit presenté à elles, se ioignirent alors aux troupes de Iupiter, lequel voyant ces femmes si peu attenduës, & la belle Martesie leur Reyne à leur teste, fut surpris d'vne telle admiration, qu'il faillit à perdre tout le soin de ce qui luy restoit à faire. Mais ces Guerrieres ne perdirent point de temps à luy parler, & ne laissant pas refroidir leur premier succes, commencerent à entamer d'autres troupes des ennemis qui n'estoient point encore ouuertes.

Cét exemple resueilla Iupiter de ses estonnemens ; & voyant les Amazones enuironnées d'vne infinité de barbares, il secourut à son tour celles qui l'auoient secouru ; & en les soustenant leur donna le moyen d'enfoncer les Ennemis. Cependant Porphyrion qui combattoit contre Mars, voyant l'armée d'Alcyonée presque deffaicte, & qu'il luy seroit impossible de reparer tout le desordre, & de gagner luy seul la victoire ; se resolut de conseruer ce qui luy restoit de troupes, & de gagner peu a peu vn bois, en tournant toûjours visage auec vne partie des siens, à mesure que les autres se retiroient. Ainsi l'armée de Mars ne pouuant poursuiure dans les bois celle de Porphyrion, ce ieune Prince aprés auoir faict plufieurs exploits dignes de fon fang & de fa valeur, & s'eftre meflé plufieurs fois luy feul parmy les barbares ; vint àcheuer de deffaire Alcyonée, qui feretira auec peu des fiens. Iupiter demeura maiftre du camp aprés vn combat fi long & fi douteux, & reffentit vne entiere ioye d'vne victoire fi fignalée.

Il eut vne grande impatience de reuoir la belle Martefie, qui n'eftoit pas encore de retour de la pourfuite des fuyards ou fon ardeur l'auoit emportée ; & lors qu'elle reuint chacun iugea que celle qui l'auoit dé-ja lié par vne fi importatante obligation, le lieroit encore bien dauantage par fa beauté, & luy feroit perdre la resolution de ne point voir de femme dans son armée. Mais comme Martesie auoit secouru le Roy contre les Sarmates, la beauté de Ganimede le secourut aussi contre celle de Martesie. Il la consideroit auec des regards d'admiration, & admiroit en mesme temps [s]a valeur & le grand seruice qu'el[l]e luy auoit rendu; mais lors qu'il [e]stoit prest à luy donner son cœur, [l]e regard qu'il donnoit à Gany[m]ede le retiroit de ce dessein, & [l]'empeschoit de consentir à aymer [c]ette Reyne, laquelle bien que [t]res-belle, estoit encore moins [b]elle que Ganimede. Le mesme [c]ombat se faisoit dans l'ame de [M]artesie; car d'vn costé elle estoit [e]smeuë de la majesté de Iupiter, [&] la grandeur de sa renommée

& de son Empire, de sa valeur dont elle venoit d'estre tesmoin, & de sa grace qui luy sembloit digne d'vn si grand Monarque: mais la beauté de Ganymede qu'elle voyoit à costé de Iupiter, attiroit aussi-tost ses regards, & luy empeschoit d'auoir ny des yeux ny des pensées que pour luy. Ganymede conceut aussi vne puissante inclination pour Martesie; & leurs yeux qui se rencontroient ordinairement, sembloient se demander le cœur l'vne à l'autre. Le ieune Mars d'vn autre costé deuint amoureux de cette belle Reyne; & luy enuoyoit aussi des regards bien passionnez: mais elle les repoussoit par sa fierté; & sembloit luy annoncer qu'elle luy seroit tousiours inexorable. Le paroles interrompirent en suite ces combats secrets, qui estoient bien plus doux que ceux qui se venoient de faire dans ce champ mesme auec les armes ; & Iupiter aprés auoir fait mille remercimens & donné mille loüanges à la Reye, la conuia à se venir reposer ans sa tente, apres les grandes fatigues de cette memorable iourée. Mais elle luy en rendit graes, & le supplia de luy permetre de se retirer dans son camp uec son armée, dont la pureté edoutoit le commerce des homes.

Par cette premiere bataille le oy reconnut bien que ces fies Nations ne seroient pas si faciles à vaincre qu'il se l'estoit imaginé ; puis que sans le secours des

Amazones, il auoit failly à eſtre deffait, & que les Sarmates auoient encore vne armée auſſi forte que la ſienne. Il voulut tenir vn conſeil de guerre, & enuoya prier la Reyne Marteſie de s'y trouuer, pour l'aſſiſter de ſes bons aduis contre ces peuples qu'elle auoit accouſtumé de combattre. Elle luy fit reſponſe qu'elle le ſuplioit de l'excuſer, ſi elle ne ſe trouuoit point à ces conſeils: qu'elle n'auoit autre aduis à luy donner, que d'aller toûjours en bon ordre & en troupe ſerrée, & d'exhorter ſes ſoldats à bien fraper & à ne reculer iamais. Pour elle que iamais elle ne manqueroit à ſuiure ſon armée auec la ſienne; & à luy ſeruir d'vne troupe de reſerue, auec laquelle elle promettoit de luy acheuer le gain de toutes les batailles. Que si vne autrefois il auoit quelque chose à luy faire sçauoir, il ne luy enuoyast [p]lus d'hommes; mais vne belle [fi]lle qu'il auoit aupres de sa per[s]onne sous l'habit d'vn ieune [h]omme; par la bouche de laquel[le] elle receuroit les messages, pour[ue]u qu'elle vint en habit de fille. [I]upiter fut estonné de cette res[p]onse: toutefois il ne la trouua [p]oint estrange, iugeant que cette [p]udique Martesie ne vouloit point [c]ommuniquer auec les hommes; [&] qu'elle croyoit sans doute que [l]e beau Ganymede fut vne fille. [D]eux iours apres Iupiter voulant [d]esloger & poursuiure les enne[m]is, eut soin d'en faire aduertir [l]es Amazones; & pour esprouuer

si elle se ressouuiendroit de Ganymede, luy enuoya son frere Merops en habit de fille. Martesie ne le receut point auec ioye, & luy dit que ce n'estoit point de luy de qui elle vouloit receuoir les messages. Iupiter se resolut enfin de luy enuoyer Ganymede, qui s'habilla des habits de fille que son frere auoit vestus auparauant, & faillit à faire mourir Iupiter d'vn amour extrauagant & sans esperance, lors qu'il le vid en cét auantageux equipage. Il ne pût s'empescher de l'embrasser & de le baiser deuant tous, croyant que cét habit rendoit ses caresses legitimes; & aprés l'auoir arresté le plus de temps qu'il luy fut possible, le laissa enfin partir auec beaucoup de regret, pour
aller

DES FABLES, LIV. VI. 401
aller trouver l'Amazone. Martesie voyant arriver Ganymede en
cét habit, ressentit une ioye ex-
cessive, & alla au devant de luy pour
le recevoir; & Ganymede qui avoit
de sa part une pareille passion
pour Martesie, luy témoigna aussi l'extreme contentement qu'il
avoit d'avoir esté envoyé vers elle.
La Reyne le mena aussi-tost dans
sa tente, & lors qu'ils furent seuls,
aprés avoir long-temps admiré &
loüé sa beauté, elle luy parla ainsi.
Ie ne me serois pas renfermée seule avec vous, si ie n'estois asseurée
que cét habit vous est bien plus naturel que celuy que vous aviez auprés du grand Roy des Assyriens; &
ayant conceu pour vous une passion que ie ne puis assez vous exprimer, i'ay conceu en mesme temps
Cc

vne grande honte pour vous mesme, de vous voir parmy tant d'hommes : toutefois ie vous auouë que la douceur de voſtre viſage, & la modeſtie que i'ay conſiderée en toutes vos actions, m'ont toûjours empeſchée de faire vn mauuais iugement de vous; & mon plus grand deſir a eſté de vous arracher aux hommes, & à Iupiter meſme, qui a la reputation d'eſtre ſi ſuſceptible d'amour, pour vous coniurer de vouloir viure & combattre auec moy, & pour ne nous ſeparer iamais ; & ie vous promets de partager mon Royaume auec vous, & de vous donner vn pareil pouuoir que moy ſur toutes les Amazones. Ganymede luy reſpondit auec vne grace admirable. Belle & vaillante Reyne, ie reſſens vne ſi grande paſſion pour vous, que ie me voy dans le plus grand malheur du monde, de ne ſçauoir comment ie dois viure pour la ſatisfaire : car ſi ie vous dy que ie ſuis homme, vous me bannirez auſſi toſt de voſtre preſence ; & ſi ie vous dy que ie ſuis fille, quelle opinion aurez vous de moy, de m'auoir veuë parmy tant d'hommes ; & quel ſoulagement pourray-ie eſperer pour vne paſſion ſi iolente ? Ie ne vous demande oint, reſpondit Marteſie, ce ue vous eſtes : Ie n'en ſuis que rop aſſeurée ; & ie ne redouteray ucune fortune pour mon honeur, en viuant auec vous. Ne arlons point d'autre ſoulagement que de celuy de viure ensemble ; & c'est la faueur que ie vous demande auec ardeur ; & s'il est besoin de vous esmouuoir dauantage, ie vous la demande encore auec mes larmes. Ganymede embrassa cette belle Reyne, qui luy tendoit les bras en luy faisant cette priere si passionnée; & il luy dit. O trop aymable Princesse, ie suis tout à vous, & ainsi ie ne puis estre que ce qu'il vous plaist que ie sois : mais quoy que ie sois, ie vous demande seulement la grace de ne me vouloir iamais de mal, pour le sexe que vous aurez reconnu en moy. Si ie suis homme, ne m'accusez iamais de vous auoir trompée ; & si ie suis fille, ne m'accusez iamais d'auoir esté parmy des hommes ; & auec ces conditions ie vous promets de viure en suiuant toutes celles qu'il vous plaira me prescrire. Ie ne vous demande rien dauantage, repliqua la Reyne, estant trop asseurée de ce que vous estes ; & ie vous promets de viure auec vous dans vne vnion inseparable. Alors ces deux belles personnes s'embrasserent encore, & se baiserent auec vne satisfaction reciproque ; & aprés quelques autres témoignages de leur affection, la Reyne mena Ganymede visiter tout son camp, & ne pouuoit cesser de luy parler ny l'abandonner de veuë. Ils passerent deux iours ensemble parmy des contentemens nompareils ; & cependant Iupiter estoit en vne peine extreme, ne voyant point reuenir son cher

Ganymede; & Mars auoit conceu vne furieuse ialousie de son bonheur. Le Roy enuoya le troisiesme iour son frere Merops en habit de fille, vers Martesie, pour sçauoir le sujet qui luy faisoit retenir Ganymede. Ils les trouua seuls dans leur tente, ou la Reyne l'ayant faict entrer, & ayant apris l'inquietude du Roy, luy fit responfe, qu'il estoit raisonnable que les filles fussent parmy les filles, plûtost que parmy les hommes; & qu'il deuoit plûtost auoir de l'inquietude, de ce que les ennemis alloient attaquer son arriere garde, comme elle venoit de sçauoir; ayant fait le tour de la forest pour le surprendre. Merops ayant parlé en particulier à son frere, & le voyant refolu de ioüir quelque temps de l'affection de cette belle Reyne, s'en retourna dire au Roy les contentemens de Ganymede & de Martefie, qu'il feroit difficile de feparer fitoft l'vn de l'autre. Iupiter entra en des ialoufies contre cette Reyne qui luy eftoient infuportables; ayant mefme apris que Ganymede & elle n'auoient qu'vne tente & qu'vn lit, & eftoient dans vne intelligence admirable; & quoy que le fexe de Ganymede luy en interdit la poffeffion, il ne laiffa pas de reffentir vne fureur contre tout ce qui le pouuoit poffeder. Il en perdit le manger & le repos durant quatre iours; & parmy les attaques continuelles des Barbares, il fe fentoit bien plus cruellement attaqué à tous momens par les attaintes de sa ialoufie. Mars n'en reſſentoit pas moins que luy, & la fortune de Ganymede cauſoit de grands deſordres dans leurs eſprits. Vne nuit le camp de Iupiter fut aſſailly de toutes parts par les Sarmates; & les Amazones qui ne manquoient iamais d'auoir de bons aduis, le vindrent ſecourir : mais la confuſion fut ſi grande, que ce fut plûtoſt vn tumulte qu'vn combat ; & aprés vn grand carnage de part & d'autre, chacun ne ſçachant ny à qui reſiſter ny auec qui ſe rallier, & verſant auſſi-toſt du ſang des amis que des ennemis ; les Sarmates ſe retirerent, & les Amazones qui eſtoient plus accouſtumées à leurs deſordres, les ſuiuirent long-temps, & en deffirent fur la retraite plufieurs troupes feparées. Ganymede dans cette pourfuite s'efloigna tellement de Martefie & de toutes les Amazones, qu'il fut long temps à ne fçauoir de quel cofté il deuoit tourner, pour ne pas tomber entre les mains des ennemis; enfin il fe rendit auant le iour dans le camp de Iupiter, ou la plufpart fe repofoit à caufe du combat de la nuit; & arriuant au corps de garde du logis du Roy, il fe remit à fon ordinaire dans le lict de Merops fon frere, où ans l'efueiller il s'endormit auprés e luy, ayant plus befoin de repos ue iamais à caufe de fes fatigues.

Auffi-toft que Iupiter fut efueillé, on l'aduertit que Ganymede ftoit de retour; & il faillit à fe pasmer de ioye, entendant cette agreable nouuelle. Il n'auoit pas mesme le loisir d'estre habillé pour l'aller voir, & encore moins qu'on l'allast querir. Mais Ganymede ayant apris les impatiences du Roy, entra dans sa chambre; & alors Iupiter ne sçeut ce qu'il deuoit luy tesmoigner, ou la ioye de le reuoir, ou le despit de ce qu'il l'auoit si long temps abandonné, mesmes aprés auoir sçeu de Merops les déplaisirs qu'il ressentoit de son absence. Cette confusion de son esprit l'obligea de confondre aussi les marques de satisfaction parmy ses plaintes, & de luy monstrer vn visage animé tout ensemble & d'amour & de colere. Chacun se retira connoissant le desordre d

DES FABLES, LIV. VI. 411.
Roy; & lors qu'ils furent feuls, il luy fit mille reproches, & l'accufa de tous les ennuis qu'il auoit reffentis depuis fon efloignement. Ganymede qui fentoit le pouuoir qu'il auoit fur l'ame de ce Monarque, aprés quelques legeres excufes, s'emporta iufqu'à luy dire, qu'il ne croyoit pas que l'afection du Roy le deuft rendre malheureux, & le priuer de toutes fortes de contentemens: qu'il pouuoit bien l'honorer & le feruir, & ioüir en mefme temps de l'amitié d'vne belle Princeffe; & que ces deux chofes n'eftoient pas incompatibles. A ce mot de ioüiffance Iupiter faillit à mourir de douleur; & il ne pût s'empefcher de la témoigner par fa colere. Il luy reprocha l'honneur qu'il luy

auoit fait de l'aymer plus que toutes choses; & qu'eſtant ſon ſujet & des plus proches de ſa perſonne, & par conſequent des plus obligez à le ſeruir auec vne diligence exacte, il ne deuoit pas tarder vn moment chez Marteſie, pour luy venir rendre reſponce d'vne affaire importante: que cependant il y auoit demeuré pluſieurs iours à ſonger à ſes plaiſirs, ſans aucun ſoin de ce qu'il pourroit deuenir & toute ſon armée. Marteſie, reſpondit Ganymede, vous auoit dé-ja enuoyé par mon frere tous les auis qu'elle auoit à vous donner; & eſtant Prince, & meſme ayant creu eſtre honoré de voſtre bien veillance, ie n'eſtimois pas deuoir viure comme vn eſclaue, & penſois auoir la liberté de disposer de deux ou trois iours de ma vie : mais puis que cette franchise vous offense, dit-il auec vn visage serieux, ie viuray desormais aupres de vous auec tout le respect que ie dois. Cette froideur de Ganymede troubla bien [p]lus encore le Roy, que ses excuses ; sçachant bien que rien n'est capable de faire mourir vne [a]mitié, que ces respects de des[p]it ; de sorte que changeant tout [à] coup de visage, il se mit luy [me]sme dans les submissions & les [p]rieres ; & luy dit qu'il ne demanoit point de respect, mais de [l']affection. Enfin il luy demanda [p]ardon de ses impatiences & de sa [c]olere, & luy dit qu'il s'asseuroit [d]e l'obtenir s'il en vouloit consi[d]erer la source, qui estoit vne affection violente : il le coniura de ne le plus abandonner, s'il vouloit luy sauuer la vie ; & luy fit toutes les humbles submissions qu'vn amant passionné pourroit faire à vne superbe Maistresse. Ganymede pour arrester & sa colere & tant de prieres indignes d'vne Majesté si haute, fut contraint de luy promettre tout ce qu'il voulut, à condition toutefois qu'il ne seroit pas tout à fait esclaue de la passion du Roy, & qu'il pourroit s'eschaper quelquefois pour soulager la sienne. Ce mot faillit encore à faire tomber le Roy dans l'abysme de ses desplaisirs, ne pouuant souffrir la pensée que Ganymede pût aymer autre chose que luy ; & enfin ce ieune Prince fut contraint de l'asseu-

DES FABLES, LIV. VI. 415

r qu'il tascheroit a se guerir de
ette affection, pour se rendre plus
igne de celle du Roy. Apres plu-
eurs larmes respanduës de part
 d'autre, leur amitié sembla
ien renoüée; Le Roy luy donna
 charge de son grand Eschanson,
 ils passerent quatre ou cinq iours
nsemble dans vne parfaite inte-
gence, pendant lesquels la belle
 artesie estoit infiniment en pei-
e de Ganymede, & l'enuoyoit
hercher de tous costez. Iupiter
esme apprenant le soin qu'elle
renoit pour en sçauoir des nou-
elles, fit tout ce qu'il pût pour
mpescher qu'elle ne sçeut qu'il
'estoit rendu dans son camp, &
effendit à tous les siens de dire
u'ils l'auoient veu. Tous ces soins
e Martesie redoubloient sa ia-

lousie, & celle de Mars: mais ce ieune Prince n'osa iamais en tesmoigner ses ressentimens à Ganymede, à cause de l'affection que le Roy luy portoit ; & laissoit seulement agir la ialousie du Roy pour secourir la sienne. Cependant il se passa encore deux ou trois combats contre les Sarmates, Iupiter s'auançant iusques dans leur pays ; & les Amazones luy furent tousiours secourables en toutes ces rencontres. Mais enfin Martesie apprit que Ganymede estoit auprés de Iupiter ; vne de ces Amazones l'ayant rencontré par hazard dans vn combat où elle s'estoit meslée. Aussitost cette Reyne l'enuoya redemander au Roy ; & luy fit denoncer que s'il manquoit a le remettre

tre entre ses mains, elle se rangeroit du costé de ses ennemis. Iupiter à ce message fut extremement confus, ne pouuant se resoudre à perdre ny Ganymede, ny le secours des Amazones, qui luy auoit esté iusques là si vtile; mais pource que cette demande s'estoit faicte deuant toute son armée, & que chacun murmuroit de sa passion; & mesmes la retraite des Amazones estant capable [d]e mettre le desespoir dans tou[t]es ses troupes; il fut contraint d[e c]ommander à Ganymede, quoy [q]u'auec vn visage tout enflammé, [qu]'il allast retrouuer la Reyne, & qu'il l'entretint tousiours dans son amitié. Le ieune Prince extremement satisfaict de ce commandement, alla reuestir ses ha-

Dd

bits de fille; & partit auec l'A-
mazone, qui le mena dans le camp
de la Reyne, dequoy Iupiter &
Mars faillirent à mourir de desplaisir.

Aussi-tost qu'il fut en sa presence & renfermé auec elle, il receut
de cette amante offensée, tous les
mesmes reproches qu'il auoit receus du Roy. Elle l'accusa d'ou-
bly, de mespris, & d'ingratitude;
mais le plus grand malheur de Ganymede, estoit de n'oser luy dir[e]
les veritables causes de ses contraintes, qui eussent plutost aigr[i]
le courroux de la Reyne, qu'ell[e]
ne l'eussent satisfaicte; & plus i[l]
auoit d'affection pour elle, plu[s]
ses reproches luy estoient sensibles. Toutefois pource qu'il l'aymoit auec vne veritable tendresse,

il sçeut si bien luy faire valoir vne legere blessure qu'il auoit receuë, sur laquelle il rendit son seiour & legitime & necessaire ; qu'enfin elle luy pardonna, à condition qu'il luy feroit vn sermét solemnel de ne l'abandonner iamais. Ganymede luy iura par toutes les puissances du Ciel & de la terre, qu'il ne se separeroit iamais d'elle;

ils vescurent quelques iours ensemble auec des satisfactions inexprimables.

Mais d'vn autre costé Iupiter estoit dans vn estat de vie bien differend : car il s'abandonna tellement à l'ennuy & au desespoir, aussi-tost apres le depart de Ganymede, qu'il tomba dans vne maladie dont ses confidens seuls sçauoient la cause. Ce mal ne pût

Dd ij

estre combattu que par la passion qui seule estoit capable de combattre quelquesfois ses amours: ce fut par son ambition, qui luy representant le retardement de ses conquestes, & la ruine de son armé & de son honneur, le fit resoudr auec beaucoup de peine à dissimuler ses sensibles tourmens, à feindre le mespris de ce qui lu estoit insuportable. Toutefoi bien que cette feinte ne pût pa guerir le mal de son esprit, ell eut assez de force pour guerir ce luy de son corps, par les remed & les diuertissemens qu'elle le fo çoit de prendre, pour faire pa reistre en luy de la resolution quelque reste de courage : mai en mesme temps que son corps guerissoit, son esprit se rendo

e plus en plus malade ; ayant à
ouffrir non seulement tous les
esmes tourmens qui ne dimi-
uoient point, mais encore cette
einte cruelle, qui l'obligeoit à les
acher & à les renfermer au de-
ans. Cependant il ne laissoit pas
e courir toute la Dace auec son
rmée ; & estoit mesme entré par
fleuue Tyras dans la Sarmatie,
ù ses Ennemis s'estoient retirez,
n'osoient plus attaquer que
uelques troupes separées, se te-
ant toûjours dans les bois, & at-
ndant vn puissant secours de
urs voysins. Lorsque Iupiter en
ut receu l'aduis, toute l'armée se
repara pour vne grande bataille ;
ais les Amazones qui en furent
ussi aduerties, se resolurent d'al-
r au deuant du secours, pour le

Dd iij

combattre auant qu'il peuſt ioindre les Sarmates. Le Roy ayant
peur que ces Guerrieres ne de-
meuraſſent enfermées entre le ſecours & les Sarmates, partit apres
elles auec toutes ſes forces ; ne
perdant aucune occaſion de s'approcher d'elles, ſur l'eſperance de
voir Ganymede par quelque rencontre ; & il ne fut point trompé
en tout ce qu'il auoit preueu ou
eſperé : car les Barbares allant au
deuant de leur ſecours, rencontrerent les Amazones qui le combattoient dé-ja ; & les attaquerent auec tant de fureur, que ces
courageuſes filles battuës des deux
coſtez, n'euſſent peu reſiſter long-
temps, ſans l'arriuée de toute l'armée qui fondit ſur les Sarmates.
Le Roy conſiderant le grand dan-

ger où estoient les Amazones, nimoit ses troupes autant qu'il uy estoit possible pour les en de-iurer; & il falloit percer l'armée es Sarmates, ou passer sur leurs orps, pour arriuer iusques à elles. 'esperance de voir Ganymede seroit encore de puissant aiguillon à upiter, & à Mars celle de voir Marsie, pour combattre des premiers monstrer le chemin aux autres our ouurir les Barbares. Les solats esmeus par leur exemple, fient de puissants efforts pour les uiure, ou pour faciliter leur passage. Enfin apres auoir renuersé out ce qu'ils rencontrerent, ils aruindrent tous deux au lieu qu'ils desiroient; mais ils y trouuerent des objets bien contraires à leurs esperances. La Reyne Mar-

tesie & Ganymede estoient renuersez à demy morts sur vn mon-
ceau de morts ; vne partie des
Amazones combattoient contre
les Barbares pour deffendre le
corps de leur Reyne, & sept ou
huict des autres taschoient à l'enleuer & à le retirer de la presse.
Cette veüe fut si sensible à Iupiter,
qu'il courut aussi-tost vers le corps
de Ganymede, pour le deffendre
& pour le releuer ; & d'vn costé
animé du desir de le vanger, de
l'autre abbatu de douleur de le voir
en ce miserable estat, il ne sçauoit
s'il deuoit ou combattre les ennemis, ou se laisser deuorer par son
ennuy. Mars ressentit de pareilles
douleurs pour le malheur de Martesie, & courut pour la secourir.
Toutes les troupes fondirent sur

les Barbares, & donnerent le loisir à Iupiter d'embrasser Ganymede, & de l'emporter luy mesme hors de la foule, cependant que d'vn autre costé auec l'ayde de Mars, les Amazones emporterent leur Reyne: mais ces Guerrieres ne voulurent iamais permettre à ce ieune Prince d'entrer dans leur camp. Le Roy ne receut aucune consolation pour les nouuelles qui luy furent apportées que sa victoire estoit entiere, & que les Ennemis fuyoient de toutes parts. Il fit tendre en diligence vn pauillon & vn lict pour y mettre ce beau corps; & cependant il versoit de grosses larmes, considerant combien la fortune estoit traistresse, de luy auoir donné la veuë de ce beau Prince qu'il auoit tant desirée, & qui luy estoit toutefois alors si cruelle & si douloureuse. Il s'enferma dans sa tente auec deux Chirurgiens & deux confidens seulement, pour voir les playes de Ganymede qui auoit perdu toute connoissance : mais du plus grand trouble où il fut iamais, il tomba dans vne autre bien plus grand, lors qu'en visitant les blessures, il trouua que Ganymede estoit vne fille. Cette connoissance iustifia aussi-tost dans son esprit l'affection de Martesie, & la sienne mesme dans celuy de ses confidens ; & bannit toute la ialousie qu'il auoit conceuë contre l'Amazone, & qui luy auoit causé tant de tourmens : mais il ne pût comprendre d'où venoit l'excez de la cruauté de Ganymede, voyant la grandeur de sa passion, & tous les maux que ses ialousies luy auoient faict souffrir, de n'auoir eu aucun soin de le secourir, en luy faisant connoistre son sexe, & en s'esleuant elle mesme à l'honneur d'estre Reyne & femme du grand Iupiter. Cependant les Chirurgiens mettoient des appareils à toutes ses blessures, & donnoient quelque esperance de la pouuoir sauuer, ne trouuant pas ses playes en lieux dangereux. Ce changement de sexe qui rendoit son amour legitime & le fortifioit, & cette esperance de vie qui apportoit auec elle celle d'vne possession heureuse, combatirent son despit contre tant de cruautez, & firent renaistre en son ame la ioye qui en auoit esté si long-temps bannie. Toutefois examinant encore les mouuemens de cette belle fille pour luy celer son sexe, sans auoir eu aucun soucy des maux qu'il auoit soufferts & de sa mort mesme ; voyla tout à coup que sa ialousie qui s'étoit esteinte contre Martesie, va changer d'objet; & luy represente si viuement que Ganymede couchoit tous les iours auec Merops auant qu'elle connut Martesie, & que sans doute l'amour qu'elle auoit pour luy auoit causé toutes ses froideurs & ses cruautez ; qu'il retombe dans vn plus grand desespoir qu'auparauant ; ne pouuant seulement souffrir la pensée, qu'vn autre en eut eu si long-temps la ioüissance, & qu'elle l'eut preferé à tous ses merites & à toutes ses grandeurs. Cette douleur l'emporta tellement, que ne pouuant se resoudre à se vanger sur elle de tous ses maux, & la voyát mesme en vn si triste estat, il se resolut de se vanger sur Merops, qu'il s'imaginoit s'estre mocqué long temps de l'amour de son Roy & de tous ses tourmens; & d'en auoir fait souuent de bons contes auec sa belle amante. Aussitost il le fit mettre aux fers, sans luy dire le sujet pour lequel il estoit traitté de la sorte, & sans le faire venir en sa presence, ne pouuant de honte supporter sa veuë.

D'vn autre costé la Reyne Martesie qui n'auoit pas esté si blessée que Ganymede, aussi tost qu'elle fut reuenuë de son euanoüyssement, demanda des nouuelles de cette chere compagne. On luy dit que le Roy l'auoit fait emporter presque mourante. Elle enuoya aussi-tost sçauoir l'estat de sa vie, auec des tesmoignages d'vne violente inquietude, & suplier le Roy de la vouloir renuoyer dans son camp, si elle estoit en estat d'estre transportée; afin qu'elle en eust les soins qu'elle meritoit, & qu'elle luy donnast les remedes que son affection luy feroit trouuer : mais Iupiter quoy qu'esmeu par son despit, & furieusement indigné contre cette belle Ganymede, ne pût consentir à la laisser sortir de son camp, & manda à Martesie qu'elle n'estoit pas en estat de pouuoir estre changée de lieu.

Le lendemain elle commença à voir, & à reprendre peu à peu la connoissance : puis elle sentit de la douleur en ses blessures, dont toutefois pour la consoler on luy pro-

DES FABLES, LIV. VI. 431
mit la guerison: mais se voyant entre les mains de Iupiter, & de quelques autres, qui auroient sans doute reconnu son sexe, elle faillit à retomber dans son esuanouyssemét. Elle leur tesmoigna à tous vn deslaisir sensible par la tristesse de son isage, sans parler à vn seul: ce qui ouuoit estre attribué à ce qu'elle ouffroit dans ses playes. D'vn autre costé Iupiter, quoy qu'il receut uelque satisfaction de la voir en sperance de se guerir, estoit toûours plongé dans vn cruel ennuy, ntretenant continuellement sa iaousie, qui luy disoit sans cesse u'vn autre possedoit depuis si ong temps cette merueille incomarable. Elle demanda enfin où stoit son frere; & cette parole donа encore des pointes mortelles au

Roy, voyant le soin qu'elle auoit de luy auant toutes choses; comme si elle s'estonnoit de ne point voir aupres de son lict, celuy qu'elle aymoit le mieux, & qui la deuoit mieux aymer. Iupiter eut quelqu' enuie de luy dire qu'il estoit mort pour tascher a luy en oster le souuenir; mais il craignit de la fair mourir de douleur en l'estat où el le estoit, & se contenta de luy dir qu'il auoit aussi receu de grande blessures. Cette nouuelle ne lai pas de luy estre fort sensible; plus elle en tesmoignoit d'inquie tude, plus elle donnoit de despit a Roy. Elle demanda encore de cel les de Martesie; & on luy dit au qu'elle estoit fort blessée : mai quelque douleur qu'elle en tesmo gnast, le Roy n'en receuoit poi
d'ennu

d'ennuy, ayant perdu pour ce costé
là toute sa ialousie. Lors que l'on
en[fit] ses blessures, dont l'vne estoit
[a]u dessous du sein, elle ne douta
[p]lus que le Roy ne sçeut ce qu'elle
[e]stoit: mais bien qu'elle eust vne
[h]onte estrange, d'estre reduite à se
[l]aisser toucher par des hommes, &
[q]u'elle en fit parestre vn ennuy
[co]ntinuel; elle ne laissoit pas de s'é-
[to]nner, que Iupiter ne luy tesmoignast point quelque ioye de cette
[co]nnoissance, & demeurast deuant
[el]le dans le silence, & dans vne pro-
[fo]nde tristesse. Toutefois elle pou-
[uo]it encore attribuer cét ennuy, à
[l'en]uy qu'il pouuoit auoir pour son
[riu]al: mais quelques iours apres la
[vo]yant vn peu fortifiée, il se reso-
[lut] de luy parler; & luy dit. Ie ne
[sça]y si ie dois nommer en vous in-

E e

humanité ou audace, de m'auoir toûjours celé voſtre ſexe : car voyāt la paſſion violente que i'auois pour vous, & d'autant plus miſerable que ie la croyois ſans remede, c'eſtoit vne grande inhumanité de me laiſſer mourir, ayant en vous le remede, & qui vous eſtoit meſme auantageux; & ſi d'autres affections vous faiſoient dédaigner la mienne, c'étoit vne audace qui me ſemble maintenant inſuportable, d'auoir voulu triompher de moy ſi long-temps, & vous en mocquer auec la perſonne que vous aymiez. Seigneur, reſpondit Ganymede, ie n'ay iamais eu ny inhumanité ny audace; & mon eſprit eſt bien exépt de l'vne & de l'autre. I'ay creu deuoir cacher mon ſexe, pour de conſiderations importantes à mo honneur; & i'esperois que cette affection se pourroit guerir par celle de quelqu'autre. Vous eut-il semblé raisonnable, que voyant l'ardeur de vostre passion, ie vous eusse dit, Seigneur, ie suis fille? vous n'eussiez point appelé cela humanité, mais vne effronterie qui m'eut renuë à iamais digne de vostre mespris; & quelle audace aussi me pouez-vous reprocher ; & auec qui uis-ie m'estre mocquée de vostre assion ? Cette demande, reprit Iupiter en rougissant, m'offense enore plus cruellemét que l'offence esme: & ne pouuant me resoudre me vanger sur vous du mal qu'il ous plaist de me faire sentir, ie suis eduit à me vanger sur la personne our laquelle vous me le faites senir. Ah! Seigneur, dit Ganymede toute estonnée & en se releuant, sur qui voulez vous vous vanger d'vn mal que ie ne vous fis iamais ? & seroit-il possible que vous eussiez opinion que ie me fusse mocqué de vous auec Martesie, & que vous luy fissiez souffrir quelque chose pour mon sujet sur vn si mauuais pretexte ? & mesme que vous voulussiez non seulement vous priuer d'vne personne qui vous a rendu de si grands seruices, & qui vous est tous les iours si vtile; mais encore luy donner des supplices au lieu de recompenses?

Que vous estes cruelle, reprit Iupiter, de me parler de Martesie, & de me vouloir obliger à nommer celuy que vous auez honte de nómer vous mesme; mais de qui i'ay plus grande honte encore que vous de prononcer le nom. Plus vous me le cachez, plus ie fens le mal qu'il m'a fait: mais aussi plus ma colere s'en irrite, plus elle fe fera fentir à celuy qui l'a caufée. Il dit ces mots auec tãt de rougeur & d'impetuofité, que Ganymede s'en efmeut encore plus qu'auparauant, & luy dit. Seigneur, fi iamais l'affection qu'il vous a pleu me porter, a peu vous obliger à m'accorder quelque grace, ie vous demande celle de me vouloir dire fur qui vous pretendez vous vanger à mon occafion: car ie ne connois perfonne qui foit coupable d'vn feul de vos maux, autre que moy, puis qu'il vous plaift m'en accufer. Pretendez vous, repartit Iupiter, ne pouuant plus me cacher voftre fexe, me cacher encore tout le refte, & me rendre l'e-

ternel ioüet de vos feintes? Non,
non; Ganimede n'eſtant plus homme, Merops n'eſt plus ſon frere; &
puis qu'il eſt ſon amant, ie ſçauray
bien me vanger de ce Riual, & luy
empeſcher vne poſſeſſion qui eterniſeroit ma douleur: il eſt aux fers,
& n'en ſortira que par la mort. Ganymede entendant ces mots fit
ſortir vne telle abondance de larmes, & fut ſi ſaiſie qu'elle ne pût
prononcer vne parole, & vn peu
apres s'euanouyt. Iupiter fut encore plus confirmé que iamais dans ſa
ialouſie, par cét accident qu'il eſtima vne puiſſante marque d'vn amour violent; & ne ceſſoit de tomber d'vn trouble en vn autre. Il ne
laiſſa pas de ſortir, & d'aduertir que
l'on eut ſoin d'elle: mais il ne pût
ſe reſoudre à ſouffrir dauantage ſa

veuë, qui luy donnoit plus de tourment, plus il la trouuoit admirable. Toutefois il ne fut pas long-temps à se soulager par cette priuation : car on luy vint dire que Ganymede ne vouloit plus souffrir les remedes; & estoit resoluë de mourir, si on ne luy faisoit voir son frere. Iupiter sentit vn combat horrible en son ame, ne pouuant se resoudre ny à luy rendre la veuë de son cher amant, ny à la laisser mourir; & fut long-temps à se desesperer parmy ses confidens, ne sçachant quel party il deuoit prendre. Pendant ces longues irresolutions, on luy vint dire encore, que Ganymede croyát que son frere fut mort, puis qu'elle ne voyoit plus pareſtre ny Iupiter ny luy, auoit arraché les bandages de ses playes; & en voyát

couler son sang, auoit dit, que si
Iupiter n'estoit pas content de la
mort de son frere, il se satisfit
encore par la sienne. Cette nouuelle fut vne cruelle surcharge aux
douleurs du Roy, qui voyant d'vn
costé de si grãds tesmoignages d'a-
mour pour Merops, & de l'autre le
danger present de ce qu'il aymoit,
se sentit accablé de malheur & de
supplices insuportables. Enfin l'a-
mour & la pitié l'emporterent par
dessus la fureur de la ialousie. Il
commanda qu'on luy allast dire,
qu'elle se laissast rebander ses playes, & qu'elle verroit Merops. Il fut
encore quelque temps pour se pouuoir resoudre à l'enuoyer querir:
mais enfin ayãt peur quelle ne deffit encore ses linges, il consentit
qu'on luy allast oster les fers, &

qu'on l'amenaſt à Ganymede. Lors qu'il ſçeut qu'ils eſtoient enſemble, combien de careſſes ils ſe faiſoient, & combien de larmes ils verſoient l'vn & l'autre, il faillit à en perdre l'eſprit de rage : mais la fortune n'eſtoit pas contente d'auoir reduit vn Monarque ſi puiſſant & ſi courageux, à vn ſi miſerable eſtat; elle voulut encore y adiouſter vn nouueau tourment. On luy vint dire que Ganymede le ſuplioit de la venir voir. Quoy, dit-il, veut elle encore que ie ſois témoin de leurs careſſes? & ne luy ſuffit-il pas de m'auoir ſoûmis iuſques au point de me forcer à luy redonner la veuë de ce qu'elle ayme? n'eſtce pas aſſez qu'elle triomphe de moy, ſans qu'elle veuille inſolemment que i'aſſiſte à ſon triomphe? Sur ce qu'il tardoit elle luy manda encore que s'il ne venoit, elle le viendroit trouuer, quelque fortune qu'elle en d'eust courir. Hé bien, dit-il, allós, & donnons le comble à sa gloire & à nostre honte. Il entra tout tremblant & interdit; & n'osant prononcer vne parole, ny mesmes les regarder, il s'assit tout troublé, ne sçachant ce qu'il deuoit faire. Ganymede pria qu'on les laissast seuls, & alors elle dit à Merops. La fortune ne m'a pas permis de celer plus long-temps à Iupiter ce que i'estois : mais puis que ce malheur est arriué, & que nostre affection luy donne tant d ialousie & de tourment; faites luy voir, ie vous prie, vne partie de vo stre sein, afin qu'il sçache aussi c que vous estes. Iupiter resueillé pa ces mots, haussa la veuë qu'il auoit toûjours baissée iusques là; & voyāt le sein de Merops, entra d'vne confusion dans vne autre, & d'vne honte tomba dans vne toute contraire: pource qu'il estoit honteux auparauant d'auoir esté offensé si cruellement, ce luy sembloit, par des personnes qui luy estoiēt sujettes; & maintenant il l'estoit de les auoir offensées si cruellement. Il abbaissa sa grandeur iusques à demander pardon à Ganymede, de ses soupçons & de ses reproches; & à Merops de la captiuité estroitte qu'il luy auoit fait souffrir sans qu'il l'eut meritée: mais enfin, leur dit-il en iettant mesmes des larmes, vous ne deuez pas m'accuser tout seul de ce que vous auez enduré de moy; mais plûtost vous accuser vous mesmes, de m'auoir si long-temps celé ce que vous estiez, & d'auoir donné tant de sujets pour me tourmenter. Qu'eussiós nous peu faire, respondit la belle Princesse, pour vous donner de la satisfaction? Nous auions desguisé nostre sexe auant mesmes que de partir de Phrygie; & en partant de Bysance il y eut encore vn ordre que nulle femme ne fut si hardie que de parestre dans l'armée. Pour vous obeïr entierement, il falloit donc nous en esloigner sans nous faire connoistre à vous. Ah! reprit Iupiter, ie rends graces maintenant à tous les tourmens que i'ay soufferts, puis qu'il m'a fallu paruenir par eux à vostre connoissance; & ie serois bien malheureux si vous m'eussiez obey alors, & si vous m'eussiez priué du plus bel objet qu'ayt iamais produit la Nature: mais, ô merueilleuse Princesse, que ie sçache donc, ie vous prie, pour quel sujet vous vous estes desguisée; & comment vostre courage vous a peu porter à vouloir souffrir toutes les fatigues de la guerre. Seigneur, luy respondit elle, i'ay tant de peine à parler, que vous me dispenserez s'il vous plaist de vous faire ce recit; & Merops que i'appelleray desormais ma sœur deuant vous, y satisfera pour toutes deux, & ne vous desguisera plus aucune chose. Iupiter ayãt approuué que Merops parlast, & ayãt prié Ganymede de se tenir ce pendant en repos pour reprédre bientost sa santé, Merops prit ainsi la parole.

Seigneur, nous ne sommes point Phrygiennes, mais Grecques, & filles d'Atlas Roy d'Arcadie, frere de cét autre Atlas Roy de Mauritanie: Pleione sa femme eut de luy sept filles, qui de son nom furent appellées les Pleiades. Ma sœur qui se nomme Maja, & moy qui me nomme Merope, sommes de ce nôbre: nostre Pere estant mort nous auiôs vescu assez en repos sous la protection de Pleione, iusques à ce qu'Orion Roy de Tanagre en Beoce, le plus audacieux & le plus incestueux de tous les hommes, nous vit, estant venu à la chasse comme il faisoit souuét dans les montagnes de Pholoé, de Cyllene, & de Menale; & trouuant quelque beauté en nous, il conceut vne telle fureur, que non content d'en desirer vne, & de la demander à la Reyne en mariage, il nous desira toutes. Voyant que nous n'auions point de pere ny de frere, & que nous ne pouuions esperer de protection contre ses entreprises, il nous dressa à toutes diuerses embusches, dont ses chasses où il s'adonnoit ordinairement, luy fournissoient les pretextes & les occasions. Nous sçauions plusieurs histoires de femmes, à la pudicité desquelles il auoit attété; & mesmes qu'il auoit osé passer en l'Isle de Chios, pour forcer Ærope femme du Roy Oenopion, dans son Palais mesme: de sorte que nous tremblions toutes aussi-tost que nous entendiós parler de luy : nous ne cessions d'auoir des personnes de tous costez pour descouurir ses pieges, & nous portions mesmes des armes, & aprenions à les manier, pour nous deffendre de sa violence. Il fut cinq ans entiers à nous

poursuiure auec vne opiniastreté infatigable; & il sembloit qu'il eust abandonné la chasse des bestes, pour chasser toute sa vie apres nous. Enfin ma sœur & moy, nous nous lassasmes d'vne vie si inquiete, & sujette à vn danger si horrible ; & nous nous resolumes de cháger de païs. Nous fismes apprester vn vaisseau leger, qui s'appelloit l'Aigle; aussi vn Aigle estoit representé à la prouë; & ayant assemblé cent hommes outre les mariniers, nous nous desguisasmes & changeasmes de noms. Ma sœur se fit appeller Ganymede; & de mon nom de Meropé, i'en fis Merops : puis nous passasmes la mer, & ayant laissé la plus part de nos gens auec nostre vaisseau, nous nous resolusmes d'habiter quelque temps au pied du mont
Ida,

Ida. Incontinant apres voſtre armée arriua en Phrygie; & comme d'vne hardieſſe on paſſe ordinairement à vne autre; apres auoir oſé [n]ous deſguiſer en hommes, nous [f]aſmes encore entreprendre d'acuerir de la gloire par les armes, [p]uiſque les pourſuites d'Oriõ nous [a]uoient déja obligées à nous en [s]eruir, & que nous y eſtions accou[t]umées. Ainſi en ſuiuant voſtre [a]rmée, noſtre Aigle emporta Gany-[m]ede & moy & noſtre troupe, iuſ[q]u'à Byſance pour vous ſeruir. [N]ous nous miſmes ſous vos enſei[g]nes comme Princes Phrygiens, de [p]eur que quelques vns de noſtre [p]aïs ne nous euſſent cherchez & reconnus, ſi nous nous fuſſions decla[r]ez Arcadiés. C'eſt là, Seigneur, que [n]ous euſmes l'hõneur d'eſtre veuës

F f

de vous, & d'estre choisies pour estre de vostre garde. Nous auons souuent tremblé voyant Orion dans vostre armée; & estát de long-temps accoustumées à le craindre, nous estiós quelquefois en dessein de prendre la fuite si tost qu'il paressoit; croyant qu'il nous reconnoissoit aussi bien que nous le connoissions. Ma sœur m'a dit mesme, qu'elle auoit accepté volontiers l'amitié de Martesie, pour se deliurer de ses craintes quád elle seroit dans son armée; ayant consideré qu'Orion arrestoit souuent les yeux su elle, celuy sembloit, plûtost que su moy. Mais nous n'auons plus rien craindre, estant sous la protectio d'vn si puissant Monarque, qu nous peut donner congé, s'il n veut pas que des fémes soient dan son armée; & nous faire accompagner iusques en Arcadie, de peur que nostre honneur ne coure fortune; ou qui nous prescrira telle vie qu'il luy plaira que nous suiuiõs, & nous obeyrons desormais à tous ses commandemés. Iupiter ayant apris auec grande ioye que Maja estoit fille d'Altas, & digne autant par son sang que par sa beauté, d'estre son espouse; sentit que son amour s'acroissoit encore en luy, à mesure qu'il deuenoit plus legitime. Il les embrassa toutes deux auec de grãds transports; & les pria de ne point sortir de son armée, & ne point découurir leur sexe. Il promit à Maja de l'espouser aussi-tost qu'elle so sorteroit bien, & auec le plus de solemnité qu'il pourroit, dãs le secret qu'il estoit obligé de garder, ayant

Ff ij

fait deffence aux autres d'auoir des femmes; & asseura Merope qu'il luy choisiroit vn party digne d'elle. Il fit entrer quelques confidés, & leur fit part de sa ioye; & depuis il ne cessoit d'estre aupres du lict de la belle Maja, qu'il appelloit toûjours Ganymede; & luy donnoit toutes les heures qu'il pouuoit desrober aux soins de la guerre, pour admirer sa beauté, & se resioüir auec elle de sa santé renaissante. Il eut bien voulu aussi faire part à Mars de son secret, pour luy oster toutes les ialousies qu'il auoit contre Ganymede, redoutant pour luy ses ressentimens; mais il craignit que sa passion ne se tournast vers Ganymede mesme; & qu'il ne se preparast de la ialousie à luy mesme, en guerissant Mars de cette maladie.

Cependant Martesie enuoyoit tous les iours sçauoir des nouuelles de sa chere Ganymede; & portoit auec vne impatiéce extreme la longueur de sa guerison, & l'ennuy de ne la point voir: mais elle auoit encore plus de peine à supporter qu'elle fut dans vne des tentes du Roy, craignant les hazards que son honneur pouuoit courir aupres d'vn Prince si sujet à l'amour. Enfin Ganymede guerit de ses blessures, & redeuient plus belle que iamais; Le Roy brulant d'amour & d'vn ardãt desir de la posseder, assemble ses plus chers confidens, auec ordre de ne point reueler les choses dont ils seroient témoins, & l'espouse en secret deuant eux & deuant Merope, qu'il fit en mesme temps espouser à Sisyphe fils d'Eole, l'vn de ses plus fauoris, à qui il donna pour ce sujet la ville & le Royaume de Corinthe. Le Roy reſſentit vn contentement extreme durant cette ceremonie: Maja auoit beaucoup de ſatisfaction de ſe voir eſleuée à cette gloire: Siſyphe & Merope n'en receuoient pas moins par leur alliance, & par celle qu'ils auoiét l'honneur de prendre auec le Roy; & les confidens témoignoiét à l'enuy la part qu'ils prenoient dans la felicité de ces deux couples d'amans: mais toutes leurs ioyes furent incontinant troublées, par l'arriuée de Marteſie auec vingt Amazones; laquelle sás demander permiſſion à ceux qui empeſchoient l'abbord de la tente du Roy, entra dedans; & y trouuant Ganymede & Merope en habit de fille, dit à Ganymede. Vous n'eſtes pas si malade que l'on me vouloit faire croire; & ie m'estonne de voir que vous vous plaisez tant parmy les hommes, & que vous auez si peu de soin de vos amies qui en ont tant de vous. Et vous, grand Monarque, dit elle en le regardant, est-ce ainsi que vous faictes la guerre, & que vous poursuiuez vos victoires? Cependant vous auez à faire à des ennemis, qui ne s'amusent pas comme vous à faire l'amour, & qui sçauront bien se releuer de leurs cheutes, par le loisir que vous leur en donnez. Mais il faut que ie vous arrache ce que vous ne pouuez de vous mesme consentir à esloigner de vous, & qui est si preiudiciable à vostre honneur & à toute cette guerre. Venez auec moy, Ganymede; ie ne sçay plus qu'elle opinion je dois auoir de vous: mais il faut acheuer de dompter cette nation Barbare: puis ie m'en retourneray au delà du Tanaïs, & vous laisseray alors en vostre liberté. Ils estoient tous si confus de surprise & de honte, que Iupiter n'osa repliquer vn seul mot; & Ganymede se laissant emmener par l'Amazone sans luy parler, sortit hors du camp auec sa troupe. Lors qu'elle fut assez loin, elle se resolut de confesser à Martesie, que Iupiter l'ayant fait enleuer hors de la presse, lors qu'elle auoit perdu toute connoissance à cause de ses blessures, auoit reconnu ce qu'elle estoit en la faisant panser; & depuis auoit eu de grãds soins d'elle iusqu'à sa guerison: que cependant on auoit empesché qu'elle ne parlast à celles qui venoient de sa part, ausquelles le Roy faisoit faire les responces telles qu'il luy plaisoit; qu'il l'auoit tenuë fort resserrée, de peur qu'on ne la vit & qu'on ne la reconnut; mais qu'il n'auoit iamais témoigné la moindre pensée d'attenter à son honneur. Elle cela seulement son mariage à Martesie, pour ne luy donner pas dauantage d'inquietude; mais elle l'asseura que rien ne luy auoit esté si insupportable durant sa maladie, que d'auoir si peu de nouuelles de la sienne. La Reyne luy respondit, la modestie de vostre visage, & l'affection que ie vous porte, me font croire tout ce qu'il plaist à vostre bouche de me dire: mais ie ne puis me confirmer dans cette creance, que par les marques que vous me donnerez de ne vouloir plus vous séparer de moy. Vous sçauez dé-ja, reprit Ganymede, que c'est la fortune seule qui m'a liurée entre les mains du Roy; & que i'estois fort resoluë de ne vous point abandonner. Vous estes trop iuste pour m'accuser d'auoir voulu vous secourir dans le combat, & d'y auoir esté blessée aussi bié que vous: mais vous ne me reprocherez iamais que de mon consentement ie vous aye laissée. Martesie receut ses excuses & l'embrassa, & elles arriuerent vn peu apres dans leur camp. D'vn autre costé le Roy estoit en des impatiences furieuses de reuoir Ganymede; & plus il s'estoit veu prest de la posseder, plus son absence luy estoit insuportable. Il s'accusoit luy mesme du trouble, par lequel il s'estoit laissé surprendre; &

de n'auoir pas eu seulement la resolution d'empescher l'Amazone de luy enleuer sa femme. Il fut quelques iours à se laisser ronger par les ennuis & les violentes inquietudes; & enfin ne pouuant plus souffrir son tourment, il se resolut d'enuoyer Merope vers Ganymede, pour la conuier par toutes les ardeurs de sa passion, & par l'obligatiõ de la foy qu'elle luy auoit donnée; de se vouloir desrober de la [R]eyne, & luy accorder la satisfactiõ [q]u'il s'estoit promise par son ma[r]iage. Merope alla voir Martesie [c]omme de la part du Roy, pour luy [p]roposer quelque entreprise; & en[s]uite vid sa sœur en particulier, la [R]eyne ne se deffiant point d'elle; & [a]pres quelques discours l'obligea [d]'accorder au Roy ce qu'elle ne

pouuoit alors luy refuser. Elles cō-
uindrent d'vn lieu dans le bois, où
Iupiter se trouua durant quelques
iours, auec Sisyphe & Merope seulement: & incontinant Ganymede
s'en retournoit dans le camp des
Amazones, & Iupiter dans le sien;
Ganymede estant obligée de se cacher de la Reyne, & Iupiter de toute son armée, pour ne pas violer luy
mesme la deffence qu'il auoit fait
d'y auoir des femmes. Mais vn iour
que Ganymede ayant esté quelque
temps auec le Roy, s'en retournoit
toute seule dans le bois, elle tomb
dans vne embuscade des ennemis,
peu s'en fallut mesmes que Iupite
ny tombast luy mesme; & ainsi ell
fut prise. Martesie ayant esté long-
temps sans la reuoir, commença
s'affliger, s'imaginát qu'elle seroit

DES FABLES, LIV. VI. 461

retournée dans le camp des Assyriés. Elle l'y envoya chercher incontinant, & fit dire à Iupiter que s'il ne la renuoyoit aussi-tost, elle l'iroit querir elle mesme: mais qu'elle luy vouloit espargner cette honte. Le Roy bien estonné de ce message, protesta qu'il ne l'auoit point veüe dans son camp; & comença à craindre sa perte. La Reyne croyant qu'il la celoit, y alla elle mesme pour l'emmener encore vne fois; & ne pouuant s'imaginer autre chose sinon qu'il la faisoit cacher; luy en fit mille reproches capables de l'irriter: mais son affliction propre empeschant les mouuemens de sa cocere, il offrit d'enuoyer quelques vns des siens auec des Amazones, vers le Roy Porphyrion; pour sçauoir si quelqu'vn des siens ne l'auoit point prife. Cette ambaſſade luy fit voir que cette belle perſonne eſtoit bien chere & au Roy & aux Amazones, & il ſe reſolut de la vendre bien cherement. Il dit qu'elle eſtoit entre leurs mains, & meſmes la fit voir: mais quand on voulut ſçauoir quelle rançon ils deſiroiét pour elle, ils demanderent qu'on leur rendit tous leurs priſonniers, & que le Roy ſe retiraſt au delà du Danube, & les Amazones au delà du Tanaïs, auec ferment de ne les inquieter iamais. Ces propoſitions parurent trop iniuſtes pour la rançon d'vne ſeule perſonne : mais les Barbares n'en voulurent point faire d'autres, & renuoyerent ainſi les Aſſyriens & les Amazones. Le Roy fut tout troublé en ſon eſprit, d'entendre que ſes ennemis vaincus pretendoient luy faire la loy, & luy faire abandonner le fruit de toutes ses victoires, pour le seul auantage d'auoir pris vne personne. Toutefois l'aymant passionnement comme il faisoit, il eut non seulement quitté tout ce qu'il auoit conquis sur les Barbares, mais encore la moitié de son Empire, pour la retenir entre ses mains; & si les Sarmates eussent sçeu combien il la cherissoit, ils eussent adiousté des conditions encore plus rigoureuses. Neantmoins le regret de perdre le fruit de tant de trauaux, & la crainte de tacher sa [v]ie d'vne honte eternelle, luy firent [s]uspendre son iugement & agiter long-temps quelle resolution il deuoit prendre : mais quelque conclusió qu'il peust faire en son ame, il falloit se resoudre à perdre ou sa felicité ou sa gloire. Pendant qu'il rouloit dans son esprit de si facheuses pensées, Martesie de son costé receut au contraire beaucoup de ioye, estant bien plus contente que Ganymede fut dans le camp des ennemis, que dans celuy de Iupiter; Et pource que le contentement donne bien plus de liberté à l'esprit pour agir, que la douleur; elle prit aussi-tost la resolution de ne point marchander dauantage auec les Barbares, qui proposoient des conditions si iniustes; mais de la deliurer par la force: toutefois pour amuser les ennemis elle enuoya prier Iupiter qu'il feignit de leur accorder qu'il se retireroit au delà du fleuue Tyras seulement; & d'en faire faire la proposition par les siens, pour voir si les Sarmates parle-

DES FABLES, LIV. VI. 465
parleroient encore auec autant de fierté. Cet aduis qui accommodoit en quelque sorte le combat qui se faisoit en luy entre sa passion & son honneur, luy fut fort agreable, & il deputa aussi-tost vers les Barbares: mais pendant ces conferences, Martesie qui s'estoit fait enseigner le lieu où l'on auoit veu Ganymede urant les premieres propositions, ressa si bien sa partie, qu'elle fondit out à coup auec toutes ses Amazo- es dans le camp des ennemis, qui e songeoient qu'à rebuter auda- ieusement les offres de Iupiter; & 'ayant dessein que de leur arracher anymede, alla droit au lieu où elle stoit renfermée ; & l'ayant forcé endant le tumulte de tout le reste u camp, l'emmena; & en faisant sa etraite, eut encore soin de retirer

Gg

ceux qui parlementoient de la part de Iupiter. Cét exploit parut admirable à toute l'armée du Roy; mais s'il donna de la ioye au Roy mesme pour la deliurance de Ganymede, il luy donna aussi bien de la hôte, d'auoir esté preuenu par des femmes en vne action de hardiesse; & de leur estre obligé de la liberté de Ganymede, & de la conseruation de son honneur encore, qu'il estoit prest d'abandonner pour la satisfaction de son amour. Il ne laissa pas d'enuoyer Merope sçauoir des nouuelles de la Reyne, pour se resioüir auec elle de l'heureux succes de son entreprise, & pour se plaindre vn peu de ce qu'elle luy auoit caché son dessein, pour en auoir tout l'honneur. Elle luy fit responfe qu'il estoit iuste qu'elle secourut promptement vne fille qu'elle aymoit, fans que fa deliurance coûtaft au Roy la perte d'vn feul de fes auantages; & qu'elle apprehendoit trop qu'il eut fait luy mefme cette action; & que Ganymede luy euft vne fi grande obligation, qui luy peuft donner quelque penfée de ne luy eftre pas ingrate. Merope parla en fuite à fa fœur en particulier, & luy témoigna l'impatience extreme que le Roy auoit de la reuoir: mais qu'il eftoit combattu par les apprehenfions qu'elle ne courut encore les mefmes dangers fi elle alloit feule. Toutefois elle luy, reprefenta qu'elle deuoit d'elle mefme rechercher les moyens de donner au Roy les fatisfactions que fon amour defiroit; & qu'elle eftoit bien plus obligée de contenter fon maiftre & fon efpoux, que de se rédre esclaue de l'amitié d'vne Reyne estrangere. Maja se resolut de suiure les aduis de sa sœur, & apres plusieurs expediens proposez, enfin elles arresterent ensemble, pour tromper Martesie d'vn costé & l'armée de Iupiter de l'autre; que le Roy feroit desguiser vingt ieunes hommes en Amazones, qui viendroient à certaines heures vers le camp de ces Guerrieres; que Ganymede sortiroit & se mesleroit parmy eux, comme s'ils alloient faire quelque partie : qu'ils l'escorteroient ainsi dans les bois, iusques au lieu où seroit Iupiter; & qu'au retour ces mesmes hommes l'accompagneroient iusques dans le camp des Amazones, puis se retireroient l'vn deçà l'autre delà, apres qu'elle seroit retournée chez Martesie. Cés artifice reüssit durát plus d'vn mois; & Iupiter ioüissoit ainsi en secret des legitimes embrassemens de sa belle Ganymede: mais enfin la Reyne ayant commandé vn iour que toutes ses Guerrieres se tinssent dans le camp, elle en vid pareistre quelques autres à cent pas au dehors, & quelque téps apres elle s'apperceut que Ganymede s'estoit desrobée d'elle, pour aller ioindre ces Amazones esloignées. Elle prit vne troupe auec elle pour la suiure de loin sans estre veüe, & se rendit dans les bois, ù elle rencontra ces feintes Amaones, qui parloient à d'autres Gueriers de la troupe du Roy; & aussiost elle s'imagina que Ganymede es auoit débauchées, & que toutes nsemble elles venoient chercher es hommes dans les forests. De colere elle chargea sur elles auec sa troupe: mais ces ieunes hommes s'enfuyrent, & s'escarterent en diuers lieux. Vn peu apres elle rencontra Ganymede seule qui cherchoit son escorte, & luy fit mille reproches: Maja enduroit toutes ses paroles, ne sçachant que luy respondre: la Reyne estoit toute rouge de colere & de honte, croyant que celle qu'elle aymoit, se prostituoit incessamment aux hommes, & vouloit encore faire corrompre toutes celles de son armée; & elle prenoit son silence pour vn aueu de toutes les choses dont elle l'accusoit. Ganymede estant arriuée auec elle dans le camp, la pria de luy permettre qu'elle luy peust parler en particulier. Ne pretédez vous point me corrompre encore moy mesme, luy dit Martefie. Non, non, repartit Maja, mais ie veux vous apprendre des veritez capables de vous satisfaire. Et lorsqu'elles furent seules, elle reprit ainsi. Vaillante Reyne, ce seroit trahir vne personne à qui i'ay de si sensibles obligations, tant pour l'honneur de son affection, que pour la conseruation de ma liberté & de ma vie dont ie luy suis redeuable; si ie luy celois plus long-temps que ie suis Reyne & femme du grand Roy d'Assyrie; & à cause de la deffence qu'il auoit faicte d'auoir des femmes dans son armée, ie viuois dans son camp desguisée, de peur de donner vn mauuais exemple à tous les autres, s'ils eussent veu parmy eux des Reynes, ou des maistresses de ce grand Roy. Aussi-tost que ie vous eus veuë, ie conceus vne grande affection pour vous ; & ayant reconnu par le message que vous enuoyastes au Roy, qu'il en estoit né en vous vne pareille pour moy, i'eus vn desir de pouuoir viure long-temps auec vous, pour n'estre plus incessamment parmy tant d'hommes, & suiette à souffrir les insolences d'vn camp: mais de peur d'estre priuée de ce bon-heur, si ie vous eusse declaré que i'estois femme, ie vous celay ce seul secret. I'admiray l'inclination qui vous auoit portée en mesme temps à m'aymer, & à reconnoistre mon sexe sous d'autres habits, par ces lineamens du visage que l'on vous a apris à sçauoir si bien discerner. Depuis ce temps là ie vous ay donné bien plus de temps qu'au Roy mesme mon espoux;

vous sçauez qu'il a fallu que la fortune m'ayt faict perdre la connoissance, pour m'arracher à vous & me porter dans sa tente; & si tost que vous l'auez desiré, ie me suis remise entre vos mains. Voyez si vostre affection se peut plaindre de la mienne; & si ie pouuois vous en témoigner dauantage. Il a desiré de moy ce que ie n'ay peu luy refuser: I'ay esté prise par les ennemis lors que ie me desrobois à vous pour l'aller trouuer; & depuis que vous m'auez deliurée, il a fait desguiser de ieunes soldats en Amazones, pour m'escorter iusques dans les bois où il se rendoit pour me voir. Toutefois ie cheris tellement vostre affection, que pour la conseruer, ie vous eusse toûjours celé toutes ces choses; afin que me croyant fille elle fut plus parfaicte : mais vous m'auez accusée de tant de crimes tout ensemble, que vous m'auez forcée de vous declarer la verité. Voyez maintenant si ie suis coupable : si ie n'ay pas fait pour vostre amitié tout ce qui estoit en mon pouuoir ; & si le Roy mesme ne l'a pas bien respectée, d'abandonner pour elle par tant de temps vne personne qu'il ayme ; & ordonnez maintenant comment il vous plaist que ie viue. Marteſie fut si confuse d'entendre ces paroles, & d'auoir fait tant de reproches outrageux à vne si grande Reyne, qui luy témoignoit tant d'affection, & qui estoit si innocente qu'elle fut reduite à luy en demander pardon. Elle luy dit qu'il n'estoit pas raisonnable qu'elle pri aſt ſi long-temps vn ſi grand Roy 'vne femme ſi aymable; & qu'elle ouloit la remener dans ſon camp, uec autant de ſubmiſſions & d'exuſes qu'elle l'en auoit enleuée auec udace. Ne vous preſſez point de ela, repartit Maja: ſi vous ne vous aſſez point de mon affection, ſouffrez que ie ioüiſſe encore de la voſtre; & que ie ne voye le Roy qu'à certains temps comme i'ay fait iuſqu'icy. Ainſi ie ne ſeray auec luy qu'autant que le deuoir m'oblige; & ie ſeray tout le reſte du temps parmy des filles, comme il m'eſt bien ſeant & honorable; & ie ioüyray de l'amitié de celle que i'ayme le mieux au monde. Marteſie l'embraſſa alors, entendant vne propoſition ſi conforme à ſon deſir; & elles renoüerent entr'elles une affection plus ferme qu'auparauant, n'estant plus sujette à estre troublée par tant de feintes qui auoient esté iusques là necessaires.

Le Roy impatient de sçauoir des nouuelles de Maja, dont il estoit en peine à cause du desordre qui estoit arriué dans le bois; enuoya vn peu apres Merope, à qui sa sœur dit que toutes choses alloient bien; & que le Roy pouuoit luy enuoyer son escorte ordinaire, toutes les fois qu'il l'auroit agreable. Ainsi pendant vn an entier Iupiter ne vid sa belle & chere Ganymede, qu'en se desrobant de son armée, & elle de celle des Amazones. Iugez mon frere, continua le gentil Mercure, si celuy qui fut conceu alors parmy ces doux larcins d'amour, & les viues inquietudes qui resueilloient continuellement leurs esprits, deuoit estre vn iour vn stupide. Ie nasquis enfin de ces amours secrettes de Iupiter, & de Maja sous le nom de Ganymede. Il fallut cacher la grossesse aussi bien que les entreueües; & ma naissance encore auec vn plus grand [s]oin; estant dangereux que l'vne [n]y l'autre armée en eussent conoissance. Maja me fit nourrir aus[s]i en secret durant vn an, & m'é[l]eua iusqu'à l'aage de trois ans; [p]uis le Roy ayant ouy parler de [q]uelques subtilitez d'esprit, & des [s]ouplesses de main que i'auois fai[t]es, voulut m'auoir aupres de luy; [i]e luy fus presenté par Merope, [c]omme si elle m'eust trouué par [h]azard dans les bois. D'autres que moy vous diront si depuis ce temps là i'ay produit quelques inuentions, quoy qu'elles ne soient pas comparables aux vostres; & si ma langue est demeurée muette, & mes mains oysiues. Ie vous diray seulement que Martesie ne croyant plus estre necessaire au Roy, se retira auec ses troupes au delà du Tanaïs, apres s'estre separée de ma mere auec mille regrets & des larmes infinies; & laissa Mars digerer par le temps sa passion inutile. Maja demeura aupres de Iupiter sous le nom de Ganymede, le Roy ne pouuant se resoudre à la quitter, quelque tort que son affection trop visible peust faire à sa reputation; & estant nourry aupres d'eux, i'eus la charge de grand Echanson qui me fut laissée par Ganymede; & ie les ay diuertis continuellement par quelque viuacité d'esprit, & par mille actions qui ne leur ont pas esté desagreables.

Mercure finit ainsi son histoire, & alors Apollon admira longtemps ces intrigues si embarrassées, qui auoient donné tant de tourmens à Iupiter, à Martesie, à Mars, à Maja & à Merope; & auoüa que iamais recit ne luy auoit donné tant d'attention & de plaisir, parmy lequel il n'auoit pas laissé d'auoir beaucoup d'inquietudes pour toutes ces personnes durant toutes ces trauerses. Il témoigna à son frere la grande obligation qu'il auoit adioûtée à toutes celles qu'il luy auoit, en luy contant la merueilleuse naissance du meilleur & du plus agreable frere du monde;

& auec quelques autres discours, la nuit estant fort auancée, ils se coucherent, & peu de temps apres s'endormirent.

LA VERITÉ
DES FABLES.

LIVRE SEPTIESME.

Durant toute cette nuit, dont ces deux aymables freres passerent vne partie auec contentement & l'autre auec repos ; Iupiter n'eut ny contentement ny repos. Il fut continuellement trauaillé de fascheuses pensées, & ne sçauoit ce qu'il deuoit desirer, ou la vie ou la mort de son fils ; ne croyant pas pouuoir iamais auoir de soulagement ny par l'vne ny par l'autre.

Tantost il souhaittoit qu'il perist, pour estre deliuré de la furieuse ialousie qu'il auoit conceuë contre luy, & de la crainte d'estre depossedé de son Empire,& de perdre mesme la vie: tantost il desiroit que le Ciel le secourust, & en le declarant innocent par ce moyen, luy donnast vne asseurance qu'il ne deuoit point le redouter. Tantost il accusoit ses jalousies &ses desfiances,qui le feroient deuenir cruel dans sa vieillesse; & tantost il blasmoit sa trop grande douceur, qui estoit capable de luy faire perdre l'honneu & la vie,en l'empeschant de destruire tout ce qui pouuoit s'esleuer a dessus de luy. Il auoit regret de n'auoir pas choisi pour Apollon vn genre de mort plus prompt, qui n luy eust pas donné le loisir de pouruoir à son salut, & qui n'eust pas fait sentir si long-temps à vn pere, la douleur de faire mourir son fils. Puis aussi-tost il trouuoit que Mercure auoit eu raison d'inuenter ce moyen pour esprouuer le Ciel, & pour ne l'irriter pas contre luy-mesme, s'il estoit vray qu'il eust entrepris la deffense d'Apollon. Tant de resueries & de pensées differentes s'entasserent les vnes sur les autres dans son esprit; & vn raisonnement trouuoit si tost son contraire, qu'il sembloit que ce deust estre vn combat eternel en son ame; puisque le dernier mouuement, & qui sembloit victorieux, produisoit continuellement l'ennemy qui le venoit combattre. Ainsi le iour commença à parestre, qu'il n'auoit pas encore fermé la paupiere; &

alors il fut encore plus tourmenté d'vne furieuse impatience de sçauoir ce qui s'estoit passé entre Apollon & Mercure. Toutefois il n'osoit enuoyer vers eux pour en apprendre des nouuelles, craignant d'en receuoir de mauuaises; & il ne vouloit pas preuenir vne affliction, pour se haster trop de la sçauoir. Il se resolut d'attendre que Mercur[e] le vint trouuer: mais son retarde[-]ment luy augmenta ses apprehen[-]sions; il cõmença de craindre pou[r] Mercure mesme; & il se repentoi[t] de l'auoir exposé entre les mains d[e] celuy qu'il auoit condamné à mou[-]rir, & qui auroit voulu peut-estr[e] se consoler dans sa mort, par la van[-]geance qu'il en auroit prise. Quel[-]que sorte de mal qui fut arriué, i[l] ne pût se resoudre à l'enuoyer sça[-] uoir; pensant du moins s'exempter de douleur, autant de temps qu'il pourroit retarder à l'apprendre. Enfin Apollon & Mercure se resueillerent assez tard; & Mercure se doutant bien des impatiences du Roy, se leua promptement, & demanda à son frere s'il auoit besoin de quelque chose cependant qu'il seroit dehors. I'aurois seulement à desirer, respondit-il, d'auoir vne Harpe, pour me desennuyer pendant le sejour que ie feray icy. Puisque ma sœur est dans ce Palais, elle peut en auoir quelqu'vne des miennes, ou m'en faire bien tost apporter. Mercure luy promit d'employer tous ses soins pour luy en faire trouuer vne; ayant grande impatience de l'entendre; & aprés l'auoir aduerty du lieu où estoit le panier, s'il auoit desir de manger; il sortit, & deffendit à Cilix & aux gardes sur peine de la vie, qu'ils ne laissassent entrer autre que luy dans cette chambre.

Lors qu'il arriua dans celle de Iupiter, il luy donna vne grande consolation, en luy faisant voir vn visage sans trouble & sans tristesse. Le Roy le tira aussi-tost à part, & luy demanda auec beaucoup d'emotion, comment s'estoit passé le soir precedent & la nuit encore; & si Apollon n'auoit point demandé à manger. Il ne m'en a dit vne seule parole, respondit Mercure, & ne m'en a pas mesme tesmoigné la moindre pensée, ny vne impatience, ny vne seule inquietude : I'en suis estonné, reprit Iupiter, car le manger estant si necessaire à la vie, il ne peut pas en auoir oublié le defir; & quand il auroit de plus hautes pensées, sa propre faim l'en deuoit aduertir, & luy faire trouuer estrange que l'on manquast à luy apporter quelque nourriture. C'est ce qui m'estonna encore bien plus, repartit Mercure, que vous ne vous en estonnez maintenant; estant tesmoin de la froideur & de la liberté d'esprit, auec laquelle il me parla long-temps, & de la patience auec laquelle il m'escouta iusques bien auant dans la nuit. Mais ne vous apperceustes vous point, repliqua Iupiter, de quelque chose en l'air qui luy apporta peut-estre à manger? Ie vous iure, reprit Mercure, que i'estois bien attentif à le regarder, & auois les yeux bien ouuerts pour prendre garde si ie ne verrois point voler quelque chose, comme

Hh iiij

auoient volé ses flesches: mais rien ne parut, & durant tout mon discours ie ne luy vis pas seulement remuer les levres. Voyla qui est admirable, dit le Roy : & quels ont esté vos entretiens? Il me pria auec instance, respondit Mercure, de luy conter l'histoire des amours qui ont causé ma naissance; & ie luy en fis tout le recit exactement, afin d'auoir plus d'occasion de le regarder auec attention. Mais est-il possible, dit le Roy, qu'il ne vous ait rien demandé? Hier, repartit Mercure, il s'endormit sans m'auoir demandé aucune chose: mais ce matin. Sans doute, interrompit Iupiter, la faim l'a resueillé, & il en a senty les attaques. Et que pensez-vous, dit Mercure, qu'il m'ait demandé? De quoy se nourrir, respondit le Roy. Toute autre chofe que cela, reprit Mercure. C'eſt donc, cõtinua Iupiter, dequoy ſe tuer, pour finir par vne mort plus prõpte. Tout le contraire encore de cela, repartit Mercure. Qu'y a-t'il, dit Iupiter, de plus contraire à la vie que la mort? Mais ne ſçauriez-vous, pourſuiuit Mercure, deuiner ce qu'il m'a demandé? Que veux-tu que ie deuine, repliqua le Roy: dy moy donc ce qu'il t'a demandé. Vne harpe, dit Mercure, pour le diuertir pendant le ſejour qu'il fera dans cette chambre. Ah! tu te mocques, mon fils, reprit le Roy. Quoy? il ſongeroit à ſe diuertir en l'eſtat où il eſt? Il ne m'a demandé autre choſe, reſpondit Mercure; & ie vous aduouë que i'ay vn grand deſir d'entendre comment il en ioüe. Latone ou Diane pourroient bien luy en faire donner vne : mais il ne faut pas qu'elles sçachent en quel lieu il est : toutefois s'il vous plaist me le permettre, ie feray bien en sorte d'en auoir vne. Fay ce que tu voudras, luy dit Iupiter, & voyons encore comment se passera cette iournée. Ils se separerent ainsi ; & durant quatre iours Cilix gardant tousiours soigneusement la porte de la chambre, Mercure nourrit son frere de la mesme sorte, & amusa tousiours le Roy de semblables discours ; en luy faisant croire qu'il ne mangeoit point, & que sans doute le Ciel luy ostoit la faim, ou le nourrissoit sans qu'il s'en peust apperceuoir ; sur quoy Iupiter commençoit à l'estimer innocent, & incapable d'auoir de mauuais desseins. Pendant ce temps Mercure tesmoigna à Latone & à Diane, que le Roy auoit vn grand desir de voir vne harpe ; & vne des Nymphes fut enuoyée aussi tost pour en apporter vne ; que Iupiter & Mercure admirerent long-temps; & ils firent paresstre qu'ils souhaittoient auec impatience le retour d'Apollon, pour entendre sa Musique. Mercure fit resserrer cette harpe dans le cabinet du Roy, & quelque temps apres la porta en secret à Apollon, qui la receut auec grand'ioye, ne pouuant assez remercier ce cher frere, qui auoit tant de soin de sa vie & de son diuertissement. Aussi-tost il l'accorda auec sa voix, & chanta des airs dont il auoit composé les chants & les paroles dans cette prison, sur les impatiences qu'il auoit de reuoir sa belle Daphné. Mercure fut si charmé de cette diuine harmonie, qu'il pensoit auoir perdu tous les sens, & estre transporté dans le Ciel. Apres auoir passé plus de trois heures dans ce plaisir, l'vn ne se pouuant lasser d'entretenir ses amours, & l'autre de gouster tant de delices ; Apollon quitta la harpe pour entretenir ses pensées, dans lesquelles son propre chant l'auoit plongé : car la musique a cela de propre qu'elle attendrit & fait fondre les passions, dont l'ame se trouue comme enyurée. Alors Mercure ouurit la bouche aux admirations, & rendit mille graces à son frere, de luy auoir donné vn contentement si delicieux. Il souhaitta que le Roy son pere eut entendu cette merueille, ne pouuant s'imaginer qu'il luy deust rester vn seul mouuement de jalousie ou de colere, apres auoir oüy vne musique si rauissante. Puis son affection le transportant, il sortit pour en aller donner le desir au Roy, & laissa Apollon entretenir à son gré ses resueries. Il fit vn tel recit à Iupiter de cette harmonie, qu'il luy donna de grandes impatiences de l'entendre; mais pource qu'il estoit tard, ce diuertissement fut remis au lendemain. Mercure en aduertit Apollon, & que le Roy se deuoit trouuer seul dans vne chambre, dont vne porte respondoit dans celle où ils estoient. Enfin le lendemain incontinent apres le disner, toutes choses ayant esté preparées de part & d'autre, & Mercure ayant dit à son frere que le Roy auoit l'oreille appuyée contre la porte afin de le mieux oüyr;

Apollon commença à toucher quelque temps sa harpe, puis il chanta vn beau chant qu'il auoit composé estant sur le Parnasse auec les Muses ses sœurs, en l'honneur de Iupiter leur pere, sur la grande victoire qu'il auoit obtenuë contre les Titans. Le Roy fut charmé des preludes que fit Apollon sur sa harpe, & plus encore lors qu'il y ioignit sa voix merueilleuse, & commença d'entonner ses loüanges : il fut rauy encore dauantage, lors qu'il entendit le recit de l'entreprise de ces Geants, & leur nombre, & leurs noms, & leurs forces : mais quand il vint à representer leur furieux assaut, auec des termes poëtiques, expressifs, & puissans par le secours des figures, & auec des tons & des mouuemens de voix plus animez,

& fecondez par de plus fermes accords de fa harpe; Iupiter s'imagina fi viuement qu'il eftoit encore dans le peril de cet affaut, & qu'il auoit les Titans en tefte; & fe fentit tellement tranfporté par la force de cette double harmonie, qu'il s'eflança du lieu où il eftoit, en criant aux armes, aux armes. Tous les Roys & les Satrapes qui eftoient dans le Palais, & Latone & Diane, & toutes fes Nymphes, & tous les foldats de fa garde, & tous ceux de fa fuitte, accoururent à luy de toutes parts auec leurs armes. Il eftoit fi rouge & fi efmeu, croyant que les Geans l'attaquoient encore de tous coftez, qu'il demandoit toufiours fes armes. Chacun luy demandoit quel befoin il en auoit. Comment, difoit-il: combattons, mes amis,

& repoussons ces Titans, si vous ne voulez bien-tost les voir maistres de cette place. Zoroastre lancez vos feux : soldats valeureux, soustenez bien l'assaut : Neptune opposez-vous à Tiphée qui monte à l'escalade : Pluton prenez garde à Mimas qui gagne ce mur : pour moy ie vay combattre Encelade. Pendant ces cris Cilix mesme & ceux qui gardoient auec luy la porte de la chambre d'Apollon, la quitterent pour aller au secours du Roy, que l'on entendoit de tous costez. Mercure qui estoit auec son frere, oyant tous ces bruits & ces clameurs, sortit & se rendit aupres de Iupiter. Enfin Apollon mesme croyant que l'on attaquast le Roy son pere, & voyant sa porte ouuerte sans aucuns gardes ; sortit aussi,

&

& ayant arraché en paſſant vne demy picque à vn ſoldat, s'alla preſenter à Iupiter le fer baiſſé, en luy demandant où eſtoient ſes ennemis. Le Roy en le voyant fut encore plus troublé qu'auparauát, croyant qu'il eſtoit ſorty par le ſecours des Titans, & qu'il le venoit attaquer, s'eſtant mis à leur teſte, pour ſe vanger & le deſtruire; & ſon eſprit ne pouuant ſupporter tant de differentes émotions, il tomba tout paſmé entre les bras de Picus & d'Eole, & on l'emporta ſur ſon lit. Cependant Latone & Diane & toutes ſes Nymphes, malgré ce tumulte ne laiſſoient pas de ſe reſjouyr de reuoir Apollon, dont elles auoient eſté ſi cruellement ſeparées. Mercure luy dit qu'il demeuraſt auec elles pendant qu'il iroit voir ce que deuiendroit la fureur du Roy ; mais Apollon ayant sceu qu'il n'y auoit aucuns ennemis en tout le Palais, se douta aussi-tost de la force de son art ; & se croyant seul capable de guerir le mal dont il estoit la cause, pria son frere de luy faire plustost apporter sa harpe, auec laquelle il luy promettoit d'appaiser tout ce trouble. Mercure alla luy-mesme la querir, & l'ayant mise entre ses mains, alla voir comment se portoit le Roy son pere, à qui la veuë estoit reuenuë ; & qui demandoit encore tout troublé, s'il auoit receu quelque blessure, & ce qu'estoient deuenus les ennemis. Cependant Apollon s'approcha de la porte de la chambre du Roy, & en touchant sa harpe commença à chanter la fuite des Titans, les exploits de Iupiter, & les loüanges qui luy eſtoient deuës pour vne ſi grande victoire; & y meſla tant d'art & de douceur, qu'il calma peu à peu [l']eſprit du Roy; & non ſeulement [l]uy rendit & le bon ſens & le repos, [m]ais encore luy fit ſentir des deli[c]es qu'il n'auoit iamais gouſtées, & [b]annit de ſon ame toutes ſes def[i]ances & ſes jalouſies; en la place [d]eſquelles il mit des tendreſſes pour [s]on fils qui luy donnoit de ſi rares [p]laiſirs. Apollon reconnoiſſant [qu']il auoit remis le calme & la ioye [d]ans ſon eſprit, laiſſa ſon chant & [s]a harpe, & alors Iupiter dit à Mer[c]ure, allez, ie vous prie, me faire [v]enir ce fils admirable, afin que ie [l']embraſſe. Eole euſt eſté bien é[t]onné de cette parole, s'il n'euſt [e]ſté charmé luy-meſme, comme tous les autres qui l'oüyrent; & Mercure ne perdant point de temps, amena son frere au Roy, qui le tint long-temps entre ses bras. Latone & Diane qui n'auoient point sceu le peril d'Apollon, furent priuées de la ioye qu'elles eussent receu de l'en voir deliuré; & ressentirent seulement celle de le voir si caressé du Roy son pere. Il ne se parla plus entr'eux que de resioüyssances : mais pource que Iupiter auoit encore dans l'imagination l'harmonie qui luy auoit donné tant de contentement, il ne peut se resoudre à changer de plaisir, n'ayant rien trouué encore de si delicieux au monde; & pria son fils de reprendre sa harpe. Apollon n'ayant dessein que d'adoucir son esprit, ioüa deuant luy quelques compositions agreables:

puis y meſlant ſa voix, il chanta des airs qu'il auoit faits pour ſoulager l'ardeur de ſon amour; & rendit Iupiter bien plus amoureux de Califto qu'il ne l'eſtoit auparauant; pource que ſongeant à elle en meſme temps qu'il gouſtoit la douceur de ces beaux chants; l'amour entroit doucement en ſon ame auec l'harmonie, & la trouuant attendrie par ce ſecours, s'en emparoit puiſſamment, ſans qu'elle euſt la force de luy faire la moindre reſiſtance. Alors on vid Iupiter charmé par les yeux & par les oreilles, & qui taſchoit d'enuoyer à la Nymphe des regards auſſi doux que les chants qu'il trouuoit ſi agreables. Cette ſage fille les euitoit auec modeſtie, & euſt bien voulu faire en ſorte qu'ils portaſſent pluſtoſt leurs atteintes sur quelqu'vne de ses compagnes: mais le Roy ne cherchoit qu'elle, au mespris de tout le reste; & l'empeschoit de pouuoir douter qu'il voulut s'addresser à vne autre. Chacun remarquoit cette passion naissante, que le Roy n'auoit pas beaucoup de soin de cacher, & il ne pouuoit cesser de regarder Calisto, & d'entendre Apollon. Ce chantre merueilleux sçachant qu'il faut finir la musique auant que l'on s'en puisse lasser, quitta enfin la harpe de luy-mesme; & aussi-tost les paroles d'admirations & de loüanges de tous ceux qui l'auoient oüy, tascherent à luy rendre vn plaisir pour celuy qu'ils en auoient receu; & Iupiter fut long-temps sans pouuoir cesser de luy en tesmoigner ses satisfactions. Mais Picus Roy des

Latins, qui eſtoit vn fort beau Prince, ſentit en ſon áme tout le contraire de ce que le Roy auoit eſprouué: car au lieu que Iupiter auoit perdu ſa fureur, & trouué le repos par le ſecours de cette muſique; Picus qui auoit touſiours faict pareſtre vn eſprit fort moderé, depuis qu'il accompagnoit Iupiter, ayant entendu les chants d'Apollon, fit voir ſur ſon viſage vne rougeur qui teſmoignoit de l'émotion & de l'inquietude; & auſſi-toſt qu'il eut la liberté de ſe leuer quand Apollon ceſſa de chanter, il ſortit de la chambre, & alla chercher dans le Palais vne perſonne qui le ſuiuoit ordinairement, & l'ayant rencontré il mit l'eſpée à la main pour la tuer, & la pourſuiuit long-temps: mais elle eſchappa de ſes mains, &

se rendit en peu de temps inuisible. Iupiter ayant consideré le visage & la sortie si prompte de Picus, l'auoit fait suiure, & on luy vint redire qu'il auoit voulu tuer vne personne, qui s'estoit, ce sembloit, éuanoüie aux yeux de tout le monde. Iupiter eut grand desir d'apprendre le sujet de sa colere, & l'enuoya prier de vouloir remonter en sa chambre. Le Roy des Latins reuint tout esmeu & eschauffé, & voyant que Iupiter estoit en peine de sçauoir ce qui luy estoit arriué, il luy dit. Seigneur, que ie suis redeuable à Apollon, d'auoir guery mon esprit par ses chants, du mal qu'vne sorciere m'auoit faict ! Elle me suiuoit par tout, & par la force de ses enchantemens elle auoit faict que ie l'aymois plus que toutes choses, & auois quitté pour elle l'amour de la femme la plus aymable du monde : mais i'ay tant d'impatience maintenant d'aler guerir tous ses ennuis, que [v]ous me permettrez s'il vous plaist, [S]eigneur, de prendre auiourd'huy [c]ongé de vous; & de vous conter [e]n peu de mots cette histoire, pen[d]ant que ceux de ma suitte prepa-eront mon depart, comme ie leur [e]n ay donné l'ordre. Iupiter & A-[p]ollon mesme, & tous ceux qui estoient presens, furent fort eston-[n]ez de cet autre effect merueil-[l]eux de l'harmonie, & chacun s'e-tant assis Picus poursuiuit ainsi.

HISTOIRE DE PICVS, de Canidie, & de Circé.

IL n'y a personne qui ne sçache le repos & la douceur que toute l'Ausonie a goustez sous le regne de Saturne & de Ianus; & que leur siecle a esté iustement appellé l'âge d'or: pource que ce sage Prince ayant esté receu par le prudent Ianus, auec tout l'honneur que son sang meritoit, & ayant esté malheureux à la guerre, voulut se rendre heureux par les auantages & les felicitez de la paix. Ils ne partagerent point le Royaume, mais ils le voulurent regir ensemble, sans autre jalousie que celle qu'ils auoient à qui procureroit plus de biens à leurs peuples. Ianus pour sa grande prudence auoit desia acquis beaucoup de reputation; & pource qu'il disoit que pour preuenir le trouble des Estats, il falloit par l'exemple du passé preuenir & empescher les desordres de l'auenir; ses sujets disoient qu'il auoit deux visages, & qu'il regardoit en mesme temps ce qui estoit passé & ce qui deuoit arriuer: mais lors qu'il eut appris de Saturne plusieurs choses vtiles à la vie des hommes, & des loix pour les rendre plus sociables, ils maintindrent tous deux ensemble leur Royaume dans vne tranquillité encore bien plus grande; ils firent regner auec eux le repos & l'innocence, & rendirent leur siecle si heureux, qu'il pourra estre enuié par tous ceux qui le suiuront.

Cependant ie nasquis de Saturne, & trois ou quatre ans apres, Ianus eut de Venilie sa femme, vne fille dont la beauté & la douceur estoient dignes de naistre en vn temps si delicieux & si paisible : elle fut appellée Canidie, à cause qu'elle auoit la voix fort belle, & qu'elle chantoit ordinairement dés le matin les loüanges de l'Autheur de la Nature, & le remercioit de tant de biens qu'il faisoit à tout le monde, & des faueurs particulieres qu'il faisoit à l'Ausonie, d'en auoir chassé la malice & la guerre. Ce n'estoit pas assez que les deux Roys fussent vnis de volontez, ils voulurent s'vnir d'alliance : mais lors que nous fusmes en âge Canidie & moy d'estre mariez, l'vnion fut bien plus estroite encore entre les deux ames qu'ils assemblerent. Nous vescumes quatre ou cinq ans parmy tous les contentemens que l'on peut gouster d'vne amour parfaite ; & ie croy que nostre bon-heur n'eust finy qu'auec nostre vie, si vne femme ou plutost vne peste fatale à nostre amour, & redoutable à tout le monde, ne fut arriuée en nos terres. Vn iour ie voulus aller à la chasse auant le iour, & en quittant Canidie ie luy fis toutes les caresses qu'vn amant puisse imaginer, afin de la consoler des heures que ie luy allois desrober. Il sembloit qu'elle preuit les mal-heurs qui nous deuoient arriuer cette iournée; car iamais elle n'employa tant de prieres & de larmes pour m'arrester auprés d'elle. Iamais elle ne m'auoit faict tant de reproches, que ie preferois la paffion pour les beftes à celle que ie deuois auoir pour elle: que les animaux fans raifon occupoient la plus grande partie de mon temps, & mefme la meilleure ; puis qu'eftant reuenu bien tard, ie ne donnois que les heures de mon fommeil pour eftre auprés d'elle, & ie ne me refueillois que pour quitter vne perfonne raifonnable qui meritoit mieux d'occuper mon efprit, & pour courir apres des chofes defraifonnables qui meritoient mieux que ie dormiffe auprés d'elles. Que la paffion qu'elle auoit pour moy, & qui l'obligeoit à me retenir par toutes les tendreffes qu'elle pouuoit imaginer, deuoit eftre preferée par moy à celle que i'auois pour des beftes qui me fuyoient inceffam-

ient; & que mesme quand ie ne
[v]oudrois point considerer sa pas-
[s]ion, du moins ie considerasse qu'el-
[l]e auoit la raison & la parole pour
[s]'entretenir, & que les bestes n'a-
[v]oient ny l'vne ny l'autre. A tou-
[t]es ces raisons que ie trouuois bien
[f]ortes & bien iustes, ie ne sçauois
[q]ue luy dire, & ne luy respondois
[q]ue par des caresses; mais ie sen-
[t]ois que mon desir m'emportoit
[d]ans les bois, malgré son amour
[q]ui m'estoit bien cher, & malgré
[s]on eloquence, armée de sa beauté,
[de] sa grace, de ses sanglots, & de
[s]es larmes. Elle me reprocha enco-
[r]e l'abandon que ie faisois de ma
[v]ie, en attaquant des sangliers &
[d]es ours, & en poussant continuel-
[l]ement mon cheual parmy les ro-
[c]hers & les precipices: mais ces rai-

sons qui ne regardoient que ma conseruation, n'approchoiét point de la force de celles qui regardoient l'amour que ie deuois auoir pour elle, puis que ie l'aymois bien plus que ma vie; & apres auoir pû resister aux premieres, celles-cy me combattoient auec trop de foiblesse pour me vaincre. Enfin ie m'arrachay de ses bras auec beaucoup de peine, & ie la laissay dans les pleurs & dans vn desespoir extraordinaire, & dont iamais elle ne m'auoit tesmoigné le pareil, depuis que le Ciel nous auoit ioints ensemble. De mon costé ie sentis vn fremissement en sortant de la chábre, qui me donna vn mauuais presage; & il me sembla que i'eusse voulu me pouuoir desdire de la resolution que i'auois prise. I'arriuay
auec

auec ma suite dans les bois; & le iour commençant à poindre, i'apperceus vne femme d'vne taille assez belle, qui estoit parmy des brossailles, & qui cueilloit quelques herbes: mais l'enuie de trouuer pluftoft vne beste me fit passer outre. I'ay sceu depuis par elle-mesme, qu'aussi-tost qu'elle me vid, elle eut dessein de m'aymer; & que ne pouuant m'atteindre, à cause que ie poussois mon cheual assez viste, & n'esperant pas mesme me pouuoir aborder à cause de tous ceux qui me suiuoient, elle entreprit de m'arrrester par ses enchantemens, & d'esloigner en mesme temps ceux de ma suite. Elle fit parestre deuant mes yeux, l'ombre d'vn grand sanglier, qui passoit en des lieux inaccessibles à vn cheual, à cause de l'espoisseur des branches; soudain ie mets pied à terre, pour le suiure auec l'espieu dans la main: en mesme temps elle fait que l'air se trouble, & l'orage disperse mes gens de tous costez : puis elle fait repasser prés du lieu où elle estoit, l'ombre du sanglier que ie suiuois, & s'esuanoüir en vn moment. Alors ne trouuant qu'elle, ie luy demanday ce qu'estoit deuenu le sanglier. Laisse-là les bestes, me respondit-elle, & arreste-toy à quelque chose de plus noble & de plus aymable. Ie suis fille du Roy de la Colchide, & n'agueres Reyne de Sarmatie : mais i'ay quitté ces peuples barbares, pour venir habiter ces regions, où i'ay sceu que regnoit la douceur : fay que i'en trouue assez en toy, pour aymer celle qui t'ayme. Ie puis te rendre heureux & puiſſant, par la force de mes charmes; & tu vois dé-ja que ceux de ma beauté te peuuent faire meſpriſer toute autre choſe. Ie fus ſi ſurpris de ſa demande, & ſi indigné de ſes offres, que ie luy dis tout en colere: Ie ne ſçay qui vous eſtes, & ie ne puis eſtre à vous: vne autre me tient, & par ſa beauté & par la foy ue ie luy ay iurée, & me tiendra toute ma vie: dites-moy ſeulement de quel coſté a tourné le ſanglier, & e ne vous demande autre choſe. Quoy? dit-elle, ny ma beauté ny mes prieres ne t'eſmeuuent point? ma reputation fera peut-eſtre ce qu'elles n'ont peu faire. Ie m'appelle Circé, qui puis arracher du Ciel la Lune, arreſter le cours des riuieres, & eſmouuoir & appaiſer les

Kk ij

orages. I'ay excité celuy que tu as veu maintenant, pour esloigner ta suite & pour t'arrester; & ie l'ay calmé aussi-tost qu'il m'a pleu: songe à satisfaire celle qui est si puissante pour faire du bien, & n'irrite pas celle qui peut faire tant de mal. Ie mesprisay encore plus qu'auparauant, & son nom & son pouuoir, & ses prieres & ses menaces: mais lors que ie voulus m'esloigner d'elle pour chercher ceux de ma suite, il me fut impossible: ie me sentis arresté sans pouuoir auancer vn pas; elle se tourna deux fois vers le couchant, & deux fois vers l'orient: puis elle chanta vn vers par trois fois; & aussi-tost ie crus que i'auois perdu la forme humaine, & que i'estois changé en oyseau. Il me sembloit que ie volois, & que ie la suiuois dans le bois : puis ie m'arrestois auprés d'elle, & luy faisois plusieurs caresses. Enfin ie sentis qu'elle me toucha d'vne baguette ; ie creus qu'elle me rendoit ma premiere forme ; & alors elle me dit, que ie pouuois aller trouuer cette chere Canidie. Ainsi ie la quittay & rassemblay de tous costez ceux de ma suite, auec lesquels ie m'en retournay dans vne profonde tristesse, ayant perdu toute passion & pour la chasse, & pour Canidie mesme. Si tost que ie fus arriué, elle vint à son ordinaire au deuant de moy en me tendant les bras : mais ie la repoussay auec desdain, & n'en pouuois pas seulement supporter la veuë. Elle creut du commencement que ie la voulois esprouuer, & que ie feignois seulement ces mespris; mais enfin elle connut par toutes mes actions & par mes paroles, qu'ils n'estoient que trop veritables. Elle fut si saisie de mon changement & de son mal-heur, qu'elle tomba dans vn esuanoüissement qui luy dura plus de deux heures. Apres que la connoissance luy fut reuenuë, elle y retomba encore par deux fois; & lors que par les remedes on l'eut vn peu fortifiée, elle commença à se plaindre de son infortune, auec les paroles les plus dignes de pitié, qui partirét iamais de la bouche d'vne amante cruellement outragée. Helas! disoit-elle auec vn torrent de larmes, que le mal dont ie me plaignois ce matin, estoit peu de chose, à l'esgal de celuy que ie connois à cette heure! ie me plaignois des bestes qui me desroboiēt quelque temps mon espoux: toutefois ie me consolois de la creance qu'elles ne me le desroboient pas tout entier, & que lors que son corps s'en alloit dans le bois, il me laissoit tousiours la meilleure partie de son ame. Mais les forests & les bestes estoient bien innocentes de mon mal, & ne seruoient que de pretexte à de nouuelles amours: vn crime se couuoit sous la feinte de ces chasses continuelles; & pendant le temps qu'il a esté à s'esclorre & à croistre, on n'a osé le declarer, de peur que ie ne l'estouffase auant qu'il eut des forces: maintenant qu'il est paruenu à vne telle grandeur qu'il ne redoute plus rien, on ne feint plus de me le faire connoistre; & l'on croit que des plaisirs illegitimes ne seroient

pas dans leur comble, s'ils ne cau-
soient les plus cruels desplaisirs à
celle qui possedoit les affections legitimes. Il faut qu'vne infame triõ-
phe de moy, en obligeant mon espoux à me faire pareſtre des auer-
sions & des mespris insupportables. Il ne luy suffisoit pas de le posseder, & que ie fusse trompée: il
falloit adiouster à sa ioye, celle de
me voir malheureuse ; & qu'vne
perfidie cachée, perdit la honte
aussi bien qu'elle, & se descouurit
enfin à mes yeux & à ceux de tout
le monde. Non, non, ce ne sont
plus les beſtes qui me le rauiſſent; il
m'a tousiours aymée tandis qu'il ne
m'a quittée que pour elles ; & iamais vn plaisir innocent ne l'eut
fait tomber dans la criminelle auersion qu'il me fait pareſtre: vn amour

faint ne peut estre destruit que par vn amour detestable ; qui honteux de sa laideur, tandis que la beauté de l'autre subsiste encore du moins en apparence, fait tous ses efforts pour faire leuer le masque, & ruiner cette apparence mesme, afin de se deliurer de cette odieuse comparaison. Voylà la seule cause de ce que l'on ne se cache plus à moy ; & de ce qu'aux froideurs & aux mespris, on adiouste les paroles outrageuses. La miserable Canidie me faisoit mille plaintes & mille reproches semblables, lors qu'elle ne croyoit estre escoutée que de moy, pource qu'ordinairement chacun se retiroit voyant qu'il y auoit quelque desordre entre nous ; & enfin elle tomba dans vn cruel ennuy qui la consommoit, & qui luy fit perdre & le repos & la santé. Mais elle ne se plaignit iamais de moy à personne; non pas mesmes à Venilie sa mere, car Ianus son pere estoit mort alors : toutefois chacun voyant le peu de soin que i'auois d'elle; connoissoit bien la cause de son mal; & quelques reproches que l'on m'en fist, ie n'en auois aucun sentiment. Cependant tous les matins ie m'imaginois estre oyseau, & ie me dérobois de tous les miens pour m'enuoler, ce me sembloit, dans les forests, où ie trouuois Circé qui me paressoit fort belle, & auec laquelle ie m'estimois tres-heureux : puis elle me touchoit, & ie croyois alors reprendre ma figure d'homme. Ie reuenois au Palais du Roy Saturne mon pere, où ie fuyois de voir Canidie autant qu'il m'estoit possible; ayant pour elle vne auersion horrible, & reiettant auec fureur tous ceux qui me prioient de la voir, & mon pere mesme, sans vouloir dire quelles estoient mes nouuelles amours. Ie croy que le desplaisir qu'il en receut, hasta de quelques iours la fin de sa vie: mais ie ne fus non plus touché de sa mort, que des prieres qu'il m'auoit souuent faites de voir Canidie, & des reproches qu'il estoit contraint de me faire, voyant les indignes mespris que ie faisois d'elle; & ie continuois tousiours à m'enuoler, ou plustost à m'enfuir dans les bois, & à voir cette Circé. Cependant, Seigneur, i'appris qu'au retour de la conqueste de Sarmatie, vous estiez arriué, en Ausonie: ie suis venu icy audeuant de vous: Circé m'a suiuy par tout; & non contente de me voir dans les bois, elle s'est desguisée en homme pour m'accompagner en ce voyage, & estre ordinairement auprés de moy. Enfin i'ay esté si heureux que d'oüir l'excellente harmonie de la voix d'Apollon & de sa harpe, laquelle a chassé le charme qui auoit esté faict par la voix de cette enchanteresse, & qui me possedoit depuis si long-temps; & maintenant ie sens dans mon ame le mespris que merite la meschante Circé, & l'amour que merite ma belle & infortunée Canidie. Voyez, Seigneur, combien i'ay d'obligations au Prince, combien i'ay deu conceuoir de fureur contre cette abominable Magicienne; & combien ie dois auoir d'impatience de reuoir cette chere espouse, pour la guerir de tous ses ennuys, & de tous les maux qui la consomment, comme ie l'ay esté de l'enchantement qui m'en auoit rendu la cause. Apres que Picus eut acheué de parler, & que Iupiter & tous les autres eurent admiré la force de ce charme, & celle de l'harmonie qui l'auoit destruit; Apollon prit la parole, & luy dit, que ce n'estoit pas assez d'auoir esté guerry de ce mal: qu'il y pouuoit retomber tous les iours, puis que Circé estoit encore en vie; qu'elle pouuoit sur les chemins vser enuers luy des mesmes sortileges; & qu'il n'auroit pas tousiours auprés de luy vne harmonie pour l'en garantir: mais qu'il luy vouloit donner vn autre remede capable de chasser toutes sortes de charmes & de sorceleries, lequel il pourroit porter auec luy : c'eſtoit l'herbe Moly, laquelle eſtoit à la verité aſſez difficile à trouuer, ſinon ſur le mont Cyllene en Arcadie ; toutefois qu'il auoit appris qu'on en trouuoit auſſi dans l'Auſonie où ils eſtoient, parmy quelques rochers autour de la Campanie; Qu'il eſtoit d'auis que l'on enuoyaſt en diligence aduertir Canidie de cette hiſtoire, afin de guerir ſon eſprit, & de la remettre peu à peu dans ſa ſanté, auant que de reuoir Picus ; depeur qu'vne ioye ſi exceſſiue ne luy donnaſt la mort : qu'il falloit que d'vn autre coſté quelques gens qui ſe connuſſent en ſimples, allaſſent promptement dans la Campanie chercher cette herbe Moly ; dont il repreſenta comment eſtoit la fleur, la feüille, & la racine, afin qu'on ne manquast point à la connoistre. Cependant il asseura Picus qu'il ne deuoit rien craindre parmy eux, puis que les Magiciens n'auoient aucun pouuoir aux lieux où le charme auoit esté defait; & que Circé seroit sans doute alors bien esloignée; & le Roy mesme eut la bonté de dire qu'il ne partiroit point de l'Italie, que Picus n'eut de cette herbe pour le garantir des malices de Circé.

Tous ces remedes merueilleux, & iusques là presqu'inconnus, firent admirer encore plus Apollon par le Roy, & par tous ceux qui l'accompagnoient; & on fut long-temps à discourir de ces rares effets de la nature. Le trouble que le Roy auoit esmeu dans le Palais, & celuy encore que Picus auoit causé par sa

colere contre Circé, estoient alors appaisez; & toutes les passions malignes & violentes estant bannies, de plus douces & de plus agreables prirent leur place. Latone, Diane, Apollon & Admete, ressentoient & tesmoignoient la ioye qu'ils auoient de se reuoir: Iupiter n'estant plus troublé de ses soupçons, laissa regner l'amour tout seul dans son ame; & apres auoir parlé quelque temps à Latone, puis à quelques Nymphes separement pour mieux couurir son dessein; il s'addressa enfin à Calisto, & ne luy cela pas long-temps sa passion, à quoy la Nymphe ne respondoit qu'auec des froideurs meslées de respect; & en tesmoignant la resolution qu'elle auoit faicte de n'aymer iamais que Diane. D'vn autre costé le gentil
Mercure

Mercure ne voulant pas demeurer oysif, laissa promener ses yeux sur toutes ces belles Nymphes; & trouuant qu'Ocyrhoé, ieune Princesse du sang de Saturne, & fille du sçauant Chiron, estoit à son gré la plus gentille de toutes, & que son humeur agreable & enjoüée auoit grande sympathie auec la sienne; sentit la pointe d'amour dont il n'auoit encore iamais esprouué l'atteinte. Voyant que chacun estoit occupé à diuers entretiens, il s'approcha d'elle, & luy dit auec sa gayeté ordinaire: Belle Nymphe, vous connoissez mon frere Apollon de plus long-temps que moy: Ie vous supplie de me dire, s'il sçait guerir toutes sortes de maladies. La Nymphe luy respondit, qu'elle l'estimoit capable de les guerir toutes. Toutefois, repartit-il, ie ne croy pas qu'il puisse guerir vn mal que ie sens ; & ie suis asseuré que vous le gueririez bien mieux. Ie ne connois point, dit-elle, la puissance des herbes. Connoissez-vous bien, poursuiuit-il, celle de vos yeux? Le pouuoir de mes yeux, repartit-elle, est de regarder ce qui se presente à eux, & me le faire connoistre. Mais en vous rendant ce seruice, dit-il, leur auez-vous donné charge de picquer ceux qu'ils regardent? Ie ne les estime pas capables, respondit-elle, de faire du mal à personne ; au moins ce n'est pas mon dessein qu'ils en fassent. Ie ne suis pas en peine, reprit-il, s'ils font du mal, ou s'ils n'en font point; car ie ne sens que trop celuy qu'ils m'ont fait : mais ie suis en peine de qui ie me dois plaindre; ou d'eux de m'auoir blessé sans vostre permission; ou de vous, de leur en auoir donné la liberté. Ie vous iure, dit-elle, que ie n'ay aucune part en ce crime; & s'ils vous ont fait du mal, ie vous les abandonne pour les punir. Alors Mercure regardant s'ils n'estoient point veus, & ayant consideré que chacun estoit occu[p]é ailleurs; approcha sa bouche des [y]eux de la belle Ocyrhoé, pour les [b]aiser: mais elle mit la main au de[u]ant; & le ieune Prince en esleuant [u]n peu sa voix, luy dit: Ah! belle [N]ymphe, vous vous sentez cou[p]able du mal que m'ont fait vos [y]eux, puis que vous les voulez de[f]endre. S'ils vous ont fait du mal en [v]ous regardant, reprit-elle, van[g]ez vous en par vos yeux; & leur

Ll ij

enuoyez tels regards qu'il vous plaira: mais voſtre bouche n'a que faire de ſe meſler de ce differend.
Cruelle, dit-il, voſtre bouche deſ-
fend vos yeux, en deſniant le mal
qu'ils m'ont faict; & puis qu'elle ſe
meſle bien de ce differend, la mienne peut bien s'en meſler auſſi. Il
n'eſt pas beſoin, reprit-elle, d'inte-
reſſer tant de choſes pour vne querelle ſi mal fondée: car mes yeux
ſont bien innocens du crime dont
vous les accuſez. Ils ſont bien plus
coupables, repliqua Mercure, que
ie ne vous ay dit: car non contens
de me picquer, ils m'ont deſrobé le
cœur; & m'ont bien fait pis encore, car ils m'ont volé tout mon
honneur. Helas! dit Ocyrhoé, voyla bien des crimes enſemble. Ils ont
ſceu ſans doute, pourſuiuit-il, de

quel meſtier ie me meſle; & m'ont voulu deſrober la gloire d'eſtre le plus grand larron du monde, en me preuenant & en volant les voleurs: mais, pourſuiuit-il, comme s'il euſt eſté en colere, dans le deſeſpoir où vous m'auez mis pour tant de pertes, il n'y a entrepriſe que ie ne faſſe ſur vous pour m'en vanger : & ie ſuis reſolu de vous deſrober ſi ie puis iuſques à l'ame. Ie trouue, dit-elle, que comme mes crimes ſont innocens, vos menaces ſont fort obligeantes ; puis qu'elles m'aduer-tiſſent du mal que vous me voulez faire, afin que ie ſonge à m'en garantir. Sans nous donner tant de peine à tous deux, reprit-il, comme à moy pour vous ſurprendre, & à vous pour vous garder d'eſtre ſur-priſe ; faiſons pluſtoſt vne composition. Ie vous donne tout ce que vous m'auez pris : donnez moy quelque chose en eschange. Ie ne croy pas, repartit elle, que vous ayez iamais faict vn larcin plus subtil que celuy-là, de me persuader que ie vous eusse pris quelque chose, ne vous ayant rien pris; pour tirer de moy quelque chose en eschange. Quoy, dit-il, pouuez vous nier que vous n'ayez mon cœur? Oüy, respondit la Nymphe, ie le nie : car comment l'aurois-je pris, & où l'aurois-je peu mettre ? Et si ie vous prouue que vous l'auez, poursuiuit-il, me donnerez-vous le vostre ? Pour le mien, repartit-elle, ie ne le puis donner ; & quand ie le voudrois, ie serois bien empeschée de ce qu'il faudroit faire pour le liurer : mais comment me prouuerez-vous que i'aye le voſtre? Ie dis, reprit-il, que vous me l'auez deſrobé; & de plus que ie vous l'ay donné. Quand vous ne ceſſeriez de me deſnier voſtre larcin, vous auez touſiours mon cœur par le don que ie vous en ay faict. Ainſi vous voy-la condamnée à me donner le vo-ſtre. Ie puis, dit-elle, vous donner le mien tout de meſme que vous m'auez donné le voſtre ; car tout cela n'eſt qu'imaginaire, & n'eſt point en effect. Hé bien, gentille Nymphe, pourſuiuit-il, voyez combien ie ſuis raiſonnable. Ie me contente que vous me donniez le voſtre par imagination: mais à condition que vous vous imagine-rez fermement que vous me le don-nez. Ie n'ay pas, replique-elle, l'i-magination aſſez forte, pour croire ce qui ne peut eſtre ; & ie ne puis m'imaginer autre choſe, ſinon que i'ay beſoin de mon cœur & vous du voſtre; puis que ſans cœur nous ne pourrions viure. C'eſt pour cela, dit-il, que ie me meurs ; car vous auez le mien & vous ne me voulez pas donner le voſtre ; cependant nous viurions tous deux fort heureux, ſi i'auois le voſtre comme vous auez le mien. La nature, reprit elle, a fort bien fait les choſes comme elles ſont, ſans les vouloir renuerſer de la ſorte : car il ne ſeroit pas raiſonnable que vous euſſiez le cœur d'vne fille, qui vous donneroit des ſentimens trop ſimples & trop modeſtes; ny que i'euſſe celuy d'vn homme, qui m'en donneroit de trop hardis, & qui conuiendroient mal à mon ſexe. Ie vous iure, dit-il, que mon cœur ne vous inspirera que des passions fort raisonnables, & fort agreables pour tous deux. Ie ne veux point, repartit-elle, me mettre en ce hazard; il vaut mieux demeurer comme nous sommes. Comment, reprit-il, comme nous sommes? vous auez mon cœur, & vous retenez encore le vostre: quelle iustice que vous en ayez deux, & que ie n'en aye point; & quelle inhumanité de retenir le mien sans me donner le vostre, puis que vous auoüez que sans cœur on ne peut viure? Oüy, dit-elle, ie l'auoüe; & cette raison fait voir que vous ne m'auez pas bien prouué que i'aye le vostre: car s'il est vray que sans cœur on ne puisse viure, celuy qui vit n'en est donc pas priué; & ie voy que vous viuez: car vous parlez, vous respirez, vous auez le teint fort bō, & ie ne croy pas seulement que vous soyez malade. Voylà, repartit-il, mon plus grand mal, que vous ne me croyez pas malade: mais il suffit que vous sçachiez que vous estes belle, & que ie suis sensible, pour sçauoir qu'elle est ma blessure; & c'est ce que toutes les herbes d'Apollon ne sçauroient guerir, & à quoy vous pouuez seule donner du remede. Il fut contraint de haster ces dernieres paroles, & de les dire plus bas à Ocyrhoé; pource que chacun commençoit à quitter les entretiens particuliers, à cause du souper que l'on apportoit au Roy; qui voulut ce soir la manger en public, & auec toutes ces personnes qui luy estoient encore plus cheres qu'auparauant, depuis qu'il eut quitté ses soupçons contre Apollon, & qu'il fut plus libre pour songer à l'amour de Calisto, & pour l'entretenir. Ce fut ainsi que Mercure declara sa premiere passion à cette belle Nymphe ; laquelle bien que resoluë de n'aymer aucun hóme, à cause du vœu qu'elle auoit fait auant que d'estre receuë dans la troupe de Diane ; ne laissoit pas d'admirer la grace du ieune Prince, en ses paroles & en toutes ses actions, & d'en estre vn peu émeuë. Apres le souper ils passerét tous encore quelques heures en de pareils entretiens ; enfin chacun se separa pour se retirer ; & ceux qui auoient conceu des passions, emporterent encor auec eux dequoy s'entretenir tous seuls, & plus long-téps qu'il ne leur estoit besoin pour le repos de la nuit.

LA VERITÉ
DES FABLES.

LIVRE HVICTIESME.

APOLLON qui n'auoit plus de gardes, conduisit Latone & Diane dans leur appartement: Mercure qui ne pouuoit quitter son cher frere ny sa nouuelle maistresse, les suiuit; & lors qu'ils furent tous dans la chambre de Latone, Apollon pria sa sœur de luy conter comment elle l'auoit abandonné dans la Sicile, & tout ce qui s'estoit passé depuis leur separation.

Ce discours, dit-elle, est vn peu long; mais puis qu'il est raisonnable que vous sçachiez par quel malheur ie fus reduite à vous laisser à la mercy des Sauuages; & que ie ne differe pas dauantage à vous oster l'opinion que vous pourriez auoir que ie vous eusse quitté dans ce peril; ie veux bien desrober quelques heures à nostre repos, pour en donner à vostre esprit & vous satisfaire. Alors chacun s'estant assis, elle commença ainsi son discours.

HISTOIRE DE DIANE, d'Orion, & de Polypheme.

IE ne pense pas auoir souffert en ma vie vne affliction pareille à celle que ie ressentis, lors que vous amenant le secours dont vous auiez besoin contre ces Barbares, ie trouuay que nostre Isle s'estoit separée de la Sicile, & estoit entraisnée par le vaisseau de Daphné. Ie iettay en vain mille cris, du desespoir où i'estois de vous voir abandonné, & de ne pouuoir vous secourir: ie tiray quelques flesches de loin, dont ie tuay quatre ou cinq de ceux qui vous attaquoient : mais incontinent apres ie vous perdis de veuë, & ie perdis en mesme temps toute mon esperance. Le cable du vaisseau qui nous emportoit fut enfin coupé: mais à cause que le nostre estoit demeuré aux costes de la Sicile, nous ne pouuiõs plus y traisner l'Isle;& elle s'en alloit par la mer au gré du vent, qui nous emmena bien loin vers la Grece. Nous eusmes vn

regret incroyable de n'auoir plus de brigantin de referue; ayant perdu le dernier par vn orage, en vous venant retrouuer en Syrie; Latone qui estoit occupée à quelques ouurages dans le Palais, accourut au riuage à cette nouuelle; & nous fufmes fi faifies d'vn tel malheur, que nous nous laiffafmes aller par terre à demy mortes, fans vouloir receuoir aucune cõfolation. Quelque temps apres il parut vne galere que nous penfions eftre celle de Daphné, mais à caufe qu'elle commença à nous fuiure, nous perdifmes cette opinion, pource que fa couftume eft pluftoft de nous fuyr. Nous fouhaittafmes que ce vaiffeau attaignit noftre Ifle, afin de nous en feruir; & nous nous mifmes fur le bord de la terre, pour prier ceux qui eftoient
dedans

dedans de s'approcher de nous. A nos cris vn homme fort grand se fit voir sur la proüe; & aussi-tost qu'il nous vid, il eut dessein, comme nous sceusmes depuis, de ioindre nostre terre: mais ne pouuant s'imaginer que le vent l'emportoit aussi bien que sa galere; il ne sçauoit comment cela se pouuoit faire, qu'il fust tant de temps pour arriuer à vn bord qui luy sembloit si prohe. Il commandoit quelquefois à es rameurs de redoubler leurs eforts: mais le Pilote craignoit que e vaisseau ne heurtast le riuage rop rudement, & n'estoit pas d'adis qu'ils s'efforçassent dauantage. nfin cette galere nous ioignit, & aussi-tost ie priay cet homme, qui estoit d'vne taille fort haute & puisante, de permettre qu'on liast no-

M m

stre Isle auec sa galere, pour la traisner en Sicile, afin de deliurer mon frere que nous auions laissé parmy des Sauuages : mais il ne pouuoit comprendre ce que ie voulois dire, ne sçachant pas que cette terre flottoit sur l'eau ; & cependant tantost il me regardoit, tantost ma mere, auec des regards entremeslez d'amour & de fureur. Incontinent il fit sortir des soldats de sa galere, pour nous enuironner ; & nous commençasmes à nous apperceuoir qu'il auoit dessein de nous enleuer ; mais pource que nous auions plusieurs hommes auec nous, il auoit besoin du secours des siens. Ie m'esloignay de luy de quelques pas; & alors il commanda à ses soldats de se saisir de moy: en mesme temps il prit ma mere entre ses bras pour l'emporter dans son vaisseau : mais pendant que par quelques foibles efforts elle resistoit à son enleuement, vn scorpion caché sous vne pierre mordit au talon ce Prince incestueux ; comme s'il eust voulu secourir Latone, pendant que ie ne la pouuois pas encore secourir; ayant à me deffaire des soldats qui venoient à moy. Ie les tuay auec l'ayde de Leucosie, d'Opis & d'Ocyrhoé ; & aussi-tost allant vers Orion, qui ayant escrassé le Scorpion, vouloit reprendre Latone ; ie ne luy en donnay pas le temps ; car d'vne flesche ie luy perçay le corps; & pour la douleur qu'il sentit, il laissa tomber ma mere : aussi-tost il courut vers moy, voyant que i'auois encore vne flesche preste à luy tirer ; & fut bien estonné de voir plusieurs des siens par terre, que mes Nymphes auoient abbatus, en me deffendant, lors que ie deffendois Latone. Auant qu'il m'eust touchée, ie luy trauersay l'estomac de cette seconde flesche; toutefois il ne laissa pas de s'auancer vers moy: & ie m'esloignay en mesme temps, pour luy en tirer vne trosiesme, auec laquelle ie le renuersay par terre. Aussi-tost ie craignis que ses soldats le voyant mort, ne gaignassent leur vaisseau, & ne l'emmenassent; & ie voulus m'en emparer pour vous aller secourir. I'aduertis dix ou douze hommes de ceux qui estoient auec nous, qu'ils me suiuissent; & en vn moment ie me rendis dans la galere auec eux suiuie de Leucosie, d'Opis & de trois autres de mes Nymphes. Ie perçay de mes flesches deux de ceux qui me vouloient resister : ie tuay encore le Pilote qui tenoit le timon, où ie mis vn des miens en sa place ; & auec l'assistance & le courage de ceux qui m'accompagnoient, ie fis rendre les armes à tout le reste. Ayant laissay des gardes au vaisseau auec deux de mes Nymphes Leontodame & Tithorée ; ie descendis à terre, où i'en trouuay plusieurs qu'Ocyrhoé, Callisto, Phigalie, & quelques autres Nymphes auoient estendus sur le sable, & le reste qui demandoit la vie. Nous apprismes d'eux que leur chef estoit Orion Roy de Tanagre, qui apres auoir long-temps seruy le grand Iupiter Belus dans ses guerres, alloit le trouuer en Ausonie, pour luy demander en don quelques terres qu'il auoit vsurpées depuis son retour. Belle Diane, interrompit Mercure, que ie vous suis obligé, de ce qu'en punissant ce meschant, vous auez vangé ma mere & toutes ses sœurs, qu'il auoit poursuiuies auec tant d'insolence & d'opiniastreté durant cinq années. Il est vray, reprit Diane, que ce miserable Prince s'estoit rendu redoutable à toutes les filles & les femmes du Peloponese & des Isles voysines, par ses violences & par ses entreprises continuelles contre leur honneur, comme quelques-vns des siens nous le confesserent; & il vint ainsi receuoir son chastiment, par la main de celle qui est la plus ennemie de ces brutalitez. Aussi-tost ie ne voulus point perdre de temps; ie fis sortir de la galere tous ceux qui estoient à ce monstre: ie rangay des miens sur les bancs, & ayant attaché vn cable à Delos, ie fis voguer vers la Sicile : mais à cause que le vent estoit contraire, & qu'il nous en auoit fort esloignez, nous ne peusmes y arriuer qu'en six iours : encore ne nous addressasmes nous pas au lieu où nous vous auions laissé. Nous fusmes encore deux iours entiers à costoyer la Sicile, pour trouuer ce mesme lieu que nous auions quitté, n'osans aller de nuit de peur de le passer. Enfin vn matin nous le trouuasmes : mais rien ne parut en toute la coste. Nous cherchasmes de toutes parts quelqu'vn qui nous peust dire de vos nouuelles : mais si tost que nous trouuions quelques vns de ces Sauuages, ils mettoient deuant leurs visages de petis boucliers d'acier & luisans, qu'ils portoient pour se garantir des traits, & s'enfuyoient de nous en voyant nos arcs, auant que nous peussions sçauoir la cause de leur crainte. Ainsi nous nous engageasmes insensiblement à marcher plus de quatre lieuës dans la Sicile, sans rencontrer vne seule personne qui nous vouluft parler. Enfin nous arriuasmes en vn lieu où nous pensions soulager tout ensemble le desir que nous auions d'apprendre ce que vous estiez deuenu, & la soif qui nous tourmentoit à cause de la longueur du chemin. C'estoit vn grand estang dans lequel nous vismes quantité d'hommes rustiques, qui traisnoient des filets pour prendre du poisson. Nous leur demandasmes s'ils ne vous auoient point veu, & nous leur representions vostre taille & vostre habit ; mais ces brutaux au lieu de nous satisfaire au moins de quelque paroles honnestes, nous dirent des iniures. Estans priuez d'vn des contentemens que nous esperions, nous voulusmes auoir du moins l'autre ; & nous songeasmes à soulager nostre soif : nous nous baissasmes pour puiser de l'eau auec nos mains, & la porter à nostre bouche : mais ces infames en continuant leurs paroles outrageuses, commencerent à esmouuoir auec leurs pieds la bourbe de l'estang, pour troubler l'eau, & nous empescher de boire. Ie leur demanday pourquoy ils empeschoient l'vsage de l'eau, qui estoit commun par toute la terre ; mais voyant qu'ils continuoient à la troubler, & à nous faire mille infolences; ie ne pûs souffrir vne meschanceté si honteuse: i'eus recours à mes flesches, & en tuay cinq ou six: des autres vne partie se cacha dans l'eau parmy les roseaux auec les grenoüilles, pour euiter mes coups; & le reste s'enfuit dans des cabanes, où ils demanderent secours à leurs voysins. Nous vismes arriuer incontinent plus de cent hommes de tous costez auec des leuiers pour nous assommer; & alors mes Nymphes & moy, nous ne leur espargnasmes pas les flesches. Nous en abatismes plus de vingt en peu de temps, & nous fismes fuyr tout le reste : mais ils prirent trois des nostres qui s'estoient escartez pour chercher quelque ruisseau, & les emmenerent. Cependant nous beusmes en paix : puis nous continuaſmes noſtre chemin. Quelque temps apres nous apperceuſmes vne groſſe troupe; les noſtres qui auoient eſté pris, eſtoient à la teſte ayant les mains liées, & ils eſtoient pouſſez auec rudeſſe par ceux qui les ſuiuoient. Nous nous preparions à nous deffendre contre tant d'hommes, & nous bandions deſia nos arcs; mais cette troupe ſe fendit en deux, & nous viſmes pareſtre dans vn char, vne Princeſſe belle & venerable, qui s'auança vers nous, & vn peu apres nous reconnuſmes que c'eſtoit Ceres la Reyne de Sicile: noſtre ioye fut extréme, n'ayant trouué iuſques là rien que d'ennemy dans toute l'Iſle; & la ſienne ne fut pas moindre; lors que nous nous fiſmes connoiſtre. Elle nous embraſſa pluſieurs fois, & cependant ces Paysans qui esperoient se vanger de nous, estoient fort estonnez de voir ces caresses. Nous luy dismes le sujet de nostre voyage, & les insolences de ces hommes, qui nous auoient obligées à les punir. Elle fit deslier les nostres, & nous les fit rendre: puis pour apprendre à ces rustiques la ciuilité qui est deuë aux estrangers, elle les condamna à demeurer deux ans en son Palais, pour seruir ceux qui arriueroient chez elle des pays estranges. Ayant donné cet arrest, elle nous dit, qu'elle n'auoit point entendu parler d'Apollon: mais que c'estoit luy, sans doute, qui auoit tué les Geants; & que nous en pourrions auoir des nouuelles chez Polypheme. Elle eust bien desiré nous mener dans son Palais: mais connoisfant l'impatience que nous auions d'apprendre ce que vous eſtiez deuenu, elle nous fit apporter quelques viures; puis nous fit mettre ma mere & moy ſur ſon char auec elle; & nous voulut conduire elle-meſme chez Polypheme. Pendant le chemin elle nous conta que vous auiez faict grand plaiſir à toute la Sicile, & encore plus à ceux qui y pouuoient abborder tous les iours, d'exterminer la plus grande partie de ces hommes Sauuages, dont elle voulut bien nous reciter l'origine. Apres que Iupiter mon frere, dit elle, eut deffait les Titans, ils s'enfuirent iuſques au bord de la mer de Syrie, les vns bleſſez, quelques vns à demy bruſlez, & les autres en grand deſordre. Ils trouuerent là des vaiſſeaux, auec leſquels ils s'enfuirent en diuers lieux. Encelade arriua dans cette Isle auec ceux qui s'estoient mis dans son vaisseau; & ils espouuanterent d'abord les habitans qui les virent d'vne stature si prodigieuse : mais Encelade qui souffroit mille maux, d'vn feu qui luy auoit esté lancé par Iupiter mesme, & qui le consommoit iusquesaux entrailles; songeoit plutost à estre assisté par les Siciliens, qu'à s'en rendre maistre. I'estois en ce temps là fort ieune, poursuiuitelle, ayant esté enuoyée par Rheé ma mere en la Sicile aussi-tost que ie nasquis, pour y estre nourrie ; & Encelade ayant apris que i'estois sœur de Iupiter, m'enuoya prier de luy permettre la retraite dans cette terre; & me fit dire qu'il estoit l'vn des fils de Titan frere de Saturne mon pere; que la confideration de noſtre ſang luy faiſoit eſperer que ie luy ſerois ſecourable, quoy qu'il euſt eſté noſtre ennemy; & que celle de ſes maux eſtoit capable d'y ioindre encore de la pitié. I'eus compaſſion de ſon infortune, & luy permis d'habiter auec les ſiens, le riuage & les enuirons du mont Etna: ie l'allay meſme viſiter, & taſchay d'apporter quelque ſoulagement à ſon mal: mais trois iours apres il mourut, & ſon corps fut ietté par les ſiens dans le gouffre de feu qui eſt au haut de cette montagne, où il acheua bien-toſt d'eſtre conſommé. Polypheme ſon fils eſtoit alors fort ieune; & quand i'apris que ceux qui s'eſtoient embarquez par hazard auec Encelade, n'eſtoient que des ruſtiques; ie voulus

en auoir soin, & le faire nourrir dans le Palais où i'estois: mais ces hommes farouches ne le voulurent iamais permettre, croyant que c'estoit leur faire tort, que de ne leur fier pas l'education & la conduite de leur ieune Prince. Ainsi ils l'esleuerét d'vne façon toute sauuage, ne voulant pas mesme qu'il eust autre maison qu'vn antre comme eux, ny autre exercice que celuy de paistre les troupeaux, & de forger des armes, ny autre viure que le laict, les fromages, les racines & les fruits qu'ils trouuoient dans les bois; & quelquefois les hommes mesmes qui arriuoient à leurs bords, dont ils deschiroient les membres, & en faisoient leurs repas les plus delicieux. Ie taschay souuent de les destourner de cette vie; mais ils ont
toufiours

toufiours esté incapables de receuoir mes aduis, & de goufter les loix
que i'ay données à toute la Sicile,
pour le bon-heur & la focieté des
hommes. Seulement ils ont gardé
vn grand respect pour moy, &
n'ont iamais offensé vn seul de mes
fujets; mais ils ont tourné toute leur
fureur contre ceux qui arriuoient à
leur riuage. Ils difoient que c'eſtoit
vne viãde que la mer leur enuoyoit,
& à caufe de cela ils vouloient faire
croire que Neptune Roy de la mer
eſtoit leur pere. Ils n'eſtoient que
trente lors qu'ils aborderent en cette terre, & n'auoient aucunes femmes; mais ils en trouuerent quelques vnes qui de leur bon gré s'al-
lierent auec eux, & ils referuerent
encore celles que les naufrages iettoient à leurs bords, & ne man-

Nn

geoient que les hommes. Ainsi ces Geants ont multiplié en peu de temps, & commençoient à nous estre redoutables, sans l'arriuée d'Apollon qui en a exterminé la plus grande partie; aussi ie ne puis croire que le Ciel ne l'ait preserué, pour auoir faict vn si grand bien à cette terre.

Ceres nous entretenoit ainsi, lors que nous commençasmes à descouurir la montagne, & les brasiers qu'elle lançoit au Ciel. Apres auoir faict encore vn peu de chemin, nous vismes parestre enuiron trente de ces Geants, qui nous auoient descouuerts; & qui venoient vers nous auec de petits bouclier d'acier qu'ils portoient deuant leur visages: mais lors qu'ils eurent apperceu mon arc & ma trousse, ceux de mes Nymphes ; ils s'enfuirent en faisant de grands cris Nous ne laissasmes pas de nous auancer; & Ceres nous ayant priez de demeurer derriere, pource qu'ils n'auoient pas accoustumé de la redouter de la sorte; alla iusques à la cauerne de Polypheme, où il s'estoit caché, comme les autres dans leurs trous ; & en le rasseurant, elle l'en fit sortir pour nous parler. Il luy conta la miserable auanture de ses sujets, que vous auiez tuez auec des serpens aislez, disoit-il, que vous leur iettiez de loin : qu'il auoit enuoyé quelques-vns des siens dans vne barque au Roy Eole pour auoir son aduis sur vn si grand mal-heur; lequel les auoit menez à Iupiter qui estoit en Ausonie, pour luy en demander iustice. Que Iupiter leut auoit enuoyé auſſi-toſt vn de ceux qui commandent ſa garde, lequel auoit apporté auec luy de petits boucliers pour ſe deffendre de ces ſerpens ; & que par ce moyen il auoit pris cet homme qui auoit fait vn ſi grand meurtre, & l'auoit mené à Iupiter en Auſonie. Ceres fut bien contente d'apprendre que ſon neueu euſt eſté conduit au Roy ſon frere ; & iugea bien que ces ſerpens dont il parloit, eſtoient les fleſches qu'il auoit inuentées. Auſſi toſt elle eut impatience de nous apprendre ces bonnes nouuelles, & nous enuoya querir pour nous les dire, & pour nous donner la veuë de cet aymable Polypheme : mais ſi-toſt que ces Sauuages apperceurent nos arcs, ils coururent à l'entour de leur Prince pour le deffendre, tenans tous ces petits boucliers deuant leurs visages, dont en trois ou quatre iours ils auoient forgé & poly vne grande quantité, pour les deffendre, disoient-ils, contre les serpens des Magiciens. Ils firent de grands cris à nostre abord, croyans estre tous au dernier momét de leur vie: mais Ceres leur ayant osté la terreur auec beaucoup de peine, nous fit approcher, & nous conta ce qui vous estoit arriué ; & que vous estiez auprés de Iupiter en Ausonie. Nous receusmes vne grande ioye, croyant que vous estiez en seureté ; & nous ne pensasmes alors qu'à nous diuertir en considerant l'estrange visage de Polypheme, & toutes ses actions rustiques. Ce Prince sauuage voyant qu'il n'auoit rien à craindre de nostre costé, par l'asseurance que Ceres luy en donnoit, commença à me regarder auec des yeux d'amour, & à s'appro-her de moy. Il me pria auec des paroles grossieres d'entrer dans sa cauerne, & me dit qu'elle estoit fort belle & bien tapissée de mousse & de lierre; & qu'il y faisoit frais en esté & chaud en hyuer. Voyant que pour toutes les merueilles de sa grotte ie n'y voulois point entrer, il me pria de m'asseoir sur vne pierre qui estoit pres de l'ouuerture; & estant lasse d'auoir monté sur les costaux d'Etna, ie voulus bien luy donner ce contentement, dont il commença de bien esperer pour ses amours. Il me dit que i'estois plus blanche que du laict caillé, & plus gentille qu'vn daim: que si ie voulois estre sa femme, il me feroit present de deux fans de biche qu'il auoit desrobez à leur mere; & me fit plusieurs autres discours, dont ie commençay à sousrire, & luy à croire que i'estois fort contente qu'il fust mon mary. Alors son amour le transporta iusques à me vouloir prendre auec ses mains veluës, & m'emporter dans sa cauerne; mais en m'eschappant ie luy dis que i'auois des serpens aislez qui le feroient mourir, & luy fis voir vne de mes flesches. Aussi-tost il se ietta à mes pieds, & me demanda la vie; vn peu apres nous le quittasmes, & tous ces Sauuages, à qui nous donnasmes le nom de Cyclopes, à cause de ces petits boucliers luysans qu'ils mettoient deuant leurs testes, & qui auoient desia faict croire de loin à quelques estrangers, qu'ils n'auoient qu'vn grand œil au visage. Nous prismes congé de Ceres, & la laissasmes encore dans l'affliction de nostre depart, outre celle qu'elle sentoit continuellement de n'auoir peu apprendre des nouuelles de sa fille. Nous passasmes au Golphe de Taréte auec nostre Isle: mais pource que nous ne voulions pas d'abord y estre connus, ie laissay Latone auec l'Isle à la pointe du Golphe, où ie me mis à pied sur la terre ferme, & de là i'allay vers la ville, & y entray auec quatre de mes Nymphes seulement, deux heures auant que Iupiter y fust arriué. Pour euiter la foule qui se trouueroit à cette entrée, tant du peuple de Tarente, que de ceux de la Cour du Roy, nous nous resolusmes d'aller au Palais où il deuoit loger, & de l'attendre à l'vne des chambres. Nous n'y fufmes pas vne heure, que par les cris du peuple nous connufmes que le Roy eftoit entré, & nous le vifmes arriuer dans la court où vous luy fuftes auffi-toft prefenté. Nous eftions aux feneſtres de la chambre où nous l'attendions; & nous vifmes l'Aigle que vous abbatiftes, les embraſſemens que vous donna le Roy, pendant lefquels on vous ofta voftre trouffe; & les deux Geants que vous renuerfaftes à terre: mais nous fufmes bien eftonnées quand plufieurs de ces monftres baifferent leurs armes, contre vous qui eftiez alors fans armes. I'auois defia bandé mon arc & mes Nymphes auffi, dés que ie vous vis lucter ces hommes; & alors des feneftres où nous eftiõs nous tirasmes nos flesches contre ceux qui vous attaquoient. Quoy? s'escrierent en mesme temps Apollon & Mercure en l'interrompant, ce fut donc vous qui tirastes ces flesches? Oüy, repartit Diane. Ah! reprit Mercure, que vous vous trouuastes heureusement en ce lieu là pour le secourir ! car rien ne le pouuoit garantir que vous. Voyla donc ce secours du Ciel, qui a donné tant d'inquietudes au Roy, ne pouuant s'imaginer d'où pouuoient partir ces traits : mais il se trouue veritable que ce secours venoit d'enhaut, & d'vne personne toute celeste. Apres qu'Apollon eut remercié cette chere sœur de luy auoir ainsi conserué la vie, elle luy dit en poursuiuant son discours. Il est vray qu'en vous assistant contre ces monstres, & ayant esté contrainte de tuer aussi deux gardes du Roy qui bailloient leurs iauelines contre vous, ie tremblay de frayeur lors que dans nostre precipitation, Thero, l'vne de mes Nymphes, ayát esté poussée par vne autre en tirant, porta son coup où elle ne vouloit pas. Ie vis que la flesche s'estoit attachée aux habits du Roy, & ne sçachant s'il estoit blessé ou non, ie detestay cent fois ce coup mal heureux. Toutefois ma crainte cessa, & ie fus bien satisfaite, lors que le Roy vous presenta la main, & vous embrassa ; & alors iugeant que vous estiez en seureté, & que nous ne deuions plus estre en peine pour vous, nous en eusmes l'esprit si content, que nous voulusmes parestre deuant le Roy auec vn equipage plus magnifique. Pour euiter sa rencontre, lors qu'il montoit par vn escalier, nous descendismes par vn autre; & estant sorties de la Ville, nous nous rendismes à nostre Isle auant que la nuit fust fermée, où ie contay toute nostre auanture à la Reyne ma mere. Ie croy que vous auez sceu comment nous nous trouuasmes le lendemain à la chasse du Roy, auec toutes mes Nymphes & mes chiens, & comment nous arriuasmes auec luy dans ce Palais. Voylà, mon cher frere, ce que vous auez desiré sçauoir de moy; & ie ne pense pas qu'il vous reste maintenant quelque opinion, que ie vous aye abandonné volontairement. Tant s'en faut, repartit Apollon, i'apprens que ie vous suis redeuable de la vie; & que si ie ne vous eusse perduë en Sicile, peut-estre n'eussiez-vous peu me sauuer dans Tarente. Apres quelques communes resioüyssances sur ces estranges & heureux accidens, chacun se separa pour songer au repos; & Mercure estant obligé de suiure Apollon dans sa chambre pour se coucher auec luy, eut bien de la peine à quitter la belle Ocyrhoé, qu'il auoit tousiours entretenuë des yeux, pendant que Diane entretenoit toute cette belle troupe de son agreable recit.

Toute la nuit il ne pût dormir, n'ayant encore iamais esprouué les inquietudes que donne l'amour, & ne fit que resuer sur tous les discours qu'il deuoit tenir à Ocyrhoé, & sur les moyens pour se faire aymer d'elle: car les premieres passions qui nous attaquent, font de grands desordres dans vn ieune esprit, auant que d'estre connuës, & que l'on puisse penser à s'en deffendre; pource qu'on les prend d'abord pour de simples resueries, dans lesquelles on s'engage insensiblement sans les craindre, & sans songer qu'il les faut repousser comme des ennemis. Le lendemain il confessa à son frere, qu'il n'auoit peu reposer; & Apollon qui auoit remarqué sa passion pour Ocyrhoé, luy en dit aussi-tost la cause : mais il le iugea mal-heureux, de s'estre addressé à des filles si ennemies d'amour, comme estoient celles qui suiuoient sa sœur. Toutefois, reprit Mercure, ie ne pretens pas que ma passion demeure long-temps inutile, ny passer beaucoup de nuicts sans dormir. Si la nature luy a donné de la rigueur, elle m'a donné vn peu d'esprit; & si ie l'ay faict parestre pour le secours des autres, ie ne croy pas qu'il m'abandonne dans mes propres affaires. C'est là, dit Apollon, que manquent bien souuent les inuentions: pour moy, ie vous aduoüe que toutes les miennes ont esté espuisées en vn semblable sujet ; & que i'ay faict tout le tour de la terre, sans en trouuer vne seule auec laquelle ie peusse fleschir vne inhumaine. Ma passion, poursuiuit Mercure, a esté assez forte pour m'empescher vne nuit de dormir : mais elle n'aura pas le pouuoir de me faire faire le tour de la terre, & si ie ne la gueris bien-tost par le moyen de celle qui la cause, ie suis resolu de la guerir par moy-mesme.

Quoy? ie passerois encore vne nuit sans dormir, cependant que la cruelle reposera à son aise? Mon frere, interrompit Apollon, vous n'estes pas beaucoup malade, puis que vostre passion vous permet de songer à vous guerir par vous-mesme; & ie preuoy que vous dormirez fort bien la nuict prochaine. Il est vray, repartit Mercure, que ie suis resolu de bien employer cette iournée, ou pour vaincre la Nymphe, ou pour vaincre ma passion: car ie n'ay pas de temps à perdre, si ie veux dormir cette autre nuit; & si dans la moitié du iour ie n'auance rien en mes amours, il faut que i'employe le reste à ma guerison. Ie suis d'aduis, dit Apollon, que vous commenciez dés cette heure à vous guerir: car ie suis asseuré que la Nymphe ne se rendra

rendra pas d'vn iour ny de deux; & l'apresdisnée ne vous suffira pas, peut-estre pour vous guerir. Mon amour, continua Mercure, a encore trop de feu pour le pouuoir chasser dés cette heure. Peut-estre, dit Apollon, est-ce seulement le despit de n'auoir point dormy, qui vous eschauffe, & non pas l'amour. Non, non, reprit Mercure, ie sens bien que i'ayme Ocyrhoé, & que ie desire ardemment d'en estre aymé; & que si ie puis contenter ma passion, ie seray tres-heureux : aussi i'en vay chercher tous les moyens, & n'y perdre pas vn moment. En mesme temps il se leua pour s'habiller, afin d'aller chercher la Nymphe, & luy rendre ses deuoirs ; & Apollon rioit de voir sa precipitation, & de ce qu'il auoit si peu d'heures pour venir à bout d'vne si grande entreprise. Pendant qu'il s'habilloit ainsi à la haste, on luy vint dire que Maja sa mere venoit d'arriuer, & auoit grande impatience de le voir. Il commença à froncer le sourcil, & Apollon luy dit: Ie vous plains, mon frere, car voylà bien des affaires pour vn matin: vne mere à entretenir, & vne maistresse à 'vaincre. Vous serez bien estonné, repartit Mercure, si ie fay l'vn & l'autre. Ie vous estimeray, luy dit Apollon, le plus habille du monde. Promettez-moy, reprit-il, vostre assistance; & i'espere faire tous les deux. Ie suis trop obligé, respondit Apollon, d'assister dans ses amours, vn frere qui m'a si bien assisté dans les plus grands perils de ma vie. A ces mots Mercure sortit pour aller au deuant de sa mere; & apres l'auoir embrassée, il luy dit, auec sa gentillesse ordinaire l'ay besoin de vostre secours, ma chere mere, en vne occasion qui m'importe de tout mon repos. Ie suis amoureux d'vne Nymphe que i'ay de la peine à aborder; & si vous voulez me donner les habits d'vne de celles qui vous suiuent, & me faire passer pour vostre fille, i'auray le moyen de l'entretenir, & de soulager vn peu ma passion, du moins par le discours. Mon fils, dit Maja en le baisant, ie veux tout ce que tu veux; mais à condition que tu ne sortiras point de la modestie d'vne fille. Il luy iura qu'il n'abuseroit point de la grace qu'elle luy faisoit; & aussi-tost il l'emmena dans vne cham-bre: mais pendant qu'on luy apprestoit des habits de fille, il voulut aduertir le Roy son pere de tout ce mystere, & Apollon aussi, afin que chacun iouast bien son personnage. Il alla trouuer Iupiter, à qui il conta l'arriuée de sa mere, & son amour, & son dessein, afin qu'il l'auoüast pour sa fille. Iupiter luy promist de faire tout ce qu'il desiroit; & aussi-tost il songea que Mercure en seruant sa passion, pourroit aussi l'assister dans celle qu'il auoit pour Callisto, laquelle il luy declara. Mercure luy dit que sa resolution estoit de se mettre du nombre des Nymphes de Diane sous le nom de Cyllenie, à cause du mont Cyllené où sa mere estoit née, pour lequel on donnoit quelquefois à luy-mesme le nom de Cyllenien; & qu'estant dans leur troupe, il trouueroit peut-estre moyen de destourner Callisto & Ocyrhoé pour les entretenir plus librement. Il pria le Roy d'enuoyer querir Diane & sa troupe pour aller ensemble à la chasse; & de le vouloir attendre dans sa chambre: en mesme temps il alla dire à Apollon tout ce qu'il vouloit faire, & de quelle sorte il vouloit estre assisté par luy: puis il se rendit dans la chambre où estoit sa mere, qui luy vestit les habits qu'elle luy auoit preparez, & le fit parestre vne des plus agreables filles du monde. Aussi-tost ayant sceu que Latone, Diane, & toutes les Nymphes, & Apollon mesme estoient auprès du Roy; il l'enuoya aduertir que Maja & sa fille venoient d'arriuer, & demandoient à luy faire la reuerence. Vn peu apres il y entra à la suite de sa mere, auec vn visage modeste : Iupiter les embrassa toutes deux, & en considerant Mercure, il dit. Il est vray que plus ie regarde Cyllenie, plus ie trouue qu'elle ressemble à son frere. Qu'on l'appelle, poursuiuit-il, afin qu'il ait la ioye de voir sa mere & sa sœur. Il est impossible, dit Apollon, qu'il vienne maintenant: car il s'est enfermé en vn lieu où il est fort empesché. Hé que fait-il, dit le Roy ? Il a vne grande passion, reprit Apollon, d'aprendre à iouër de la harpe ; ie luy en ay donné vne leçon ce matin, laquelle il a iuré de sçauoir auant qu'il fust midy ; & pour cet effect il s'est mis dans vn cabinet ; & non content d'en fermer la porte, il a encore fermé celle de la chambre, auec serment qu'il n'ouuriroit à perſonne, que lors qu'il auroit appris ſa leçon. Il faut donc le laiſſer là, continua Iupiter, & vous reſoudre, dit-il à Maja, à ne le voir qu'à diſner. Ie m'en conſoleray, dit-elle, par l'honneur que ie reçoy d'eſtre en voſtre preſence. Ie croy, pourſuiuit le Roy, que vous n'auiez point veu encore ce qui eſtoit né de Latone & de moy. Voyla Apollon & Diane, mes enfans & les ſiens, que ie vous prie de ſaluer. Maja les ayant embraſſez & admirez, voyla ma fille, dit-elle, arriuée au comble de ſes ſouhaits, de voir cette admirable Diane, dont elle a tant oüy parler, & dont elle ne ceſſe de m'entretenir: i'eſpere que Diane ne luy refuſera pas l'honneur où elle aſpire, de la receuoir au nombre de ſes

Nymphes. Diane luy refpondit, qu'ayant celuy d'eftre fa fœur, elle s'eftimeroit trop heureufe d'eftre fa compagne. Alors elles s'embrafferent, & Maja dit à Diane, qu'vne des plus grandes paffions de fa fille eftoit d'auoir vn arc & des flefches, & d'apprendre à en tirer: Diane enuoya querir vn de fes plus beaux arcs, auec vne trouffe dorée & l'efcharpe fort riche, dont elle luy fit prefent; & alors le Roy dit qu'il eftoit temps d'aller à la chaffe. Mercure deftournoit fes yeux d'Ocyrhoé, pour luy ofter toute penfée qu'il fuft defguifé; & Ocyrhoé auoit grand deffein de s'approcher de cette nouuelle Nymphe, pour faire amitié auec elle, à caufe de celle qu'elle commençoit à porter à Mercure, dont les graces l'auoient entretenuë presque toute la nuit; & ce fut elle qui apporta l'arc & la trousse, & qui preuint par sa diligence la Nymphe Britomarte qui en auoit receu l'ordre, afin de rendre ce seruice à la sœur de son amát. Le Roy se mit dans vn char, & fit mettre auec luy Latone, Maja, Diane & la feinte Cyllenie : Apollon, les Roys & les Satrapes les suiuirent: les Nymphes s'espandirent à l'entour du char auec leurs chiens ; & ils arriuerent ainsi sur les costaux de l'Apennin. Vn peu apres ils virent de loin vne troupe; & vn homme vint aduertir le Roy que c'estoit Vulcan son fils qui arriuoit. Iupiter s'esmeut aussi-tost, ayant appris depuis peu de Latone, le traittement indigne qu'il luy auoit faict dans Bysance : il se resolut de l'attendre, ayant luy-mesme aresté son char, & meditant ce qu'il auoit à luy dire. Le Prince estant paruenu sur le costau, & s'estant approché de luy pour luy faire la reuerence, & luy baiser les pieds sur le char où il estoit ; Iupiter ne le voulut point permettre, & apres l'auoir fait reculer luy dit en luy montrant Latone. Connoissez-vous cette Princesse, & vous souuenez vous de ce que vous luy fistes souffrir dans Bysance apres mon depart ? Vulcan demeurant confus & interdit, le Roy poursuiuit : Puis que ie vous auois commandé d'auoir soin d'elle, & de l'assister en toutes choses ; estoit-ce bien satisfaire à mes ordres, que de contraindre d'aller aux mines & aux forges ceux que i'auois laissez pour la seruir, & de la liurer entre les mains de son ennemie? Vulcan demeurant muet, Iupiter adiousta: Allez, sortez de ma presence, & que ie ne vous reuoye iamais. Ce miserable Prince ne pouuant se resoudre à s'esloigner, & preparant quelques excuses, le Roy se leua d'impatience, comme pour s'eslancer du char & le fraper. Alors Vulcan ayant peur, recula quelques pas en arriere, en le regardant auec effroy; & ne voyant pas vn precipice qui estoit derriere luy, tomba dedans, & se rompit vne iambe. Iupiter par indignation & par mespris, le laissa là, & passa outre auec son char. Ceux qui estoient venus auec Vulcan, allerent seuls le retirer du lieu où il estoit; & voyant le peu de secours qu'ils pouuoient esperer pour luy à la Cour, le porterent dans le vaisseau qui l'auoit passé en Italie, & de là à Lemnos, où il fut long-temps malade de cette cheute, dont il demeura boiteux toute sa vie.

Cependant Iupiter, qui au lieu de se fascher de cet accident, estoit bien content de ce que la fortune auoit puny Vulcan, ne le voulant pas punir luy-mesme ; ne songea plus qu'à sa chasse & à ses amours. Apollon abbatoit deuant luy auec ses traits les oyseaux qui voloient sur leurs testes ; & il ne songeoit plus à en conceuoir de mauuais presages. Toutes les Nymphes & tous les chiens estans assemblez, Diane disposa sa chasse, & vn peu apres chacun se separa, selon l'employ qu'il auoit receu par ses ordres. Ocyrhoé qui sentoit vne inclination particuliere pour la feinte Cyllenie, s'estoit tousiours rangée aupres d'elle ; & Cyllenie voyant que chacun s'alloit separer, luy dit en adoucissant sa voix pour contrefaire mieux celle d'vne fille. Ie vous supplie, ma sœur, puis que ie voy que vous auez tant de bonté pour moy, de me vouloir faire la grace de m'apprendre en vn lieu secret à tirer de l'arc : car i'ay grande honte d'y estre si mal instruite, deuant tant de Nymphes qui y sont si sçauantes. Ocyrhoé tesmoigna vne grande ioye de luy rendre ce seruice : aussi-tost elles s'escarterent des autres, l'vne pour en donner vne leçon, & l'autre pour l'aprendre ; & Cyllenie qui s'estoit apperceuë de l'inclination qu'Ocyrhoé auoit pour elle, la laissoit agir dans cette passion pour mieux faire la feinte. Lors qu'elles furent seules dans vn lieu du bois, Ocyrhoé voulut l'instruire à tirer contre vn arbre; elle luy banda son arc, puis elle se mit derriere elle, & luy apprit à le tenir de la main gauche, & à tirer la flesche auec la corde de la droite; & ainsi de sa main gauche elle tenoit la gauche de Cyllenie, & de sa main droitte elle conduisoit la droitte: mais lors qu'elle voulut luy montrer comment il falloit viser au but, en approchant son œil pres du bout de la flesche qui tenoit à la corde, elle approcha ses yeux si pres de ceux de Cyllenie, qu'elle toucha aussi sa ioüe de la sienne. Cyllenie laissa aller la corde & la flesche par l'ordre d'Ocyrhoé: mais elle n'attaignit pas l'arbre pour la premiere fois : ainsi il fallut recommencer à plusieurs reprises ; & Ocyrhoé appuyoit tousiours sa ioüe contre celle de Cyllenie ; dequoy cette feinte fille receuoit vn contentement extrême. Enfin Ocyrhoé ne peut s'empescher d'y porter sa bouche mesme ; & à diuerses fois luy donna ainsi des baisers. Cyllenie feignant d'estre lasse de cet exercice qu'elle n'auoit pas accoustumé, la pria de se reposer vn peu de temps sur l'herbe auec elle ; & estant assises, elle luy dit en riant, & en la regardant fixement. Ma sœur, confessez-moy que vous auez esté amoureuse : car vous sçauez donner des baisers bien agreablement. Ocyrhoé rougit, & Cyllenie reprit, n'en rougissez point, ma sœur, puis que ie croy qu'il n'y a point de honte ; & qu'il y a beaucoup de satisfaction. Ie n'ay rien aimé encore, respondit Ocyrhoé, & ie vous iure que ie n'aimeray iamais que vous, si ce n'est vn autre vous-mesme. Cyllenie entendit bien que ces dernieres paroles estoient pour Mercure; & elle reprit ainsi. Si vous n'auez rien aimé encore, qui vous a appris à baiser de si bonne grace? Ie croy, repartit Ocyrhoé, que la Nature apprend ces choses mieux que ne pourroit faire aucun maistre. Ie vous prie, dit Cyllenie, puis que desia vous m'auez appris à tirer de l'arc, de me vouloir encore apprendre ce que la nature vous a si bien appris : car il me semble que les baisers ont quelque chose de bien doux, & que l'on peut faire cet agreable exercice en se delassant de celuy de l'arc. Aimez moy

moy, dit Ocyrhoé, autant que ie vous aime, & vous y ferez auſſi ſçauante que moy: car plus on aime, plus les baiſers ſont agreables. Ie vous iure, dit Cyllenie, que ie vous aime autāt pour le moins que vous m'aimez: car la bonté que vous auez pour moy m'y oblige, & encore plus voſtre beauté. Ie veux donc voir ſi l'affection que ie vous porte, me rendra auſſi ſçauante que vous ſans voſtre inſtruction. Alors elle voulut faire cette eſpreuue: mais la chaſſe qu'elles entendirent vn peu apres qui s'approchoit d'elles, rompit cet agreable diuertiſſement; & Cyllenie ayant remercié cette belle Nymphe, de luy auoir apris de ſi doux exercices; elles allerent toutes deux au deuant des autres qui s'auançoient;& ſuiuirent leur troupe le reste de la matinée. Auant que la chasse fust finie, Cyllenie se desroba; & ayant aduerty Apollon de ce qu'il deuoit faire, prit vn grand destour de peur d'estre veuë, & se rendit au Palais où elle reuestit ses habits, puis s'enferma dans vne chambre. Quelque temps apres, le Roy, Latone, Maja, Diane & toutes les Nymphes arriuerent, & Apollõ les mena à la porte de cette châbre, où il leur fit entendre Mercure qui touchoit quelques accords sur la harpe; mais de peur que l'on ne connust qu'il n'y sçauoit encore rien, il heurta auec impetuosité pour luy faire ouurir. Incontinent il vint à la porte, & les fit tous entrer. Maja l'embrassa, & il luy demanda soudain où estoit Cyllenie sa sœur: on luy promit qu'il la verroit bienroſt ; & on luy demanda s'il eſtoit deſia bien ſçauant à ioüer de la harpe. Il y a trop peu de temps que i'aprens, reſpondit-il, pour y eſtre bien auancé : mais ie ſuis reſolu pendant que mon frere eſt auec nous, de prendre de luy tous les ſoirs vne leçon, & de m'enfermer tout le long du iour pour m'inſtruire en peu de temps. Apollon le tira à part, & luy dit : hé bien, mon frere, voyla midy paſſé : dormirez-vous cette nuit ; & auez-vous deſia vaincu cette rigoureuſe ? Oüy, reſpondit-il, ie dormiray, & meſme auec elle ſi ie veux : toutefois ie ne veux pas encore me porter à vne telle entrepriſe. Mais, reprit Apollon, elle ne vous ayme que ſous le nom & l'habit de Cyllenie ; & cela ne ſe doit pas appeller l'auoir vaincuë. Non, non, mon frere, repartit-il, ie suis asseuré qu'elle ayme Mercure ; & elle me l'a mesme iuré. Ie n'ose vous dire les faueurs qu'elle m'a faites, & comme à Mercure & comme à Cyllenie. Voyla vne fortune admirable, dit Apollon. Toutefois, reprit-il, i'ay encore besoin de Cyllenie pour rendre Mercure heureux : il faut la faire chercher par tout pendant que ie disneray auec vous, comme si elle estoit esgarée dans les bois ; aussi-tost apres ie feindray que ie me veux renfermer, & ie parestray en l'habit de Cyllenie comme estant de retour; & si vous m'aydez vn peu, ie continueray long-temps à faire fort bien ces deux personnages. Apollon l'asseura qu'il le seruiroit à son gré; & alors on les appella tous pour difner auec le Roy. Cyllenie s'eſtant trouuée à dire à table, le Roy enuoya de tous coſtez des gens pour la chercher : Ocyrhoé dit qu'elle l'auoit deſia cherchée long-temps dans le bois, & qu'elle en eſtoit fort en peine. Apres diſner Mercure ſortit, & Apollon luy demanda tout haut s'il alloit chercher Cyllenie. Ie m'en vay, reſpondit-il, chercher ma harpe ; car d'autres chercheront ma ſœur auſſi bien que moy, & d'autres ne pourroient pas apprendre pour moy. Auſſi-toſt il alla reueſtir les habits de fille; & vn peu apres il ſe fiſt ramener par vn des ſiens dans la ſalle, où toute la compagnie ſe reioüit de la reuoir. Elle feignit eſtre fort laſſe d'auoir ſi long-temps marché dans le bois. Ocyrhoé vint luy teſmoigner les soins qu'elle auoit pris pour la trouuer, & les apprehensions qu'elle auoit euës, que quelque beste sauuage ne luy eust fait du mal. Maja l'emmena comme pour la faire disner en sa chambre, où Ocyrhoé ne l'abandonna point. Pendant le temps que l'on tarda à luy apporter à manger, Ocyrhoé & elle recommencerent leurs caresses, que la ieunesse de tous les deux, & le desguisement de Cyllenie rendoient fort innocentes ; & Maja rioit en voyant le bon-heur des premieres amours de son aimable fils, & luy souhaita pour tousiours vne vie aussi heureuse.

Iupiter voulut employer l'apresdisnée à aller voir l'Isle de Delos, qui estoit demeurée à l'vne des pointes du Golfe de Tarente. Tous ceux qui estoient à la Cour eurent la curiosité de voir cette merueille. Picus, Admete & Eole y suiuirent le Roy, & accompagnerent les Reynes Latone & Maja, la Princesse Diane & toutes les Nymphes. Cyllenie passoit aussi parmy elles pour Princesse; & on luy rendoit de grands honneurs; mesmes la pluspart des Nymphes portoient desia enuie à Ocyrhoé, d'auoir en si peu de temps gagné son affection, & de luy sembler inseparable. Iupiter enuioit aussi le bon-heur de son fils, d'auoir peu se desguiser ainsi, pour estre sans soupçon aupres de sa maistresse ; & eust bien voulu estre en sa place, pour estre incessamment aupres de Callisto. Il arriua dans l'Isle auec toute cette belle suite : Apollon & Diane luy en

faisoient remarquer les particularitez ; & aussi-tost il desira de la voir
traisner par la galere. Les rameurs
commencerent à voguer, & à la tirer en pleine mer ; & ils ne cessoient
tous d'admirer comment vne si
grande & si pesante masse, pouuoit estre conduite auec tant de facilité, & aller auec tant de vitesse.
Toutefois considerant que plus vn
vaisseau est grand, plus il va seure-
ment ; & que toute cette terre n'e-
stoit rien en comparaison de tout
l'element qui la portoit ; ils commencerent à admirer plustost les
merueilles de la nature, que d'estimer que cette Isle fust vne chose
qui surpassast les forces de la Nature. Le Roy fut conduit en suite pour
voir la ville & le Palais qu'Apollon
y auoit fait bastir depuis trois ans,

dont Iupiter & tous ceux de sa suite admirant la premiere face & sa superbe structure, n'ayant veu iusques là que des bastimens sans art; Latone luy dit que c'estoit à son gré vne des plus rares inuentions de son fils, d'auoir trouué les ordres de l'Architecture ; dont il auoit composé vn art, par le moyen duquel les Palais & les maisons pouuoient auoir toutes leurs commoditez par le dedans, & vne belle symmetrie par le dehors. Iupiter estant rauy de loin de l'aspect du Palais, & voyant que tous les autres en estoient esmerueillez autant que luy, sentit sa ialousie contre son fils qui se resueilloit en son ame ; considerant combien ce Palais estoit plus magnifique que celuy qu'il auoit dans Babylone, combien de choses admirables Apollon auoit produites au monde; de combien de gloire il paressoit enuironné, & quelle estime tous les peuples alloient faire de luy. Il eut bien la force de supprimer vn peu les mouuemens de cette passion, pour ne les rendre pas visibles : mais il n'eut pas celle de pouuoir se resoudre d'entrer dans ce Palais, de peur de voir à la fois trop de choses admirables, & d'entendre encore les admirations des autres, qui commençoient à estre insupportables à ses oreilles. Il dit qu'il falloit prendre vn autre iour tout entier ; pour auoir loisir de le considerer, & pour ne le deuorer pas des yeux tout à coup. Il pria Diane de le mener voir la montagne de Cynthe, & la belle fontaine Inope, laquelle de

DES FABLES, LIV. VIII. 603
sa seule source produisoit tant de ruisseaux, dont se formoit la riuiere du mesme nom qui arrousoit l'isle. Pendant le chemin il voulut chasser vne passion en songeant à vne autre; & s'approchant insensiblement de la feinte Cyllenie, il luy dit. Belle Nymphe, ie trouue que ce matin vous n'auez songé qu'à vostre contentement, & que vous auez eu peu de soucy du mien. Il m'a esté impossible, luy respondit Cyllenie, de rencôtrer Callisto: mais s'il vous plaist demain faire encore vne chasse, ie vous promets de la mener en vn lieu où vous pourrez l'entretenir. Cependant à cause que l'on pourroit desirer de voir Mercure & Cyllenie ensemble, pour admirer mieux la ressemblance de leurs visages; il est besoin que ce

soir vous me commandiez deuant tous de faire vn voyage: autrement on se deffieroit bien-tost de la fourbe; & la deffiance feroit connoistre en peu de temps la verité. Iupiter ayant iugé cet aduis à propos, se separa d'elle pour ne point donner de soupçon; & apres auoir veu la montagne, dont les pasteurs le vinrent saluër, & la merueilleuse fontaine Inope; il sortit de Delos pour retourner à Tarente.

Le soir estant arriué, Mercure parut auec ses habits ordinaires: plusieurs luy firent des reproches de n'auoir point veu l'isle admirable: il respondit qu'il la pourroit voir vne autre fois: mais que rien ne luy estoit si cher, que le temps qu'il employoit à iouër de la harpe. Apollon luy fit vn autre reproche, de n'auoir point veu encore sa sœur Cyllenie; & qu'il deuoit bien y auoir vne plus grande sympathie entr'eux, que celle qu'il faisoit parestre; puis qu'ils auoient tant de ressemblance. Ie viens de la voir, respondit Mercure, qui s'alloit mettre au lict pour se reposer, n'ayant, ce dit-elle, iamais tant marché pour vn iour. Ocyrhoé voulut aller dans sa chambre, pour la voir au lict: mais Maja se trouua à la porte, qui luy dit que sa fille dormoit, & la pria de remettre sa visite au lendemain. La Nymphe rentra dans la salle, où Mercure la vint receuoir, & commença à luy parler de sa passion: mais elle parut toute en colere contre luy, & refusa de luy parler, en luy disant, que l'entretien de sa harpe luy estoit sans doute, bien plus agreable que le sien. Voyez, repartit-il, que vous estes iniuste, de m'accuser de peu d'affection, pour vne chose en laquelle ie n'ay que vous pour objet : car ayant esprouué qu'il me sera trop difficile de vous gagner par mes paroles, i'aprens à iouer de la harpe, pour tascher à vous gagner par ma musique. Puis voyant qu'elle soufrioit, il adiousta : que ie suis mal-heureux d'estre ce que ie suis! & que ie serois heureux, si i'estois fille ! car ma sœur vient de m'aprendre auec beaucoup de ioye, qu'elle a le bon-heur d'auoir acquis vostre affection: mais ne pourray-je point auoir part dans cette amitié ? Prince, respondit-elle, i'ay faict en cela pour vous tout ce que ie pouuois : car ne me pouuant donner à vous, ie me suis donnée à voſtre reſſemblance. En verité, reprit-il, auez-vous ſongé à faire quelque choſe pour moy, en vous portant à l'aimer? Ie vous aduoüe, repartit-elle, que vous eſtant obligée à cauſe de voſtre affection, & ne pouuant vous aimer à cauſe de mon vœu, ie me suis eſtimée heureuſe de pouuoir aimer en voſtre ſœur ce qu'elle a de vous;& d'accorder ainſi mon inclination auec mon deuoir. I'ay peur, dit-il, que vous ne me faſſiez hayr ma ſœur autant que vous l'aimez, pour la ialouſie que i'auray du bon-heur qu'elle poſſede. Au contraire, repliqua-t'elle, vous la deuez autant aimer pour l'amour de moy, comme ie vous promets de l'aimer pour l'amour de vous. Mais, dit-il, en l'aimant penſerez-vous m'aimer? & songerez-vous à moy toutes les fois que vous luy ferez des caresses? l'aurois peur, respondit la Nymphe, que cette pensée ne fust criminelle: mais ostezen le crime, & ie vous le promets. Non seulement, dit-il, i'en oste le crime: mais ie vous absous encore de celuy de souffrir mes caresses mesmes si vous le voulez. Vous estes trop indulgent, continua-t'elle, & i'aurois peur que mon honneur ne me permist pas, ce que vous me voudriez permettre. Ie cõsidere, reprit-il, que sous l'ombre de quelque bon-heur imaginaire, ie vay deuenir bien malheureux ; estant reduit à souhaiter de n'estre plus moymesme, & de n'estre que ma ressemblance : & non seulement i'auray mon amour à souffrir ; mais encore

la

la ialousie contre ma ressemblance ; & ie puis dire ainsi contre moy-mesme : ce qui est vne espece de tourment d'autant plus insupportable, que sa cause sera extrauagante & incomprehensible. Mon Prince, dit-elle, ie ne vous souhaitte point tant de mal ; & il faudra y trouuer quelque remede auec le temps. Le remede, continua-t'il, sera de tourner vostre affection vers moy, au lieu d'aimer ma ressemblance à cause de moy. Ie vous donne à choisir, dit-elle ; aimez-vous mieux que ie vous aime à cause de vostre sœur, ou vostre sœur à cause de vous ? Il songea quelque temps, puis il respondit : ie ne veux ny l'vn ny l'autre : mais que vous m'aimiez à cause de moy-mesme. C'est à quoy, reprit-elle, ie ne me

Qq

puis pas encore bien resoudre ; & il faudra que ie consulte là dessus Cyllenie. Ils furent alors contraints de se separer, pource qu'on s'alloit mettre à table ; & Ocyrhoé s'engagea ainsi à aimer violemment cet agreable Prince, malgré les obstacles de ses vœux, qui ne la deffendoient pas assez bien contre toutes ses graces.

Apres le souper le Roy appella Mercure, & luy dit deuant tous. I'ay bien du regret, mon fils, de vous rauir à cette belle compagnie; & ie m'imagine que vous me voudrez du mal, de vous priuer de tant de diuertissement : mais ie suis contraint de vous enuoyer en Thrace, où i'ay laissé Mars mon fils, qui me mande qu'il a besoin d'vne personne d'esprit & de conseil, pour faire vn traité auec les Sarmates. Vous sçauez qu'il n'est guere propre que pour combattre ; & qu'il seroit peut-estre capable de se laisser surprendre dans vn traitté, mesmes par des Barbares. Ie ne puis ietter les yeux sur personne qui m'y puisse seruir plus addroittement ny plus fidellement que vous. Consolez-vous par l'honneur que ie vous fay, de tous les plaisirs que vous allez perdre. Mercure feignit d'estre surpris de ce commandement : toutefois il sembla qu'il le receuoit auec respect, & il promit de partir le lendemain dés le matin. Chacun sentit du regret de l'esloignement de cet aimable Prince : mais Ocyrhoé qui commençoit à auoir de la passion pour luy, ne pût supporter vn coup si impreueu ; & se retira dás vn coin pour cacher sa tristesse. Mercure l'y alla trouuer, où il luy tesmoigna mille sensibles regrets, d'estre reduit à la quitter, sans luy auoir encore rendu aucun seruice, par lequel il peust acquerir son affection. La Nymphe ayant esté surprise par luy; & voyant sa passion descouuerte par quelques larmes qu'elle ne pouuoit cacher ny retenir; fut sur le poinct de luy en faire l'adueu: mais son saisissement luy empescha la parole; & luy donna vn double secours, en la declarant assez, & en luy espargnant en mesme temps la honte de la dire. Il la supplia de luy laisser souffrir tout l'ennuy de son esloignement, dans lequel il ne laisseroit pas de l'aimer plus que sa vie; & de s'en vouloir consoler auec Cyllenie, à laquelle il consentoit qu'elle fist des caresses pour l'amour de luy, durant le temps qu'il n'en pourroit receuoir luy mesme. Il moüilla ses yeux pour luy mieux tesmoigner de la douleur pour ce feint depart; & luy fit cent protestations d'vn amour inuiolable, & sur lequel le temps n'auroit point de pouuoir. Il la coniura de le vouloir aimer de mesme ; il luy baisa plusieurs fois les mains, & luy dit vn adieu si passionné, qu'elle en fut viuement touchée & d'amour & d'affliction, & ne pût luy respondre vne parole : mais estant obligé de cacher à tous ses actions & ses discours, il fut contraint de s'esloigner d'elle pour parler à quelques autres. Incontinent chacun se retira, & Mercure suiuit Apollon, qui accompagnoit Latone & Diane dans leur chambre, ausquelles il dit adieu. Apollon leur declara en sa presence les obligations qu'il auoit à ce cher frere, dont la generosité & l'amitié estoient plus admirables, moins il sçauoit d'exemples qu'vn ieune Prince eut iamais sacrifié ses propres interests, pour garentir vn frere de la disgrace d'vn pere si puissant & mesmes de la mort. Latone & Diane l'embrasserent plusieurs fois pour l'en remercier : Il leur dit qu'il iugeoit à propos de ne iamais destromper le Roy, qui croyoit qu'Apollon auoit esté secouru deux fois par le Ciel, lors que les flesches de Diane le deffendirent, & lors qu'il auoit esté nourry dans la prison : pource qu'il auoit fondé là dessus toute la preuue de son innocence. Ils approuuerent son aduis, & ils se iurerent tous vne amitié eternelle. Mercure dit aussi adieu à toutes les Nymphes; & Ocyrhoé voyant que la pluspart pleuroient le depart de cet agreable Prince, receut vn grand soulagement dans sa douleur, de pouuoir pleurer librement parmy les autres. Il fit dire le lendemain, qu'il estoit party de grand matin; & se rendit en son habit de fille parmy les Nymphes au leuer de Diane; ayant faict rougir ses yeux en les frottant, afin de pouuoir tesmoigner son desplaisir pour le depart de son frere, que cette feinte Cyllenie disoit en souspirant, n'auoir peu entretenir vn moment depuis qu'elle estoit arriuée. Ocyrhoé rendoit des larmes veritables aux artificieuses de Cyllenie; & ne feignoit point de luy dire l'affliction qu'elle auoit reſſentie de ce depart. Cyllenie l'aſſeura qu'elle ne ſe conſoloit qu'en ſon amitié qu'elle auoit acquiſe ; & vn peu apres le Roy ayant enuoyé ſçauoir ſi chacun eſtoit preſt pour la chaſſe, elles partirent toutes auec luy, pour ſe rendre ſur les cotaux & dans les vallons de l'Apennin.

Cyllenie auoit eſté inſtruite par Iupiter de ce qu'elle deuoit faire pour le ſeruir aupres de Calliſto : mais elle aimoit bien mieux encore les inſtructions d'Ocyrhoé. Chere compagne, luy dit-elle, ie te prie de ne me point abandonner : car i'ay bien beſoin encore de tes leçons, auant que de pareſtre parmy les Nymphes. Ocyrhoé luy reſpondit, que ſon plus cher contentement eſtoit d'eſtre auprés d'elle & de la ſeruir; & ainſi elles ſe ſeparerent en peu de temps de toutes les autres. Elles repeterent la leçon de l'arc, & celle de leurs careſſes encore; & enfin lors qu'elles eſtoient aſſiſes ſur l'herbe, Cyllenie luy dit: I'ay ſceu, ma ſœur, & de mon frere meſme, qu'il vous aime; & ie ne ſçay ſi vous ne vous offenſerez point d'vne penſée qui me vient de naiſtre. Quelque choſe, reſpondit Ocyrhoé, qui puiſſe naiſtre de vous, ie ne m'en offenſeray iamais. I'aime tant cet aimable frere, reprit Cyllenie, que bien que ie vous aime extrêmement, ie ſouhaitte que vous l'aimiez encore plus que vous ne m'aimez : car l'aimant plus que moy meſme, ie dois auſſi deſirer que ceux dont il voudra eſtre aimé, l'aiment plus que moy-mesme. Ma sœur, dit Ocyrhoé, ie suis bien empeschée de ce que ie dois respondre ou resoudre sur vostre pensée : car d'vn costé ie ne puis, ce me semble, rien aimer que vous; & il ne m'est pas bien seant d'aimer autre chose qu'vne fille : de l'autre costé il m'est impossible de vous rien refuser : mais puis qu'il est absent, souffrez que ie vous aime toute seule; & que ie puisse ioüir de vostre amitié toute pure, sans y en mesler vne autre; & à son retour ie verray si ie vous puis satisfaire. Non, dit Cyllenie, l'affection que ie luy porte ne peut souffrir ce retardement; & ie desire dés à present que vous l'aimiez mieux que vous ne m'aimez. Mais, respondit Ocyrhoé, que luy seruira cette affection, s'il ne la sçait pas;

DES FABLES, LIV. VIII. 619
& pourquoy voulez-vous que ie quitte le plaisir d'aimer plus que toute chose vne personne qui m'est presente, & de l'amitié de laquelle ie iouïs heureusement; pour aimer vne personne absente, dont la priuation me donneroit de la peine. Ma sœur, reprit Cyllenie, vous pouuez fort bien accorder ces deux choses, & n'auoir que du contentement : car vous aimerez mon frere en moy : vous iouïrez de mon amitié pour l'amour de luy, & vous aurez des contentemens qui ne se sont iamais goustez, de soulager les viues inquietudes d'vne absence, dans les caresses continuelles d'vne personne presente. Ah! ma sœur, dit Ocyrhoé en voulant l'embrasser, permettez que ie vous aime tousiours pour l'amour de vous-

mesme. Non, respondit Cyllenie, en la repoussant; ie ne veux plus de tes caresses, si tu ne me les donnes pour l'amour de Mercure. Cruelle sœur, dit Ocyrhoé, pour le moins espargne ma honte. Crois tu donc, reprit Cyllenie, qu'il y ait de la honte à faire vne chose dont ie te prie? Hé bien, respondit Ocyrhoé, que veux-tu que ie fasse? Qu'en m'embrassât, dit Cyllenie, tu croyes embrasser Mercure. Ah! c'est trop, repartit-elle; toutefois que te puis-je refuser? Alors Cyllenie ouurit les bras pour receuoir ceux d'Ocyrhoé: mais elles furent contraintes de se separer, par le bruit d'vn grand sanglier qui perçoit les forts, & qui passa prés d'elles, ce qui les obligea de se leuer pour en euiter les atteintes. Vn peu apres elles entendirent

DES FABLES, LIV. VIII. 621
les chiens, à qui elles firent sentir les voyes de la beste: puis elles suiuirent la chasse. Cyllenie se souuint alors que le Roy luy auoit donné aduis d'vn lieu où il le deuoit trouuer, afin qu'elle y fist passer Callisto, & qu'il peust l'y entretenir. Elle chercha par tout cette Nymphe, & l'ayant trouuée elle luy dit que Diane la demandoit. Callisto la suiuit en vn lieu où elle trouua Iupiter pensant y trouuer Diane. Cette Nymphe surprise de voir le Roy, dont la passion ne luy estoit desia que trop connuë; rougit, & voulut passer outre, tesmoignant son impatience de rencontrer Diane: mais il l'arresta, & l'obligea de souffrir quelque temps son entretien. Cyllenie s'esloigna peu à peu, laissant Callisto en garde à sa seule vertu,

qui eut bien de la peine à la defendre contre la passion & la majesté d'vn si puissant Empereur, lequel estant si susceptible d'amour, sembloit aussi estre le but de l'ambition des plus belles. Cependant Cyllenie se reioignit bien-tost à sa chere Ocyrhoé, pour qui elle auoit vne affection vehemente. Diane d'vn autre costé suiuoit son sanglier; ne se doutant pas que tandis qu'elle chassoit apres les bestes, des Princes chassoient apres ses Nymphes. Apollon seul cherchoit les deserts, fuyant toutes sortes de compagnie & d'entretien ; & se couchant sur l'herbe, refuoit continuellement aux rigueurs inuincibles de Daphné, & à celles de la fortune qui l'en separoit incessamment. Il consideroit le bon-heur de Mercure, d'auoir en moins d'vn iour gagné le cœur d'vne Nymphe, & de la voir & luy parler à tous momens ; & combien la fortune le traittoit differemment, de luy auoir faict rencontrer vne maistresse insensible, qui non contente de luy refuser son affection, luy desnioit encore sa veuë auec vne inhumanité sans exemple. Toutefois, disoit-il en luy-mesme, voudrois-je posseder le bon-heur de mon frere ? & qu'vne maistresse se fust renduë à moy en vn iour ? Non, ie mespriserois vne conqueste si aisée ; & il semble que les belles haussent leur prix, selon la durée de leur resistance : mais aussi, poursuiuoit-il, voudrois-je que Daphné haussast eternellement son prix, en me resistant eternellement ? ou bien voudrois-je qu'elle me resistast moins ; & qu'elle fust moins estimable ? Desirer que sa vertu cede, n'est-ce point m'aimer & non pas elle ? mais aussi ne desirer pas qu'elle cede, ne seroit-ce pas manquer d'amour pour elle ? Ah ! qu'il est difficile de distinguer si le desir de posseder vne chose, est amour de soy-mesme, ou de la chose que l'on aime ? I'aime la vertu de Daphné, i'aime sa beauté & toutes ses graces : mais malgré les sentimens de mon cœur, mon ame auoüe que sa vertu, sa beauté, & toutes ses graces sont bien plus pures en me resistant, que si elles se rendoient à moy. Ah ! mon amour, continuoit-il en luy-mesme, que tu veux de mal à ma raison, qui parle contre toy pour la rigueur de Daphné ; & qui luy preste des armes pour

pour te combattre: mais, ma raison, appaise vn peu mon amour, & preste luy aussi quelques pensées pour son soulagement. Dy luy que la resistance n'est qu'vne espreuue de la vertu de celle qui resiste, & de l'amour auquel elle resiste: que cette espreuue doit auoir des bornes; puis qu'elle ne sert que pour paruenir à vne connoissance ; & que la vertu & l'amour estant suffisamment esprouuez, il est temps que tous les deux s'assemblent & s'vnissent, comme estant dignes l'vn de l'autre. Dy luy qu'il y a de l'iniustice, lors que cette espreuue estant faicte, l'vnion ne se faict point; & que la vertu qui ne cede pas à l'amour esprouué, perd son excellence, puis qu'elle deuient vn vice, & degenere en cruauté. Voylà, mon

Rr

amour, tout ce que ma raison peut dire pour ton soulagement : mais ce n'est pas assez pour toy : il faudroit que Daphné eust ces mesmes pensées ; & qu'vne pitié pour mes maux l'obligeast à terminer ses fuites, & à penser que souuent vne trop longue vertu souffre vn mesme sort que la beauté, & perd auec le temps & sa grace & son merite.

Apollon fut si long-temps à entretenir ainsi sa passion dans vn lieu escarté, que le Soleil auoit desia fait plus de la moitié de sa course, lors qu'il s'aduisa qu'il falloit quitter ses resueries pour chercher les chasseurs : mais il n'entendit plus de bruit par toutes ces montagnes, pource que chacun s'estoit desia rendu dans le Palais, où le Roy eut la bonté de l'attendre pour disner;

DES FABLES, LIV. VIII. 627
& lors qu'il y fut arriué, il y eut tant d'iniuſtice, que le moins criminel de tous eut le plus de reproches.

Sur le ſoir ceux qui eſtoient allez dans la Campanie chercher l'herbe Moly, reuindrent & en apporterent. Apollon la reconnut à ſa fleur, à ſes feüilles & à ſa racine; & dit qu'ils ne s'eſtoient point trompez. Puis il en donna vne partie au Roy des Latins, pour la porter ſur luy, & pour en donner quelques feüilles à Canidie lors qu'il ſeroit de retour à Laurentum. Il donna la fleur à Iupiter, l'aſſeurant qu'il ne ſeroit iamais ſujet aux enchantemens s'il la portoit; & le Roy fut bien content de la garder; cōmençant à redouter la force des charmes, par l'exemple de Picus, dont l'hiſtoire luy auoit paru ſi eſtrange.

Le Roy des Latins voulut partir le lendemain, & prit congé du Roy, d'Apollon, & de toutes les Princesses & des Nymphes; ayant grande impatience de se rendre bien-tost aupres de sa chere Canidie, dont l'affection s'estoit renduë en luy plus violente, plus il songeoit combien il luy auoit faict souffrir de maux innocemment: mais il fut preuenu par cette belle Princesse, qui ayant esté transportée de ioye aux nouuelles qu'on luy apprit du charme de la meschante Circé, n'auoit peu retarder vn moment pour reuoir son espoux bien aimé; & estoit partie aussi-tost de Laurentum, pour le venir trouuer à Tarente. Elle le rencontra à la porte du Palais, lors qu'il alloit monter à cheual pour partir; & ils furent long-temps à se tenir embrassez, sans se pouuoir dire vne parole. Picus admirant encore plus son affection, qui luy auoit faict faire ce voyage en si peu de iours, se resolut de demeurer à Tarente pour la laisser reposer; & retourna pour la presenter à Iupiter, qui estoit alors dans les iardins auec toute sa belle compagnie. Ils remarquerent tous en Canidie vne grande beauté, mais qui auoit receu de grandes attaques par l'affliction & par la maladie; & il n'y eut personne qui ne tesmoignast vne extrême ioye, de voir la reünion de ces deux fideles amans, qui auoient esté si long-temps & si cruellement arrachez l'vn à l'autre.

Iupiter qui auoit retardé son depart d'Italie, en faueur de Picus, iusques à ce qu'il eut de cette herbe pour le garantir contre les attaques de Circé ; fit alors aduertir tous ceux de sa suite, qu'il vouloit partir deux iours apres : mais pource qu'il ne se pouuoit resoudre à quitter si tost Diane & ses belles Nymphes, qui luy donnoient tant de diuertissement ; il dit qu'il passeroit en Asie sur l'isle de Delos ; afin de se diuertir pendant le voyage ; & que sa flotte le suiuroit pour s'en seruir selon les occasions. Cette resolution fut bien agreable à Cyllenie & à Ocyrhoé, qui redoutoient esgalement leur separation ; & Apollon alla aussi-tost preparer le logement du Roy dans son Palais.

Cependant Iupiter fit appeller Eole & Admete, & leur dit en particulier. Mes amis, plus i'esprouue

Apollon mon fils, & plus ie confidere ses qualitez & ses actions; plus i'y remarque maintenant de vertu & d'innocence. I'auois eu des soupçons de luy qui n'auoient pas de foibles fondemens, & pour les chasser de mon ame, il estoit besoin d'vne preuue aussi forte que celle que i'ay tirée. Il est certain qu'il auoit esté secouru par le Ciel, lors que des flesches en partirent pour tuer ceux qui luy vouloient oster la vie ; & il en a encore esté secouru, ayant esté nourry quatre ou cinq iours, par vn moyen que nous n'auons peu comprendre. Si son harmonie chasse les sorcelleries comme la guerison de Picus le tesmoigne, & si elle rend les Demons sans pouuoir ; il n'y a pas apparence qu'il se serue ny de sorcelleries ny

Rr iiij

du pouuoir des Demons, puis qu'il leur est si contraire. Il nous a mesme donné des remedes contre les enchantemens : ce n'est pas signe qu'il me veüille attaquer par des enchantemens. Ie veux donc bannir toute crainte de mon ame, & tous les soupçons qui ont failly à me faire perdre vn fils si admirable; & qui semble estre né pour faire mille biens à la terre, & pour en chasser tous les maux : mais comme ie vous ay faict part du trouble de mon ame à cause des prodiges qu'il m'auoit faict voir, & que ie vous ay faict examiner si mes craintes estoient bien fondées ; ie veux maintenant que vous iugiez, si la confiance qu'il me semble que ie doy prendre en mon fils est raisonnable ; ou si vous y trouuez encore du peril. Eole, ie vous prie de m'en dire voſtre ſentiment: car ie ne demande point celuy d'Admete, qui ayme trop Apollon, pour ne me confirmer pas dans la bonne opinion que ie commence à auoir de luy. Eole qui eſtoit vn Prince aduiſé, & dont l'eſprit ſe tournoit à tout vent, & ſelon tous les mouuemens qu'il reconnoiſſoit en celuy de ce grand Monarque; luy dit, qu'ayant deſia faict ſon deuoir en luy repreſentant les craintes qu'il deuoit auoir, & les remedes qu'il y deuoit apporter; il le feroit encore en luy faiſant voir maintenant les aſſeurances qu'il deuoit prendre en vn fils ſi vertueux, & les grands ſeruices qu'il en pouuoit retirer. Que le Ciel le protegeant ſi viſiblement, luy auoit fait voir que le faiſant naistre il luy auoit enuoyé vn secours & non pas vn ennemy ; & qu'il luy auoit faict vn rare present, & non pas vn instrument de sa perte. Que lors que les peres auoient esté bons & equitables dans la force de leur âge ; le Ciel enuoyoit ordinairement dans leur declin, vn secours à leur foiblesse ; pour appuyer leur iustice, par des enfans sages & vaillans, qui estoient comme de nouueaux membres, plus robustes & aussi obeyssans que les leur propres, pour agir sous la conduite d'vne teste prudente, & pleine de sentimens encore vigoureux. Ie voy bien, interrompit Iupiter, que vous estes d'aduis que ie l'ayme, & que ie m'en serue vtilement ; & c'est à quoy ie suis resolu : toutefois pour rabattre vn peu la fierté qu'il pourroit auoir conceuë, de tant de gloire qu'il a acquiſe, & de tant d'applaudiſſemens qu'il reçoit de toutes parts; & pour le dérober vn peu à la veuë des peuples, qui ne font que trop amoureux des ieunes Princes & des nouuelles inuentions; i'ay deliberé de le cacher quelque temps, & de le mettre en vn lieu, où ie veux qu'Admete, qui m'a aſſeuré de luy, m'en reſponde, & me donne aduis de toutes ſes actions. Le Roy ne voulut point declarer dauantage ſa penſée; & ces deux Princes n'oſans pas penetrer dans ſes ſecrets par des demandes indiſcretes, ſe contenterent d'approuuer ſa reſolution, & de loüer ſa prudence.

Le iour d'apres Iupiter fit venir dans ſon cabinet, Latone, Apollon, Diane, Maja, Cyllenie, Eole,

& Admete; & s'addreſſant à Apollon, luy dit. Mon fils, i'ay peur que vous ne me iugiez trop ſeuere, quand vous ſçaurez la reſolution que i'ay priſe ; & que vous n'eſtimiez que ie ſçay mal connoiſtre voſtre vertu, & tant d'agreables plaiſirs que vous m'auez donnez : toutesfois ie vous croy ſi raiſonnable, que lors que vous ſçaurez les raiſons de ce que i'ay deliberé, non ſeulement vous ſouffrirez ma iuſtice, mais encore vous m'obeyrez auec ioye. Lors que i'appris le grand carnage que vous auiez faict de tant de Siciliens, ie fis ferment par deux fois de vous punir. Il eſt vray que ie ne ſçauois pas que vous fuſſiez mon fils; mais la connoiſſance que i'en ay euë depuis, ny toutes les preuues que i'ay tirées de vous, ny toutes vos vertus, ny toutes vos merueilles, soit celles que l'on m'a contées, soit celles que i'ay veuës, ne m'ont point desgagé de mes sermens. Ie suis donc obligé de vous condamner à quelque peine; & tout ce que ie puis faire, à cause de tant de choses qui m'obligent à vous aymer, est de vous en imposer vne, la plus legere qu'il me sera possible; qui satisfera ma iustice, & qui me donnera encore vne préuue certaine de vostre obeyssance. Vous aymez les solitudes; ie vous condamne pendant vn an à vne solitude; & ie veux encore vous la choisir la plus delicieuse de la terre. Ce sont les agreables vallons de Tempé en Thessalie, où le beau fleuue Penée coule entre les costaux du mont Olympe; & afin que les Siciliens ne m'accufent pas de vous auoir donné vne recompenfe, au lieu d'vne punition que i'auois promife; vous demeurerez là pendant ce temps en qualité de pafteur : & pour y ioindre quelque peine, vous aurez foin des troupeaux d'Admete, qui vous ayme affez pour auoir foin de vous en mefme temps.

Le commencement du difcours de Iupiter, auoit donné de l'eftonnement & de l'inquietude à ceux qui eftoient prefens : mais ils furent confolez quand ils entendirent vne fentence fi douce; laquelle Apollon iura d'obferuer religieufement; & mefmes il affeura le Roy fon pere, que fi fa iuftice vouloit luy impofer de plus rudes chaftimens, il eftoit preft de les fubir fans murmure ; & qu'il s'eftimoit heureux, ne le pouuant satisfaire par ses seruices, de le satisfaire au moins par vne punition. Admete fut bien content de ce que la garde du Prince luy estoit commise, & de ce qu'il auroit l'heur de posseder celuy à qui il estoit si redeuable: mais il fut en mesme temps bien honteux, d'estre reduit à souffrir le seruice d'vne personne si noble & si merueilleuse. Iupiter dit qu'il vouloit conduire luy-mesme Apollon au bord de l'Epire, d'où il pourroit passer auec Admete en Thessalie; & le lendemain, apres vn sacrifice solemnel pour le depart, Eole, Picus & Canidie prirent congé du Roy, qui partit apres le disner auec tout le reste sur l'isle de Delos. Iupiter mit toutes ses pensées à son amour pour Callisto; Cyllenie & Ocyrhoé à ioüyr de leurs delicieux entretiens; Apollon à songer à la rigueur de la fortune, qui sembloit le vouloir priuer pour iamais de la veuë de Daphné; & tous les autres à gouster innocemment les passe-temps que produisoit sans cesse vne si belle & si admirable compagnie.

F I N.

TABLE
DES CHOSES PRINCIPALES
qui sont contenuës en ce premier Tome.

A.

Age d'or *du regne de Ianus & de Saturne en Italie,* 106
Abantes *peuples guerriers qui conquirent l'Eubée, nommez du nom d'Abas leur Roy,* 79. 83
Abas *pere d'Hyperion,* 83
Acteon *petit fils de Cadmus,* 218
Admete *Roy de Thessalie,* 148. 206
Ærope *femme du Roy Oenopion,* 447
Aigle *qui rauit Ganymede, ce que c'estoit,* 448
Alceste *femme d'Admete,* 207
Alcionée *Roy des Sarmates,* 389
Amphion *Roy Thebes, fils de Iupiter & d'Antiope, espouse Niobe,* 145
Amyclas *d'Eubée,* 164

TABLE

Apollon *sa naissance & ses premieres années*, *Histoire*, 159
il tuë les Cyclopes, 17
il tuë le Serpent Python, 207
Arc *inuenté*, 199
Archet *inuenté*, 163
Art *de filer la laine & de faire la toile inuenté*, 223
Art *de cultiuer l'Oliue & en faire l'huile*, 223
Art *de la Danse inuenté*, 279
Art *de la Lutte inuenté*, 284
Art *de la Medecine inuenté*, 272
Art *de la Musique inuenté*, 197
Art *de la Poësie inuenté*, 244
Asterie *fille de Phebé, & sœur de Latone*, 113
Astrologie *inuentée*, 277
Athenes, *& le differend de Neptune & de Minerue pour la nommer. Elle est nommée du nom de Minerue, pource que Athene en Grec signifie Minerue*, 221
Atlas *Roy d'Arcadie*, 445
Atlas *Roy de Mauritanie*, 102

B.

Blé & l'inuention d'en faire du pain, 286
Borée, fils de Strymon Roy de Thrace enleue Orithye, 126. 385
Bosphore nommé du mot Grec qui signifie, vn bœuf qui porte, 149
Briarée l'vn des Titans, se retire aux Isles Symplegades, 77
Britomarte Nymphe de Diane. 585

C.

Cadmus inuenteur des lettres Alphabetiques, 216
Calliope Muse, 279
Callisto Nymphe de Diane, 374
Canidie femme de Picus Roy des Latins, Histoire, 506
Cée l'vn des Titans, se retire en l'Isle d'Eubée, 77
Cée Isle pres de l'Eubée, 114
Celée Roy d'Eleusie, 285
Ceres Reyne de Sicile, 285. 555

TABLE

Chalcis *capitale d'Eubée,* 80
Chasse *inuentée,* 266
Chiens *courans,* 271
Cilix, 33
Circe *son histoire,* 506
Clion *Muse,* 278
Clitie *fille d'Admete,* 298
Cœstes *pour se battre à coups de poing,* 284
Cor *inuenté,* 269
Cyclopes, *Geants Siciliens, pourquoy ils ont esté estimez n'auoir qu'vn grand œil. Ce nom vient de Cyclope qui en Grec signifie vn œil en cercle,* 567
Cyllene *mont d'Arcadie* 446
Cyllenien *surnom de Mercure,* 580
Cytheron *mont,* 265

D.

Danse *inuentée,* 279
Delos, *Isle, terre destachée de la Thessalie,* 186
Delos *en Grec signifie manifeste.* 194
Diane *histoire de sa naissance & de ses premieres années,* 159
Diane *Orion & Polypheme, histoire,* 542
Dictame *herbe,* 274

Diomedé *espouse Amyclas*, 217

E.

Egialée, *Roy d'Argos frere d'Osiris*, 100
Eloquence *se sert des figures de la Poësie*, 247
Encelade *l'vn des Titans se retire en Sicile* 77. *son histoire*, 557
Eole *Roy des Isles voisines de la Sicile*, 38
Eraton *Muse*, 279
Erecthée *Roy d'Athenes*, 385
Esculape, 280
Espics *de blé*, 286
Etna *montagne*, 559
Eumele, *fils d'Admete*, 298
Europe *rauie par vn Taureau, comment cela se doit entendre*, 148
Euterpe *Muse*, 280

F.

Figures *poëtiques inuentées*, 246
Fluste *inuentée*, 197

TABLE

G.

Ganymede *son histoire,* 384
Ganymede *& Mercure, comment ils ont tous deux esté eschansons de Iupiter,* 478
Grenoüilles *paysans,* 554

H.

Harangue *de Iupiter,* 350
Harangue *d'Admete,* 320
Harangue *d'Eole,* 333
Harangue *de Mercure,* 348
Harpe *inuentée,* 262
Helicon *montagne,* 265
Hesper *fils de Cée & son histoire.* 90
Histoire *de Iupiter & de Latone,* 71
Histoire *de la naissance d'Apollon & de Diane, & de leurs premieres arnnées,* 159
Histoire *de Iupiter, de Ganymede & de Maja, de la naissance de Mercure,* 384
Histoire *des Pleiades,* 445
Histoire *de Picus, de Canidie & de Circé,* 206

DES MATIERES.

Histoire *de Diane, d'Orion & de Polypheme,* 542
Hercule *Egyptien,* 104
Hercules *pourquoy nommez,* 104
Huile *inuentée,* 223
Hyperion *Roy d'Eubée, pere de Phebé,* 79

I.

Ianus, *Roy d'Italie,* 106
Inuention *de l'arc,* 199
Inuention *de l'archet,* 163
Inuention *de la chasse,* 266
Inuention *des figures Poëtiques,* 246
Inuention *de la flaste,* 197
Inuention *de la Harpe,* 262
Inuention *de l'huile,* 223
Inuention *des instrumens de Musique,* 260
Inuention *de la lance & de l'escu,* 123
Inuention *de la laine & de la toile,* 223
Inuention *de la Lucte,* 284
Inuention *du Luth,* 259
Inuention *de la Lyre,* 263
Inuention *de la Medecine,* 272
Inuention *de la Musique,* 197
Inuention *du pain,* 285

Inuention *de la Poësie,* 244
Inuention *du Violon & de la Viole,* 263
Instrumens *de Musique inuentez,* 260
Isis *Reyne d'Egypte femme d'Osiris,* 101
Iupiter *combat les Titans & les surmonte,* 74. *Partage l'Empire auec ses freres,* 78 *son histoire & celle de Latone,* 71. *son histoire & celle de Ganymede & de Maja,* 384

L.

Laine *Inuentée,* 223
Lance *Inuentée,* 223
Latone *son histoire,* 71
Laurentum *ville capitale des Latins,* 242
Lebadie, 250
Leontodame *Nymphe de Diane,* 549
Leucosie *Nymphe de Diane,* 271
Leuriers, 270
Linus *Poëte & Musicien,* 280
Lucte *inuentée,* 284
Luth *inuenté,* 259
Lyre *inuentée,* 263

DES MATIERES.

M.

Maja *son histoire,* 384
Mars *fils de Iupiter & de Iunon,* 149
Martesie *Reyne des Amazones,* 392
Medecine *inuentée,* 272
Melpomene *Muse,* 279
Menale *mont d'Arcadie,* 446
Mercure *desrobe la trousse d'Apollon,* 48
   histoire de sa naissance, 384. *il ayme Ocyrhoé Nymphe,* 526
Merops, 386
Merope, 448
Minerue, 217
Mnemosyne *Reyne de la Phocide,* 217
Mnemosyne *en Grec signifie memoire, & la memoire est propre pour apprendre les langues & l'histoire,* 259
Moly *herbe,* 526
Musique *inuentée,* 197

N.

Nembrot *Saturne,* 72
Neptune *frere de Iupiter, a pour son*

partage les mers & les Isles, 78
Niobe *fille de Tantale, & son histoire,* 121
Nymphes *de Diane,* 265

O.

OCyrhoé *Nymphe de Diane aymée de Mercure,* 529
Oenopion *Roy de Chios,* 447
Opis *Nymphe de Diane,* 547
Orchomeniens *peuple de Grece,* 248
Orion *Roy de Tanagre, poursuit les Pleiades,* 446. *Orion & Diane, histoire,* 542
Orithie *fille d'Erecthée enleuée par Borée,* 385
Orphée, *Poëte & Musicien,* 280
Osyris *Roy d'Egypte,* 100

P.

PAin *inuenté,* 285
Pallet, *ieu,* 285
Pandromas *Pere de Python,* 79
Parnasse *mont de la Phocide,* 258
Paysans *en grenoüilles, comment,* 552
Pelops *fils de Tantale,* 126

DES MATIERES.

Phebé *fille d'Hyperion, mere de Latone,* 82
Pheres *Roy de Theſſalie pere d'Admete,* 92
Phigalie *Nymphe de Diane,* 549
Pholoé, *mont d'Arcadie,* 446
Phorbas, *Geant, chef des Phlegyens,* 289
Picus *fils de Saturne Roy des Latins,* 241.
   ſon hiſtoire, 506
Pleione *femme d'Atlas,* 446
Pluton, *frere de Iupiter, a pour ſon partage l'Afrique & l'Occident,* 78
Poëſie *inuentée,* 244
Polymnie *Muſe,* 278
Polypheme *& Diane, hiſtoire,* 542
Polypheme *pourquoy eſtimé fils de Neptune,* 561
Porphyrion *Roy des Sarmates,* 389
Proſerpine *fille de Ceres,* 285
Python *fils de Pandromas, & la ſuite de ſon hiſtoire,* 89. *Python pourſuit Latone,* 169. *pourquoy appellé Serpent,* 180. *tué par Apollon,* 208
Pythiques, *ieux inſtituez par Apollon, à cauſe de la mort de Python,* 213. 282

TABLE

R.

RHée *femme de Saturne*, 78. *mere de Ceres,* 558

S.

SAturne *Nembrot*, 72. *auoit espousé Rhée sa sœur,* 78. *s'enfuit en Egypte,* 74 *se retire en Italie auec Ianus,* 77
Sipyle *ville & montagne de la grande Phrygie,* 121. 141
Sisyphe *fils d'Eole, espouse Merope.* 453
Strymon *Roy de Thrace,* 126

T.

TAntale *Roy de Phrygie, & son histoire,* 120
Terpsicore *Muse,* 279
Thalie *Muse,* 279
Thero *Nymphe de Diane,* 571
Titan, *Roy des Bactrians frere de Saturne, pere des Titans,* 73
Titans *assiegent Iupiter dans Babylone,* 73
Tithorée *Nymphe de Diane,* 549

DES MATIERES.

Tityе Geant, 248. tué par Apollon & par Diane, 251
Toile de lin inuentée en l'Isle de Cée, 121
Typhée Titan, se retire vers le Nil, 77. fait la guerre à Osiris & à Isis, 102

V.

Violon & Viole, inuentez, 263
Vranie, Muse, 278
Vulcan, comment il fut boiteux, 585

FIN.

Extraict du Priuilege du Roy.

PAR Grace & Priuilege du Roy donné à Paris le 14. de Mars 1639. il est permis au sieur DESMARETZ Conseiller du Roy & Controolleur general de l'extraordinaire des guerres, de faire imprimer, vendre & debiter toutes ses œuures, tant Prose que Vers, imprimées & à imprimer, durant l'espace de vingt ans. Et deffenses sont faictes à toutes personnes de quelque qualité & condition qu'elles soient, d'imprimer pour l'aduenir, ny de contrefaire aucunes choses des œuures dudit sieur DESMARETZ, imprimées ou à imprimer, en quelque façon & soubs quelque pretexte que ce soit, ny de les vendre & debiter sans son consentement, à peine de trois mille liures d'amende, de confiscation des exemplaires contrefaicts, & de tous despens, dommages, & interests: & veut sa Majesté qu'en mettant vn extraict desdites Lettres à la fin ou au commencement de chaque volume, elles soient tenuës pour deuëment signifiées, & que foy y soit adioustée comme à l'original.

Signé, Par le Roy en son Conseil. CONRART.

Et ledit sieur DESMARETZ a cedé & transporté son Priuilege pour raison du liure intitulé, *la Verité des Fables, ou l'Histoire des Dieux de l'Antiquité*, à Henry le Gras Marchand Libraire à Paris, pour en iouïr par luy durant ledit temps, selon qu'il est plus au long porté par ledit transport du 14. Nouembre 1647.

Acheué d'imprimer pour la premiere fois le 16. Nouembre 1647.

www.ingramcontent.com/pod-product-compliance
Lightning Source LLC
Chambersburg PA
CBHW050102230426
43664CB00010B/1406